中南财经政法大学出版基金资助出版

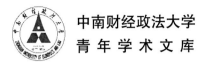

中南财经政法大学
青 年 学 术 文 库

"西南巨儒"郑珍之文字学研究

邓珍 著

WUHAN UNIVERSITY PRESS
武汉大学出版社

图书在版编目(CIP)数据

"西南巨儒"郑珍之文字学研究 / 邓珍著 . -- 武汉：武汉大学出版社，2024. 12. -- 中南财经政法大学青年学术文库. ISBN 978-7-307-24602-7

Ⅰ. H12

中国国家版本馆 CIP 数据核字第 2024L3H241 号

责任编辑:陈　帆　　　责任校对:杨　欢　　　版式设计:马　佳

出版发行:**武汉大学出版社**　　(430072　武昌　珞珈山)

　　　　(电子邮箱: cbs22@whu.edu.cn　网址: www.wdp.com.cn)

印刷:武汉邮科印务有限公司

开本:720×1000　　1/16　　印张:15.25　　字数:216千字　　插页:2

版次:2024 年 12 月第 1 版　　2024 年 12 月第 1 次印刷

ISBN 978-7-307-24602-7　　定价:78. 00 元

目　　录

绪　　论

一、研究缘起

文字是记录语言的符号，是文明传承的载体。要了解一个民族的历史和文化，必须要从文字开始。我国的汉字历史悠久、结构复杂，从甲骨文到如今的简体中文，汉字经历了漫长的岁月变迁。从古代的"小学"到现今专门研究文字的"文字学"，学者们对汉字形、音、义的思考和探讨从未停止过。自东汉许慎的《说文解字》（以下或简称《说文》）问世以来，作为中国传统文字学的核心著作，围绕它进行文字学研究的学者层出不穷，晚清大儒郑珍即其中的佼佼者之一。

郑珍（1806—1864），字子尹，号柴翁，别号巢经巢主、五尺道人、子午山孩、小礼堂主人、且同亭长等，贵州遵义人。郑珍一生历经晚清嘉庆、道光、咸丰、同治四朝，享年五十九岁，是晚清著名文字学家、经学家和诗人。他曾先后师从其舅黎恂、贵州独山莫与俦、安徽歙县程恩泽。程恩泽为郑珍取字"子尹"，以汉代尹珍北学于许慎、南归办学的事迹勉励他，又向他讲授师儒家法和"以字通经"的学术门径，"令服膺许郑"。郑珍于道光五年被选拔为贡生，道光十七年乡试中举，七年后被拣选为大挑二等，先后任榕城县儒学训导、荔波县教谕，咸丰五年弃官归里。郑珍虽仕途一般，仅官至知县，但他于穷乡僻壤之中办学授课、潜心学问，取得了瞩目的成就，列位《清史稿·儒林传》，得到了极高的评价，被称为"黔之通人"、"西南巨儒"。

郑珍一生勤勉治学，留下的著述达二十二篇，其中刊行传世的有十八篇，共计一百三十余卷①，多收录于《巢经巢全集》。其著述研究领域甚广，涉及诗歌、散文、方志、经学、小学、史学、教育、哲学、园林、书画等诸多方面。他的诗歌备受赞誉，被推为"有清之冠冕"。但事实上，郑珍在学术上的成就是以小学、经学见长的，莫友芝认为郑珍的文字学研究"于六艺非小补"。但是，郑珍在文字学方面的研究并没有像诗歌那样受到学术界足够的关注和重视。

郑珍文字学方面的专著只有《说文逸字》、《说文新附考》、《汗简笺正》三本由其子郑知同依例补葺、校勘补正后刊行，得以传世，其余皆散轶。② 郑珍的文字学研究延续了清代以来"求字于《说文解字》，求义理于十三经"、"以字通经"的学术特点，在乾嘉时期"说文学"研究已达鼎盛、研究成果几乎覆盖《说文解字》所有方面之际，郑珍秉承实事求是、不立异、不苟同的治学原则，付出了超越前人的努力，为"说文学"又添上了《说文逸字》和《说文新附考》两份伟著。奉《说文》为圭臬的郑珍为甄别古文、以免溷乱许学，还撰述了《汗简笺正》一书。

20世纪80年代以来，郑珍受到的关注越来越多，研究成果不断涌现。然而学界对于郑珍的研究大多集中在其诗歌创作上，关于郑珍文字学方面的研究还非常少，且不够全面深入。

笔者选此题目，意在对郑珍治文字学的方法和途径作一个分类研究，对其文字学理论作一个归纳总结，并选取《说文逸字》、《说文新附考》二书作一个全面的考察和梳理，与差不多同时代的他人相关著述作一个横向的比较研究，并结合其中最具代表性的几个字作一些讨论，对其文字学方面的成就和不足作一个相对客观的评价，以期将郑珍文字学研究向前小小推动一步。

---

① 刊行传世的有《说文逸字》二卷及附录一卷、《说文新附考》六卷、《汗简笺正》八卷、《亲属记》二卷、《巢经巢经说》一卷、《巢经巢文集》六卷、《诗集》九卷、《诗后集》四卷、《遗诗》一卷、《郑学录》四卷、《郑学书目》一卷、《仪礼私笺》八卷、《母教录》一卷、《遵义府志》四十八卷等。未刊行的有《说录》《老子注》《世系一线图》《无欲斋诗注》等。

② 郑珍散佚不存的文字学专著包括《说隶》、《补钱氏经典文字考异》、《说文大旨》、《转注本义》、《说文谐声》等。

二、研究综述

郑珍的学术活动主要集中在道光、咸丰时期，对郑珍的研究最早可追溯至 19 世纪中叶，包括对郑珍其人生平事迹的研究，对郑珍诗歌的研究，对郑珍文学、经学、小学、交游、教育、哲学、书画的研究，等等。郑珍的文字学研究主要围绕许慎《说文解字》进行，学者们对《说文解字》的研究自其诞生起就层出不穷，而对郑珍的"说文学"成果进行研究的学者非常少。现代以来，对专人的文字学研究越来越多，但对郑珍的文字学研究只有零星几篇文章且不成体系。

（一）关于郑珍的研究

1. 关于郑珍其人的研究

关于郑珍最早的研究始于 19 世纪中叶，多为郑珍的亲朋好友所作，内容多为郑珍生平、著述缘起、成书过程、成就评价等，多刊于郑珍书作的首尾。例如：其子郑知同《敕授文林郎征君显考子尹府君行述》对郑珍的生平、秉性、著述等方面作了全面的评述；其学生黎庶昌的《拣发江苏知县郑子尹先生行状》、《郑征君墓表》对郑珍求学经历、为学立场、人格风范进行了评述，称其为"西南巨儒"；1927 年，赵尔巽主编的《清史稿》，收郑珍于《清史稿·列传二百六十九·儒林三》中，记述了郑珍生平的为官事迹、求学经历和著书情况；1987 年，吴道安《郑子尹先生年谱》和《郑子尹先生年谱续》对郑珍生平事迹进行了编年式搜集整理。近人关于郑珍其人的研究主要有两部著作：一是 1989 年黄万机的《郑珍评传》，该书对郑珍的人生历程、世界观与学术成就等方面进行了全面的评述；二是 2016 年曾秀芳的《郑珍研究》，该书采用历时研究与共时研究相结合的方法，对郑珍为学、为诗、为文的个性风貌进行了考察和分析。

2. 关于郑珍诗歌的研究

对郑珍诗歌的研究最早可追溯到郑珍诗文集的序文，如：翁同书在

《巢经巢诗文集》的序文里对郑珍诗文的流派来源进行了探讨；民国年间，胡先骕的《读郑子尹巢经巢诗集》从语言风格、学术见识、忧民情怀等方面分析郑珍的诗作，并高度评价其为"有清一代冠冕"；梁启超《清代学术概论》认为郑珍诗意境狭窄、视域不广；中华人民共和国成立后最初三十年，郑珍的诗被定为"宋诗派"，备受冷落，仅有少量几篇关于郑珍诗歌的论文，如李独清 1963 年发表于《贵阳师范学院学报》的《巢经巢诗说》、黄大荣 1979 年发表于《山花》杂志的《清代贵州诗人郑珍》等；20 世纪 80 年代以来，郑珍研究开始受到重视，关于郑珍诗歌的研究也非常多，如罗宏梅《郑珍〈巢经巢诗钞〉的艺术风格》认为郑珍的诗作是"学人之诗"与"诗人之诗"的合一；曾秀芳《郑珍诗文创作的学人视角》探讨了郑珍诗作的学人视角之体现；易晓闻《郑珍"学人诗"的学韩路向》认为郑珍之诗典实赡富，多用经籍难僻字面，而又想象力奇越，是学韩愈"以文为诗"之路向；龙飞《论郑珍诗歌所体现的"诗史"质素》认为郑珍之诗史质、史德、史识三要素俱备，得杜甫反映现实的诗史笔法之真谛；黄江玲《最新发现郑珍逸诗小考》考察了郑珍以往未曾刊印的二十二首小诗；陈蕾《郑珍诗学研究》从郑珍诗论主张、诗歌主题、风格渊源和诗学成就四个方面全面考查了郑珍的诗歌作品；王珺《郑珍山水诗研究》从郑珍山水诗的创作背景、创作历程、思想蕴含、艺术风貌、传播情况等方面对郑珍的山水诗作了考察研究；加拿大汉学家施吉瑞(Jerry Schmidt)翻译出版了郑珍的诗集，评价郑珍为"清诗第一人"。

3. 关于郑珍经学的研究

曾秀芳《郑珍与郑玄的经学渊源》认为郑珍以郑玄为楷模，主攻郑玄注经成就最高的"三礼"，以弘扬郑学；曾秀芳《郑珍的治经路径与学术旨归》对郑珍"以字通经"的治经路径进行了探讨，并认为其学术旨归一是倡导经世致用，二是倡导融汇汉宋两学；陈奇《郑珍经学门径刍议》将郑珍定为汉学家，但郑珍又对汉学的弊端有所批判，对理学有所肯定吸收；较早对郑珍经学进行研究的还有黄万机《评郑珍的经学成就》等。

4. 关于郑珍其他方面的研究

黄万机的《郑珍世界观初探》对郑珍的世界观进行了探讨，《郑珍的教育活动与教育思想》对郑珍的教育思想进行了探讨；廖颖的《论郑珍〈母教录〉的素质教育思想》讨论了郑珍《母教录》中蕴含的与现代教育理念相契合的素质教育思想；杨丽平的《郑珍、莫友芝交往述论》以交往心理学的角度分析郑珍与莫友芝的友谊；陈训明的《郑珍的书画艺术》对郑珍的书画作品进行了赏鉴；曾秀芳的《郑珍对〈考工记〉车舆形制的考订》对郑珍考订的古代车舆形制进行了研究，等等。

(二) 关于文字学的研究

1. 关于《说文解字》的研究

《说文解字》是中国传统文字学研究的核心，至清代乾嘉时期，学界对《说文》的研究达到了巅峰状态。以"说文四大家"（即段玉裁、桂馥、王筠、朱骏声）为首的清代学者，创作出了几百部"说文学"专著，几乎涵盖了《说文解字》研究的方方面面。

学界对《说文解字》的研究可分为四个阶段：唐宋整理校勘阶段、元明重点研究阶段、清代全面繁荣阶段、现当代综合研究阶段。唐代李阳冰将《说文解字》进行了全面的整理和校订；宋代徐铉等人奉旨对《说文解字》进行了勘定校正和增补；徐锴的《说文解字系传》对《说文解字》进行了最早的注解。宋、元、明代的学者注重对"六书"理论的研究，如宋代郑樵《六书略》、戴侗《六书故》、元代周伯琦《六书证伪》、明代赵宧光《六书长笺》等。清代进入鼎盛时期，研究《说文解字》的学者达到二百人左右，主要集中在文本研究，其中以段玉裁、桂馥、王筠、朱骏声的成就最高。段玉裁的《说文解字注》提出形、音、义三位一体观，以音为核心，就字形推求字义；桂馥的《说文解字义证》研究重点在于形义关系，注重义证，还可以证明词义的时代性；朱骏声《说文通训定声》将声义结合，利用声全面地解释义；王筠《说文解字句读》和《说文释例》分别专门研究《说文》的句读和体例。胡奇光先生认为，段玉裁、朱骏声重在声义关系的研究；而王筠、桂馥重在形义关系的探求。桂馥重在义证，王筠则更加重视"六书"方面的研究。民国时期研究《说文解字》的代表性学者有章太炎、黄侃、刘师培、杨树达、孙诒让、罗振玉、王国维、马叙伦、丁福保等。章、黄、刘、杨四家的主要贡献在于对《说文》的语源研究，代表作是章太炎的《文始》，堪称《说文》学史或中国语源学史上里程碑式的经典著作。孙、罗、王三家主要贡献在于以甲金文字正许补许。马叙伦的《说文解字六书疏证》注重构造分析和语源探索，被称为"《说文》学的殿军"。丁福保的《说文解字诂林》汇集《说文》研究论著二百余种，极大地方便了学者研习。中华人民共和国成立后，研究《说文解字》的代表性学者主要包括蒋善国、王力、唐兰、黄焯、陆宗达、张舜徽、周祖谟、梁东汉、姚孝遂、何九盈、赵诚、向光忠、裘锡圭、王宁、许嘉璐、郭在贻、孙雍长、马景仑、祝敏申、李国英、蒋冀骋、臧克和、党怀兴、赵平安等，代表作有陆宗达的《说文解字通论》、张舜徽的《说文解字约注》、李国英的《小篆形声字研究》、臧克和的《说文解字的文化说解》、祝敏申的《说文解字与中国古文字学》、马景仑的《段注训诂研究》等。

（1）关于《说文》逸字的研究

《说文》逸字的补定工作从南唐、北宋就开始了，大小徐在对《说文》进行研究和校订的时候，就开始注意纠正脱误和增改旧文。大徐《说文》补十九字于各部，小徐《系传》补充七个字。

清代是研究《说文解字》的鼎盛时期，其中一些学者的著作中关涉到了对《说文》逸字的研究。段玉裁《说文解字注》增补"偏旁有正文无"之篆 36 个；桂馥《说文解字义证》于各部之末增"遗文" 119 字；王熙《说文五翼》拾遗卷补逸字 119 字；王筠《说文释例》《补篆》篇补 91 字；贵州郑珍《说文逸字》在前人逸字研究的基础上，将"内证法"与"外证法"相结合，考订出逸字 165 个；① 张行孚《说文发疑》补逸字 85 个；张鸣珂《说文佚字考》搜辑三十三家之说，收逸字 241 个；李桢《说文逸字辩证》对郑珍的《说文逸字》一一进行辩证；王廷鼎《说文佚字辑说》对世

---

① 据笔者研究，郑珍考证增补的实际逸字数量应该为 164 个。

俗所谓逸字多持否定态度，辩证出 235 个逸字都不是真正的逸字。另外，还有一些零散见于其他"说文学"的著作或序言中的逸字研究内容，如莫友芝在给《说文佚字考》作的后序中所见于《释文》、《正义》而许书所漏者六例等。

（2）关于《说文》新附字的研究

新附字是指许慎注义序例中所载而诸部不见者，复有经典相承传写及时俗要用而《说文》不载者，亦皆形声相从不违六书之义者。徐铉承诏审知漏略，悉从补录，附于各部之末的 402 个字。钱大昕《说文答问》中有二十六条是关于新附字的，他认为《说文》保存的是古文正字，这些新附字都能在《说文》中找到相通之字，因而不必附、不当附。钱大昭《说文徐氏新补新附考证》、钮树玉《说文新附考》、郑珍《说文新附考》、王筠《说文新附考校正》、王玉树《说文拈字》、黄焯《说文新附考原》等人随后也对《说文》新附字展开了研究。今人对《说文》新附字进行研究的主要有盖金香《说文新附字研究》（2002，山东师范大学硕士论文）、蒋德平《从楚简新出字看〈说文〉新附字》、杨艳辉《〈说文〉新附字新考例——以敦煌汗简为主要材料》、郭慧《〈说文解字〉新附字初探》等。

2. 关于专人文字学的研究

对于一些卓有成就但未见经传的文字学家，近代有很多学者进行了全面深入的研究。代表作有程邦雄的《孙诒让文字学之研究》、谭飞的《罗振玉文字学之研究》、康盛楠的《杨树达文字学研究》、吴慧的《商承祚文字学之研究》等。但对于郑珍的文字学著述，尚未有人进行专门的全面的梳理和研究。

（三）关于郑珍文字学的研究

1. 关于郑珍《说文逸字》的研究

郑珍《说文逸字》自问世以来，没有得到"说文学"界足够的重视。清代学者李桢的《说文逸字辩证》是对其进行研究的第一部著作，李桢对郑珍搜集的逸字颇多微词。张行孚《说文发疑》中有一篇《说文逸字识

情况也不作改动，字头小篆改用相应楷书，缺笔避讳字改为规范字形。

研究范围：郑珍《说文逸字》研究、郑珍《说文逸字》与张鸣珂《说文佚字考》对比研究、郑珍《说文新附考》研究、郑珍《说文新附考》与钮树玉《说文新附考》对比研究、郑珍治文字学的方法研究、郑珍的主要文字学思想研究、个字研究等。

(二)研究方法

1. 调查统计法

郑珍现存的文字学著作数量有限，适合用全面调查统计的方法进行量化分析。

2. 归纳法

郑珍没有专门的著作探讨文字学的研究方法，其阐述文字学思想的著作已散佚，故我们只能从其考证实践中对方法和思想进行归纳总结。

3. 比较法

通过将郑珍的文字学著作与同时代、同类型的其他文字学家的研究进行比较，我们更能发现其文字学研究的个性和价值。

4. 个案分析与综合研究相结合

由于涉及的文字较多，我们在全面调查的基础上，选取一些具有典型意义的实例材料进行重点分析，在此基础上再进行宏观的综合研究。

5. 计算机辅助研究

由于郑珍研究的文字很多比较生僻，形体比较特殊，现代汉语中不常用，甚至无法进行计算机文本输出，所以需要建立专门的字库，使之成为方便检索和输出的研究材料。

四、研究目的和意义

(一)研究目的

笔者意在将郑珍的文字学著作与同时代、同类型的相关著述作一些横向、纵向的比较和研究，对其文字学方面的成就和不足作一个相对客观的评价，对郑珍治文字学的方法和途径作一个归纳和总结，对郑珍的文字学思想作一个梳理和总结，并对其最具学术特色和最具突破性意义的几个字作一个重点研究，以期将郑珍文字学研究向前推动一小步。

(二) 研究意义

首先，有利于把郑珍的文字学研究成果更好更全面地展现给世人。目前还没有人对郑珍的文字学相关著作进行系统全面的研究，这非常不利于世人发现郑珍在文字学领域取得的成果。

其次，有利于完善近代古文字研究方法发展变革的历史。郑珍生前虽未曾见到出土甲金文字，但他研究文字学有其独特而有效的途径和方法，既有内部求证，也有外部求证。从郑珍的研究成果中提炼出科学有效的研究方法，既可以补充近代古文字学研究方法发展变革史，又可以启发后人的相关研究。

再次，有利于弥补近代文字学史方面的欠缺。由于之前学界对郑珍的研究主要集中在其诗歌作品上，而郑珍的文字学著作尚未得到足够的研究，所以郑珍仅以"宋诗派代表"在诗学领域占据了一席之地，而他在文字学上所取得的成就在近代文字学史上鲜有提及。

最后，对词汇学、训诂学也有一定的价值。郑珍在研究古文字时对字形和字本义探讨较多，这为词汇学训诂学提供了很多珍贵的书面文字材料。

第一章　郑珍《说文逸字》研究

"说文逸字"指的是许慎《说文解字》中原有收录而在后世传写的过程中亡逸了的字。① 许慎《说文解字》一书原有十四篇，外加叙目一篇，正文以小篆为主，收录 9353 字，另有古文、籀文等异体重文 1163 字，解说字数共计 133441 字。而今通行的大徐本分三十卷，共收录 9431 字，重文 1279 字，解说 122699 字。其间差异之大，自不必说。由于年岁久远，许慎的《说文解字》又被多方抄录流传甚广，现在已经不可能见到许书原貌，也不可能完全知晓在几经转写的过程中产生了多少逸字。郑珍认为《说文解字》"历代移写，每非其人，或并下入上，或跳此接彼，浅者不辨，复有删易。逸字之多，恒由此作"②。在郑珍之前，就有很多学者做过说文逸字的补辑、考订工作，本书在"绪论"中已有详细说明，在此不再赘述。郑珍的《说文逸字》较前人的逸字研究更为严谨客观，所搜求的材料范围更加广泛，采用的方法也更为科学，因而得出的结论也就更具有说服力。

第一节　《说文逸字》释要

郑珍增补《说文》逸字的方法一般被认为可分为内部求证和外部求证两种。所谓"内部求证"，就是历代研究《说文》的学者常用的，从《说

---

① 郑珍《说文逸字叙目》："凡一百六十五文，皆《说文》原有而今之铉本亡逸者也。"

② 见郑珍《说文逸字·叙目》。

文》自身材料出发，发现矛盾、揭示脱讹、考证逸字的方法。这种方法固然严谨，但能考出的逸字数量十分有限。所谓"外部求证"，就是借助《说文》之外的其他材料对比互勘来搜求和考证逸字的方法。这种方法能够考出更多的逸字，虽不及"内部求证"被接受程度高，但因为《说文解字》自面世以来就被很多字书、典籍所引用，故而《说文》中的很多原始材料都在他书中保留了下来①，所以只要能辨别提炼出真实足量的支撑材料，仍然能考得一些他人所没留意到的逸字。在《说文逸字》一书中，郑珍灵活自如地运用"内部求证"和"外部求证"两种方法进行逸字搜求考证工作，甚至结合两种方法进行科学严密地论证，故而常常能得出令人信服的结论。

一、增补的逸字

郑珍《说文逸字》分正文二卷和附录一卷。正文部分为郑珍亲撰，收录逸字 164 字②，并一一进行批注论证。经郑珍增补考辨的 164 个逸字按照类别可分为 100 个正篆和 64 个重文。③ 所谓重文，即一个字的不同形体，包括古文、籀文、或体、俗体等。古文、籀文展现的是汉字形体在不同时期的历时差异，或体、俗体则展现出汉字形体在同一时期的共时差异。据此标准，本书统计出郑珍增补的重文包括古文 35 个，籀文 7 个，篆文或体 19 个，其他 3 个。④ 附录部分为郑珍之子郑知同编撰，收录了郑珍认为不当视为说文逸字的 292 字并给出了不予收录的

① 郑珍《说文逸字·叙目》："传写虽各有脱漏，亦复互为存逸，非亡则俱亡也。"

② 郑珍《说文逸字》有 185 个字头，其中有 164 个逸字，另有 20 字今铉本《说文》有收录，并非逸字，只是郑珍为了便于说解连考其上下字而随列其中，还有 1 字郑珍本列为逸字字头，但后经考证推翻前论归入非逸字。

③ 袁本良据郑珍说解统计出正篆 101 文，重文 64 文，河北师范大学樊俊利统计数据与此相同。

④ 袁本良统计出郑珍补逸古文 31 个，籀文 9 个，篆文或体 24 个，樊俊利统计数据与此相同。

13

理由。如此正反考订，更加清晰明了、逻辑严密，有利于《说文》逸字研究的进一步发展。

下面本书将郑珍《说文逸字》中收录的逸字分为正篆、古文、籀文、或体和其他五类来进行分析讨论。

(一) 正篆逸字

正篆，指的是《说文》中作为字头，排在每段正文最前面的小篆。郑珍所增补的逸字，绝大部分属于《说文》在流传过程中逸脱的正篆。据笔者统计，共计100文。现按原编排顺序整理列表如下：

表 1-1 郑珍《说文逸字》补《说文解字》正篆逸字凡一百文

禋	禣	祽	樸	咬	蹋	詾	詔	謡	誌	諨	詤	敽
由	瞖	雕	羥	䁪	囀	㱦	羚	叔	胂	脀	朘	劇
笒	第	簹	囙	牛	樑	榑	柑	鄅	幹	舜	㬼	稦
麳	醃	餲	㾪	痕	瘷	痟	癢	俙	糅	借	袀	褸
腸	兔	亮	歆	顠	頋	髻	鬐	魏	崾	碑	碱	狡
駞	駍	騺	驟	駍	駈	笑	羍	燉	昗	志	忕	瀺
澩	鯖	闌	聫	摻	㩁	挍	摑	姐	孎	妥	匚	弊
緅	蟟	姶	嬲	鑕	劉	畬	醋	酸				

郑珍在增补正篆逸字时，一般是仿照许慎《说文》体例，先列正篆，然后释义析形。例如《说文逸字》正文第一条：

禋：亲庙也。从示，壐声。(32 页)

郑珍仿许书体例，先列出所逸正篆"禋"，然后释义"亲庙也"，最后分析形体"从示，壐声"。

郑珍在考辨逸字的过程中，一般首先明确逸字来源，然后说明判定为逸字的理由，部分字还会分析逸脱原因，推断逸脱年代，有时还会匡正前人之失。例如篇首对"禋"和"禰"的考辨，二字因存在正篆与古文的关系，故而放在一起进行解说。

> 大徐新附"禰"下曰："一本云'古文禋也'。"此本为所谓群臣家藏者之一。其"禋"为正篆，"禰"为重文如此。按，此亲庙本字。"䢅"、"爾"一声，故古有此二体。经典皆用"禰"，汉孟郁修《尧庙碑》"祖禋所出"用"禋"（《说文》"䢅"正篆，"䢅"古文，是"禋"即"禋"字），并是古字，知此本独得许君旧文（《书》"格于艺祖"、"典祀无丰于尼"，作"艺"、"尼"皆假借）。……寻诸本亡此之故，缘犬部秋田之"獮"与重文"禰"并从"繭"，自六朝俗"繭"作"䢅"，书"獮"、"禰"作"獩"、"禋"。浅人从俗隶作篆，而"䢅"为篆体所无，乃以"䢅"隶形近"䢅"，于"獮"声又近，遂改为"獩"、"禋"。如此，即犬部"禋"与示部禋庙字重出，俗因删禋庙字。二文之亡以此……（臧氏琳据《尔雅音义》，谓小徐改犬部"禰"为"禰"，移入示部；大徐又改"禰"为新附字。臆说）。（32~33页）

考辨内容第一句话"大徐新附"即表明逸字来源，接着通过"古有'䢅'、'爾'二体"、"经典皆用'禰'，汉孟郁修《尧庙碑》用'禋'"等来说明判定此二字为逸字的理由。然后分析逸脱原因：犬部秋田之"獮"与重文"禰"，六朝俗书作"獩"、"禋"，浅人从俗隶作篆改为"獩"、"禋"，与示部"禋"庙字重复，故后者被删。文末驳斥臧氏琳"小徐改犬部'禰'为'禰'，大徐改'禰'为新附字"之说为"臆说"。

> 詔：告也。从言召，召亦声。
> 此大徐所增十九文之一。段氏删，谓秦造"詔"字，惟天子独称之。《文选》注引《独断》云："詔，犹诰也。三代无其文，秦汉有之。"可证秦以前无"詔"字，至《仓颉篇》乃有"幼子承詔"之语，故

许书不录。珍谓经典"詔"俱训"告"，则其字不始于秦。至秦惟天子称"詔"，犹"朕"在古为凡我之称，至秦独天子专之耳。邑书专明事物缘起，无解说文字之言。所谓"无其文"者，此自说三代无天子称制詔之文，非谓无其字也。且即是秦文，许君于《仓颉》三篇所省改古籀之小篆俱列入正文，而其中明有秦人制度之字，何为"詔"字独不登载邪？大徐据叙例增，盖未可议。（39~40页）

在这段论述中，郑珍首先表明逸字来源为"大徐所增"，接着指出段玉裁"秦造'詔'字，许书不录"的观点有误。然后从三个方面进行论证：一是通过"经典'詔'字俱训'告'"，得出"字不始于秦"的结论；二是通过类比"朕"的字义范围由"凡我"缩小到"天子专称"，来推断"詔"字的字义由"告"到"天子独称"这一变化过程；三是反证即使是秦字，许慎也当收录。摆出证据对段氏误说进行驳斥，清晰有理，层层递进，精彩至极。

除去以上几例，郑珍对"犕"、"蹵"、"謠"、"晥"、"旐"、"叔"、"簅"等逸字的考辨过程也都条理清晰、证据丰富、逻辑严密、推理精审，能够自圆其说、令人信服。但是，有些逸字的考辨却显得证据不足，缺乏推理，结论还有待商榷。

> 禣：祭豕先也。从示，曹声。
> 祽：月祭也。从示，卒声。
> 《艺文类聚》卷三十八、《初学记》卷十三并引《说文》"祭豕先曰禣"、"月祭曰祽"，是唐本原有。惟二书以意属文，今从训语通例。（33~34页）

对"禣"、"祽"二字的考辨内容，仅据两书对《说文》的从意引文来作为补逸依据，似乎有些草率，不具有很强的说服力。

袁本良、河北师范大学樊俊利统计《说文逸字》补正篆 101 文，陕西师范大学陈秋月统计数据为 107 文，而我们统计数据为 100 文。其中差异主要涉及"囷"、"卌"、"玤"、"㚒"、"䢎"、"丬"、"匚"、"庻"
八个字头的归类差别。袁本良和樊俊利将"囷"字视为非逸字，而将
"卤"字视为籀文逸字，将"丬"、"匚"、"庻"字视为正篆逸字；陈秋月
将此八字均归类为正篆逸字。本书认为，"囷"应归为正篆逸字，"卌"、
"匚"、"庻"应归为古文逸字，"玤"、"㚒"、"䢎"可归为其他逸字，而
"丬"则不应归入逸字范畴。

1. 囷

郑珍根据注文"上下不应"之处及《系传》注文，推断当为"篆省卤，
籀不省卤，今之正篆囷字原是籀文"。《说文》有"卤"无"囷"，逸本篆
"囷"字，而误籀文"卤"为正篆。袁本良据《丛书集成》本将正篆逸字
"囷"判为非逸字而将籀文"卤"归为逸字（袁本良《郑珍集·小学》叙目
中有"卤"无"囷"），误。

2. 卌

　　卌：四十并也。古文，省。（38 页）

据郑珍注文，"卌"字应归为古文逸字类，为"四十"之古文合文，
与"二十"之"廿"、"三十"之"卅"类同。详见下文"古文逸字"。

3. 玤、㚒、䢎

　　玤：二丰也。说具"䢎"下。（54 页）
　　㚒：二左也。阜部"陸"从㚒声，必原有"㚒"字。凡《说文》重
并两形之字，其注形、义俱全者，于所从必是两文；其止注"二某
也"，于所从实是一字。……（57 页）
　　䢎：二半也。……（64 页）

按郑珍注文之意，此三字即为"丰"、"左"、"半"三字，而非正篆
逸字，详见下文"其他逸字"。

4. 爿

郑珍对"爿"字的分析可分为两部分，第一部分为郑珍之前的论断，认为"爿"为《说文》逸字，判定理由为："壮"、"牂"、"牆"、"牆"、"状"、"斨"、"戕"、"斯"、"牆"等俱从爿声。又二徐"牀"下引阳冰云："木石右为片，左为爿，音牆。……"第二部分则否定了自己之前的论断，认为《说文》原文中不应有"爿"字。"珍后考《说文》实无'爿'字。"理由为：许君所记，备见《玉篇》，而其书无"爿"。认为李阳冰"右片左爿"之说出于臆创。半"木"止应作"爿"，而"壮""状"等篆皆从"爿"。"浆"古文"𤖼"、"牆"籀文"𤖬"、"𤖭"皆从"爿"。"爿"、"爿"岂是半"木"？……本书以郑珍后期的论述为准，将"爿"字判定为非逸字。详见下文"非逸字"。

5. 叵、庑

此二字，按照正文注语的说解体例似乎应当归为正篆逸字，但综观郑珍按语，本书认为归入古文逸字更合郑珍本意，详见下文"古文逸字"。

(二)古文逸字

古文，一般指的是春秋战国及其以前古书上的文字。许慎见过的古文材料包括汉代出土的先秦铜器铭文、孔子壁中书、民间秘藏古书等。许慎所谓的"古文"是指史籀以前的文字，主要指保留在孔子壁中书里的经书上的文字。

郑珍增补的古文逸字一般只注明"古文某"，指出对应的正篆，不再释义析形，只阐明补逸缘由。

表1-2 郑珍《说文逸字》补《说文解字》古文逸字凡三十五文

襧	𧘂	璍	弜	𥄎	𦾑	𠦃	弓	褆	𦇚	毃	𥮪	柸
厤	吴	𡉈	尙	粃	帯	廿	釆	抈	𠨅	㦦	晶	𤴙
赻	弓	𢇍	卅	丌	𤉣	个	庑	叵				

　　袁本良、樊俊利、陈秋月统计郑珍《说文逸字》补逸古文的数据均是 31 个，主要差别在于对"卌"、"个"、"叵"、"庞"四字的归属。此三家均将"卌"、"叵"、"庞"三字归为正篆逸字，而将"个"字归为或体逸字。笔者仔细揣摩郑珍按语之意，认为此四字应归入古文逸字之列。

　　　　卌：四十并也。古文，省。
　　　　《广韵·二十六缉》"卌"下引《说文》："数名。"知唐本有此字。惟以"廿"、"卉"注推之，此注当如是。《玉篇》"卌"入"卉"部，今依之。汉石经《论语》、《梁相孔耽碑》、《周阳侯钟》、《谷口甬》、《武安侯钫》，四十并作"卌"。（38 页）

　　"卌"的释义中虽未出现"古文某"的标志性字样，但释文句末出现了"古文，省"三字。通读郑珍注文，笔者认为"卌"为"四十"之合文。"所谓"合文"，就是把两个或多个单字作为一个整体写在一起。很多学者认为"廿"、"卅"、"卌"等皆为合文。例如：石鼓文"为卅里"（第六鼓：《乍原》篇），当读作"为三十里"（石鼓诗多为四言）。又如：战国金文"冢三百卌＝五刀"（中山王墓西库：16 盉），下标"＝"为春秋晚期兴起的表合文的符号，此处的"卌＝"表示的不是"卌卌"而是"卌"，读作"四十"。汉石经中也有很多证据证明"卌"就是"四十"，也就是说它们是音义皆同的重文关系。秦汉之后，这些合文逐渐发展为一字一音，被当作单字来使用。所以，本书认为"卌"字为"四十"合文之古文。

　　　　个："箇"或作"个"，半竹也。
　　　　《六书故》卷二十三称《说文》唐本曰："箇，竹枚也。或作个，半竹也。"徐本阙"个"字。段氏已据补，云："并则为竹，单则为个。竹象林立之形，一茎则一个也……'支'下云：'从手持半竹。'即'个'从半竹之证。"珍按，"个"为最先象形字，"箇"乃以后形声字，原注似当云"古文'箇'"。（55 页）

此前学者多根据"'箇'或作'个'"而将"个"字归为或体逸字。诚然,"某或作某"一般作为判断或体逸字的标志。但通过郑珍其后的注文"'个'为最先象形字,'箇'乃以后形声字"可以判断,按照郑珍的逻辑,"个"字应当为早于"箇"的古文字形,郑珍按语最末一句"原注似当云'古文"箇"'"也说明了这一点。笔者推测,按语可能为郑珍后期所增,故前释义部分未及修改。本书依郑珍后期本意,将"个"字归为古文逸字。

> 叵:不可也。从反可。
>
> 此字大徐新附。按,《说文·叙》中有"叵"字。玄应《音义》卷二十四亦引《三仓》:"叵,不可也。"许君断无不收。此与"反爪为爪"、"反乳为乑"之类,皆古文指事之最简者,必非俗所能造也。(58页)

> 庞:过也。从广,兆声。
>
> 按,……珍按,段说详矣,而以"庞"为"宼",实出臆断。今据偏旁,从郑氏"庞,过"之义补此篆。盖"庞"非特偏旁;"斛"在古原止作"庞",以其过九鼇五豪名之,后乃加"斗"为专字。据新莽《斛斗铭》篆书"庞旁九鼇五豪",《升铭》"庞旁一鼇九豪",《合龠铭》"庞旁九豪"(见《两汉金石记》),与晋斛同用"庞"字,皆从其最初古文,则为许书原有决矣。(91页)

郑珍对"叵"、"庞"二字的注语体例与正篆逸字相同,前人据此将此二字归为正篆逸字。本书认为,虽然字头后附注语中没有标注"古文某"字样,但郑珍在其后的长段论证按语中却很明显地表明了此二字乃古文之意。郑珍按语中明言"叵"乃"古文指事之最简者,必非俗所能造","庞"为"最初古文"、"许书原有"、"'斛'在古原止作'庞',以其过九鼇五豪名之,后乃加'斗'为专字"。可见郑珍经过后期考证,是将此二字视为古文的,即此二字当为古文逸字,只是正文字头后的注语未及按照古文逸字的说解体例作出相应的修改。

郑珍补《说文》古文逸字的论据来源分好几种。有的古文逸字是根据古鼎彝文所补，如“旛”字：古鼎彝文“用旛眉寿”、“用旛匄百禄”、“用旛绾绰”等“旛”字，并从單，旂声，即“祈”之古文。(33 页)

有的古文逸字是根据《汗简》引《说文》之言所补，如“琿”见《汗简·玉部》引，“𨘢”见《汗简·辵部》引，“𡩋”见《汗简·宀部》引。

有的古文逸字是据戴侗《六书故》所载进行论证，如“𧥢”字：据《六书故》卷十一“言”下称：“《说文》曰‘辛声。𧥢，古文’。”凡戴氏所载古文，俱十四篇之体。非如《玉篇》、《广韵》诸书，古文或从别采也。则所见铉本原有。(39 页)又如“箳”、“杯”、“𦶍”三字见《六书故》卷二十三所引蜀本《说文》。(56 页)

有的古文逸字根据玄应《音义》、《系传》、《庄子》、《释文》、《五经文字》、《韵会》等书引《说文》之言进行论证，如“禮”字：玄应《音义》卷六、卷十四、卷十七、卷二十五并云：“《说文》：‘詛，古文禮。’同側据反。”知“詛”下原有重文“禮”。(42 页)又如“譱”字：《系传·通论》有此字，云：“齐桓公谓亩邱之乡人曰：‘至德不孤，善言必三。’故古‘善’亦或从三言。”(42 页)

有的古文逸字根据《说文》他字注语推理而得，如“矣”字：匕部“𣬉”字注云：“矣声。矣，古文矢字。”(59 页)又如“㞾”字：女部“妻”古文“㛗”，下云：“㞾，古文贵字。”(65 页)又如“𣥠”字：白部“者”字注云：“从𣥠声。𣥠，古文旅字。”(67 页)

有的古文逸字根据《说文》偏旁推理而得，如“畾”字：本书“瓃”、“藟”、“讄”、“鸓”、“櫑”、“罍”、“儡”、“纍”、“勵”、“壘”等俱从畾声，当原有此字。(104 页)

还有的古文逸字郑珍会结合几种方式来进行论证，如“卌”字：四十并也。古文，省。《广韵·二十六缉》“卌”下引《说文》：“数名。”知唐本有此字。惟以“廿”、“卅”注推之，此注当如是。……汉石经《论语》、《梁相孔耽碑》、《周阳侯钟》、《谷口甬》、《武安侯钫》，四十并作"丗"。（38 页）结合《广韵》引《说文》之言和汉石经中的内容，判定其为古文。①

（三）籀文逸字

籀文是传说中周宣王太史籀所编的《史籀篇》中使用的大篆字体，笔画繁复，很大程度上保留西周后期文字的风格，春秋战国时期文字统一为小篆前通行于秦国。许慎《说文解字》中收录了《史籀篇》中与古文或异的二百余字。② 郑珍《说文逸字》增补籀文时只注"籀文某"无释义，共补七文如下：

表 1-3　郑珍《说文逸字》补《说文解字》籀文逸字凡七文

燮	穊	桑	槖	嬰	匶	乾						

郑珍增补的籀文有的来源于《说文》中的注语，如"燮"字：今本"燮"下云："和也。从言，从又炎。籀文燮从羊，音饪，读若湿。"自"籀文"下原是重文之注，误接上写。（43 页）

有的籀文来源于他书所载，如"穊"字见于《系传》、《玉篇》、《类篇》，"槖"字见于《玉篇》，"匶"字见于《集韵·六豪》、《类篇·曲部》。

郑珍在考证籀文逸字时，还注意运用石经、碑文材料作为支撑，例如对"桑"字的考证就用《魏石经遗字》和《碧落碑》中的相关字体作为论据：《集韵·十一唐》、《类篇·叒部》"桑"下并称《说文》"籀作'晁'"，是据铉校原本。"桑"字从兆，绝无意义。考《魏石经遗字》及《碧落碑》，其"若"字并作桑，上体即"叒"，下与"襄"古文桑下体同。……知此籀文乃从叒、从古文襄省声也。（63 页）

① 陈秋月《郑珍〈说文逸字〉研究》将"丗"字归为正篆逸字，本书不同意此观点。

② 据班固《汉书艺文志》，《史籀篇》原有十五篇，但有六篇已散佚，许慎所见应只有其中九篇。

(四)或体逸字

或体指的是正文小篆的异体字,在一定程度上反映了秦汉时期民间用字的情况。① 郑珍增补或体逸字时只注明"某或作某"、"某或从某"等,不再释义析形,只是提出逸字来源并进行考辨论证。郑珍增补或体逸字共 19 文。

表 1-4 郑珍《说文逸字》补《说文解字》小篆或体逸字凡十九文

蓻	晥	朏	箑	亭	癫	戻	顠	襧	羕	黛	恕	濂
瑹	瑰	綦	薑	蟻	陏							

郑珍增补的或体逸字有的来源于《系传》,如"蓻"字:"埶"或从艸。《系传·木部》"槷"重文"樴"云:"或从蓻。"火部"爇"云:"从火,蓻声。"则原有"蓻"字,当为"埶"之或体。(43 页)

有的或体逸字来源于大徐新附字,如"晥"字:此大徐所增十九文之一。据艸部"莞"从晥声,知必为原有。(46~47 页)

有的或体逸字来源于《说文》注语,如"朏"字:今本"舳"注末云:"舳或从肉。"此四字乃重文之注。传写脱篆,遂连上写。(53 页)又如"亭"字:"覃"字注云:"从回,象城亭之重,两亭相对也。或但从口。"按,末四字盖重文之注,传写脱并。(59~60 页)

有的来源于他书引《说文》之言,如"癫"字:《诗·思齐》,《正义》曰:"《说文》:'癞,疫疾也。或作癫。'"则"癞"字原有重文。(75 页)又如"黛"字:"螣"或从代。《六书故》卷三"黛"下云:"螣字唐本《说文》或从代,徐本《说文》无'黛'字。"按此则元有。(99 页)

有的结合多种证据得出结论,如"戻"字:今铉本"戻"注云:"柔皮也。从申尸之后,尸或从又。"《系传》"戻"注云:"柔皮也。从又申尸之

---

① 郑春兰《〈说文解字〉或体研究》认为:或体是小篆时代与《说文》正篆具有同等重要地位、符合六书规律、规范化程度较高的正篆的异体字。

后也。或从又。"按，二本各有误脱。……本书车部"輓"从戻，疒部"痒"籀文"痕"、赤部"赧"并从戻，可证必有"戻"字。《玉篇》作"戻"，《广韵》作"戻"，各收一体。（84 页）

郑珍增补的或体逸字中形声字占了很大的比例，有的或体是通过正篆增加部件构成，如"藝"字为"埶"增加部件"艸"构成，"溓"为"濂"增加部件"广"构成；有的是通过替换部件来构成，如"睆"字为"睍"字右侧部件"见"替换为"完"构成，"襧"字为"獮"替换左侧部件构成，"愨"字为"忩"替换上部部件构成；有的是减少部件来构成，如"箽"字为"籱"减省下部部件构成，"戻"字为"戾"减省一点构成。

需要说明的是，"个"字按照注语"'箇'或作'个'"，似乎当归入"或体"类，但综观郑珍按语之义，我们认为归入"个"字应当为古文"箇"，将"个"字归入古文逸字类更合郑珍本意。详见上文"古文逸字"。

（五）其他逸字

表 1-5　郑珍《说文逸字》补《说文解字》其他逸字凡三文

玨	嵳	𡴀									

郑珍所补的《说文》逸字除了上述的四类共 161 字之外，还有三个字的属类不好划定，分别为玨、嵳、𡴀。

玨：二丰也。说具"𡴀"下。（54 页）

嵳：二左也。阜部"陛"从嵳声，必原有"嵳"字。凡《说文》重并两形之字，其注形、义俱全者，于所从必是两文；其止注"二某也"，于所从实是一字。（说详"𡴀"下）此从二左而为"陛"之声，知即"左"字也。……（57 页）

𡴀：二半也。

……考《说文》重并两形之字凡五十六。其注云"某某也，从某某"，义与形俱全者，皆两体会意字；其止注"二某也"凡十二文，如"癸"云"二爻"、"皕"云"二百"、"屾"云"二山"、"沝"云"二水"，皆止是"爻"字、"百"字、"山"字、"水"字，并非异文。惟"衾"即"余"，而不立"余"部，故注云"二余也，与余同"。……今以此例推合唐本，"豐"读同半而从羋声，"豐"读同丰而从拜声（"素"从丰，为会意兼形声），明"羋"、"拜"与"半"、"丰"本一字。……（64~65 页）

郑珍对三字的释义分别为"二丰也"、"二左也"、"二半也"。这种释义方式与他字非常不同，这也导致对此三字的归类未有一个定论。本书综合郑珍对三字的分析，认为无疑义的一点是：此三字为"丰"、"左"、"半"的不同形体。从郑珍在"羋"字下的论证可以比较清晰地看出这一点：其止注"二某也"凡十二文，如"癸"云"二爻"、"皕"云"二百"、"屾"云"二山"、"沝"云"二水"，皆止是"爻"字、"百"字、"山"字、"水"字，并非异文。……明"羋"、"拜"与"半"、"丰"本一字。

从"奎"字下的论证中也可看出作者的这一观点：其止注"二某也"，于所从实是一字。……此从二左而为"陸"之声，知即"左"字也。

郑珍通过总结许慎《说文解字》注文说解体例，认为释义为"二某也"的字与释为"某某也，从某某"的字不同，后者为两体会意字，而前者与所从应为一字，即"拜"、"奎"、"羋"就是"丰"、"左"、"半"，也就是说，"拜"、"奎"、"羋"分别是"丰"、"左"、"半"三字的重文。

那么，按照郑珍之意，此三字具体应当归为重文中的哪一类呢？郑珍直言此类字"并非异文"，直接否定了"异体字"即"或体"的可能。至于"拜"、"奎"、"羋"三字属于"古文"还是"籀文"，由于郑珍本人未以"古文某"、"籀文某"的形式直接言明，且不论是郑珍所处的清末还是笔者所处的当代都未能掌握足够的古文和籀文数据，故而不好判断。暂将此三字归入"其他逸字"类，留待后续作进一步研究。

二、涉及的非逸字

郑珍《说文逸字》一书正文中一共关涉到的 185 个字头，除了上文涉及的 164 个逸字之外，还存在 21 个非逸字。

表 1-6　郑珍《说文逸字》非逸字凡二十一文

特	跋	訾	䮓	卤	槫	櫨	鼎	衫	歈	髫	鸄	獮
祣	瀍	闦	愧	枢	纃	鎦	爿					

(一)《说文》中未逸其字，郑珍为方便解说而随列连考

郑珍随列连考的 20 文虽非《说文》逸字，但都与郑珍考证的逸字密切相关，有的字郑珍根据考证结果对其注文作了一些改动。

> 特：犕牛也。从牛，寺声。
> 犕：牛父也。从牛，奠声。
> 《初学记》卷廿九称《说文》："牡，畜父也。""㹔，特牛，犕牛"（一本"犕"讹"犎"，字书无"犎"字）。按，今铉本无"犕"字，而"特"下云："朴特，牛父也。""朴特"不可通。以《初学记》推之，所引虽节录，可见许书旧当如此。盖"㹔"训"特牛"；即次"特"，训"犕牛"；又次"犕"，训"牛父"。三文递训，其皆为牡牛互明。传写初误"犕"作"犕"，继又省"犕"作"朴"。"犕"既希见，误即茫然。俗因删"特"注"朴牛"，而以"朴，牛父也"一篆一训移作"特"注，又增一字作"朴特"，遂成今本。……（34~35 页）

流传本《说文》无"犕"而"特"下注曰"朴特，牛父也"。郑珍根据《初学记》引《说文》之言，推测许书原貌应当为三文递训："㹔"训"特牛"，"特"训"犕牛"，"犕"训"牛父"。郑珍增补"犕"为逸字的同时，改

"特"字注文为"犊牛也"，而将"牛父也"的注语移至"犊"下。

郑珍对有的字的字形归类作了一些调整，或把《说文》中的正篆调整为籀文，或把《说文》中的正篆调整为或体等。

> 髻：簪髻也。从髟，吉声。
>
> 幵：籀文从介。
>
> 今本止有"幵"字，"髻"是大徐新附。据曹宪《广雅·释诂》"幵"下《音义》云："按《说文》即籀文'髻'字。"是隋本有"髻"，其重文作"幵"，注云"籀文"。今本以籀当篆，误矣。……(88～89页)

郑珍据《广雅》推隋本《说文》有"髻"籀文作"幵"，改《说文》中的正篆"幵"为籀文，同时补正篆"髻"字。

> 匛：棺也。从匸，久声。
>
> 柩："匛"或从木。
>
> 今本有"柩"无"匛"，段氏据《玉篇》"匛，棺也，亦作'柩'"补正如此。说详彼注。(114页)

郑珍承袭段玉裁之说，据《玉篇》之言将流传本《说文》中的正篆"柩"字改为或体，同时补正篆逸字"匛"。

(二) 早前补为逸字，后考《说文》实无，推翻己说

> 爿：《六书故》卷二十一谓唐本《说文》有爿部，段氏据补于片部末。按，"壯"、"牂"、"牆"、"牆"、"狀"、"牁"、"戕"、"斨"、"牆"等俱从爿声。……皆"爿"与"片"并举，有音有义，当是本《说文》……
>
> 珍后考《说文》实无"爿"字。许君所记，备见《玉篇》，而其书

无"爿"，足以明之矣。阳冰"右片左爿"之说，出于臆创。……（69~70 页）

袁本良、樊俊利、陈秋月等都将此字归为正篆逸字。而本书认为该字不应归为逸字。原因有二：一是该字说解体例与郑珍《说文逸字》中的其他字都不一样，既无释义析形，也无"古文"、"籀文"、"或作"等标志其身份的字样；二是郑珍对此字的注文是分为两部分的，前一部分郑珍似将"爿"字归为逸字，但第二部分(从"珍后考"始)则认为《说文》实无"爿"字，李阳冰"右片左爿"之说为臆创。根据郑珍注文全文之义，本书认为郑珍是在后期经过进一步考证，推翻了自己前期的论断，将之前增补的逸字"爿"字剔除出去了。据此，本书不将"爿"字纳入郑珍增补的《说文》逸字范畴。

三、郑知同的补充

学者在研究《说文逸字》一书时一般只考虑郑珍亲撰的正文部分，而忽视其子郑知同的按语和附录。由于郑知同乃郑珍之子，且是奉父命补父说，故本书将《说文逸字》视为父子二人合著之作，正文部分的"知同谨按"之语和附录之文也应当在很大程度上代表了郑珍的观点，可以视为郑珍逸字研究中不可或缺的一部分。

一般情况下，"知同谨按"之语较郑珍正文来说更短小，主要起补充论据、进一步解说的作用。但是我们发现，有少量逸字后附的"知同谨按"之语篇幅甚至超过了郑珍亲撰的部分，为逸字补充了非常重要的论据。

赴：古文"摔"，从止㢟。见系传。

知同谨按，《系传》此字下张次立有校语，是其本原有。或以移徙字不合为"摔"，系俗增。考《说文》重出字数十，惟"蠱"、"蘁"、"㫘"、"吹"、"右"、"歟"、"敷"、"㹥"、"挚"、"敖"、

"槾"、"愷"十二文音训无别，一系俗增。若"尋"、"廿"、"軨"、"劃"、"芰"、"孌"及此"徙"七正篆，为"得"、"瓜"、"謷"、"畫"、"𦲸"、"孎"、"揣"之古文；"劇"、"枙"、"欻"、"悊"、"螌"、"輟"六正篆，为"敫"、"屎"、"呦"、"哲"、"蠱"、"叕"之或体。并音同义别，或义略相似。又古文"孚"、"保"同作"𤓰"，"保"、"孟"同作"𤓰"，"夷"、"仁"同作"𡰥"，"豕"、"亥"同作"布"，并声义俱异。此皆许君就所见古籍一体两用，因两出之，不得谓非《说文》原有……（107～108 页）

郑珍补古文逸字"䞘"，寥寥数字，未具体展开分析。其子郑知同不仅分析了逸字原因，而且将《说文》中的"重出字"分为俗增、古文、或体几种不同类型分别加以讨论，说明"此皆许君就所见古籍一体两用，因两出之，不得谓非《说文》原有"。

矜：怜也。从予，令声。

……按，今《说文》止矛部有"矜"，脱"矜"字。

知同谨按，……矜怜者必有予，故字从予；其从令声，古入真谆部（今令入庚韵）。……古"矜"、"怜"通用。……"怜"亦真谆部中字，故"矜"与从矛今声、训"矛柄"、入蒸登部之"矜"必是两字……自汉人以二形相似，隶体杂书。如《东海庙碑》"矜闵'，《费凤别碑》"恤忧矜①厄"，又"矜此黔首"，石经《论语》"则哀矜而勿喜"，《辛李造桥碑》"哀矜下民"，虽皆从矛，右仍从令。《孙叔敖碑》"鳏寡是矜"，虽从今，左仍从予。石经《尚书》"惠于矜寡"，乃直从矛今。至晋潘岳《哀永逝文》用"矜②怜"之"矜"叶"兴"、"承"、"升"，乃混入蒸登部；而矛柄之"矜"俗别从堇声。郭注《方言》云："矜，今字作殣，巨巾反。""矜"又混入真谆部。降及

① 此字袁本良《郑珍集·小学》中误为"矜"字。

② 此字袁本良《郑珍集·小学》中亦误为"矜"字。

《玉篇》，乃概作一"矜"字(今本作"矜"，宋陈彭年等所改)。至
《广韵·十七真》云："䂮，矛柄也。古作矜，巨巾切。"《十六蒸》
云："矜，本矛柄也，巨巾切。《字样》借为'矜怜'字，居陵切。"
又概作一"矜"字，而分矛柄义入真，分矜怜义入蒸，互易二字古
读。此古今音义之大变。《广韵》以后，"矜"独行而"矜"遂亡。
《说文》亦因以删削矣。慧苑所称《毛传》在《鸿雁》篇，今经传俗并
改"矜"。(50~51 页)

郑知同在按语中补充说明，郑珍所谓的《说文字统》为李阳冰之作，
而非后魏杨承庆的《字统》，又从形体、音韵的角度进一步说明了"矜"
脱逸的原因：从"予"从"令"之"矜"与从"矛""今"声、训为"矛柄"之
"矜"本为两字，汉人因二形相似开始混淆，甚至出现"矜"、"矜"之
形，音义大变，《广韵》之后，"矜"独行而"矜"遂亡。

本书在研究郑珍《说文逸字》的过程中发现了袁本良《郑珍集·小
学》中的一些误漏之处，例如：袁本良《郑珍集·小学》《说文逸字》矛部
"矜"下"知同谨按"之语中，"《费凤别碑》恤忧矜厄"与下文"虽皆从矛，
右仍从令"矛盾，且与他版《说文逸字》异，此处"矜"字误为"矜"字；
乃部"図"、"卤"二字，"図"应为逸字，而袁本将其视为非逸字，叙目
中未有收录。而"卤"字应为非逸字，流传本《说文》中收为正篆逸字，
郑珍只是将其改为正篆"図"之籀文，袁本良却误将其视为本篆逸字，
收入叙目；香部因"馤"字误作"馣"字，导致有两个"馣"字字头，而无
"馤"字；巾部"希"字在叙目中作"帝"，与正文字头不一致(另有"蓺"、
"免"等)。

第二节　《说文逸字》与张鸣珂《说文佚字考》

郑珍《说文逸字》是《说文》学史上第一部研究逸字的专著，该书初
稿成书于咸丰三年(1853 年)，刊刻出版于咸丰八年(1858 年)，全书收

录 165 字。① 张鸣珂②《说文佚字考》一书构思创作始于 1870 年，成书不晚于 1876 年，刊刻于 1886 年，收字 241 字。郑珍《说文逸字》中收录字头按照《说文》原有的部首顺序编排，而张鸣珂《说文佚字考》则将241 个字头分别归于十个部类下。郑珍补《说文》逸字的体例为先列逸字，再释义析形，然后说明补逸依据，而张鸣珂大多只是罗列各家之言，较少自为论断。张鸣珂辑录的各家之言包括钱大昕、段玉裁、桂馥、严可均、王煦、王筠、顾炎武、沈涛等的观点，对郑珍的观点也有所辑录。

上文将郑珍增补的逸字按照其注文分为正篆逸字 100 个、重文 64个，重文包括古文逸字 35 个、籀文逸字 7 个、或体逸字 19 个、其他逸字 3 个。

张鸣珂《说文佚字考》分原佚、隶变、累增、或体、通假、沿譌、匡谬、正俗、辨误、存疑十个部分展开说解，全书收录 241 字。其中，原佚部分收录的是张鸣珂认为许书原有而流传本脱漏的正篆逸字 19 个；隶变部分收录的是由于小篆隶变而发生形体变化的 18 字；累增部分收录的是为区别多义字的不同义项而增加偏旁字义不变的后起字 32 个；或体部分收录的是小篆异重文即异体字 48 个；通假部分收录的是用读音或字形相同或相近的字代替本字使用的 58 字；沿譌部分收录的是在历史流传过程中产生讹变、后世因袭谬误之字 6 个；匡谬部分收录的是在传写过程中被浅人所改的形似之字 30 个；正俗部分收录的是《说文》中有正篆的俗体字 4 个；辨误部分收录的是不能被视为字的误字 10个；存疑部分收录的是张鸣珂难以论断存疑待考的 16 字。

一、二书共同收录的逸字

经统计，郑珍《说文逸字》与张鸣珂《说文佚字考》二书中共同收录

---

① 本书认为，郑珍《说文逸字》中所补逸字应为 164 字，详见上文。
② 张鸣珂生于 1829 年，卒于 1908 年。郑珍生于 1806 年，卒于 1864 年。

31

的字有 24 个，在郑书中被归为正篆逸字的有 14 个（由馭劇牛槥希兔馳夯姐妥緻蟒劉），归为重文逸字的有 9 个（嚻卌奎叵庇晶鑾蒜愬），非逸字 1 个（丬①）；在张书中则分为原佚 16 字（嚻卌由馭槥希兔夯姒妥緻劉庇晶鑾丬），或体 1 字（劇），通假 3 字（蒜馳蟒），匡谬 1 字（牛），存疑 3 字（愬奎叵）。

1. 嚻

郑珍《说文逸字·口部》：

> 古文"嚻"。
>
> 本书"瑡"、"犥"……"醻"并从"嚻"声，而无"嚻"字。按，"嚻"下云："嚻，古文瞗。"此四字，在原本当作"嚻，古文嚻。"为一文一义。写者误并上注，后因改"嚻"作"嚻"、"嚻"作"瞗"。……考《广韵·十八尤》"嚻"下云；"《说文》：'谁也，又作嚻'"其以"嚻"为正虽异，足明唐本有"嚻"。段氏以本书无"嚻"，又无从"嚻"之字，疑"嚻"即"嚻"误。按，"薵"字从"嚻"，隶变作"壽"，作"**壽**"、"**壽**"、"**壽**"，并即"嚻"之省改。可见"嚻"、"嚻"必两字，故篆从"嚻"，隶从"嚻"。（35~36 页）

张鸣珂《说文佚字考·原佚》：

> 玉部"瑡"篆云：玉器也。从玉嚻声，读若淑。牛部"犥"篆云：牛羊无子也。从牛嚻声，读若糠糧之糠。……酉部"醻"篆云：主人进客也。从酉嚻声。
>
> 钱坫曰："当是从嚻，本书无嚻字。"桂馥曰："本书无嚻字。《春秋》宣十四年，曹伯壽卒，《三体石经》作'薵'。"严可均曰："《广韵》引《说文》：嚻，谁也。又作'嚻'。则'嚻'为正体，'嚻'

---

① "丬"字郑珍列为逸字字头，但本书根据郑珍注文，判定该字当归为非逸字。详见上文。

为重文."王筠曰："《穆天子传》畺之人居虑，郭注'古畴字'。"

鸣珂按：《广韵》"畺，咨也。《说文》谁也，又作畺"。（卷一·
一上）

郑珍将"畺"字归为古文重文逸字，首先根据《说文》中有九个从
"畺"之字来内证应有"畺"字，并结合"畺"注推测逸字缘由为"重文误并
上注"，然后用《广韵》引《说文》之言来外证唐本原有"畺"字，纠段氏之
误，最后用"壽"字隶变形体"壽"来阐明"畺"为篆、"畺"为隶，"畺"为
"畺"之古文。

张鸣珂将"畺"字归入原佚篇，首先罗列了《说文》中的九个从"畺"
之字及其注语，然后辑录了钱坫、桂馥、严可均、王筠关于"畺"字的
言论。其中钱坫、桂馥二人认为"本书无'畺'字"；严可均根据《广韵》
引《说文》之言，认为"'畺'为正体，'畺'为重文"；王筠根据郭注认为
"'畺'为古'畴'字"。张鸣珂的按语则补充辑录了《广韵》中"畺"字的完
整注语。据此推知，张鸣珂赞同严可均"'畺'为正体，'畺'为重文"的
观点。

对比二人之观点，二人最后的结论有一致之处，即"畺"、"畺"二
字为重文关系。二人也有不一致之处，即郑珍认为"畺"为古文逸字、
"畺"为正篆，而张鸣珂认为"畺"为正体、"畺"为重文。但这不一致之
处也能得出一个一致的结论，即"畺"这一形体比"畺"更为古早。张鸣
珂的论证材料相对丰富一点，而郑珍的论证过程更为精练，逻辑严密、
环环相扣，更具说服力。

2. 卅

郑珍《说文逸字·卉部》：

四十并也。古文，省。

《广韵·二十六缉》"卅"下引《说文》："数名。"知唐本有此字。
惟以"廿"、"卉"注推之，此注当如是。《玉篇》"卅"入"卉"部，今
依之。汉石经《论语》、《梁相孔耽碑》、《周阳侯钟》、《谷口甬》、

《武安侯钫》，四十并作"卌"。（38 页）

张鸣珂《说文佚字考·原佚》：

> 林部"㮤"篆云：豐也。从林、两，或说规模字，从大、卌，数之积也，林者，木之多也，卌与庶同意。《商书》曰，庶，艸繁无。
>
> 段玉裁曰："'卌'篆不见于本书，……是卌为四十并，犹廿为二十并、卅为三十并也。其音则广韵先立切，四十之合声。"桂馥曰："'卌'，数之积也，谓两廿四十也。《容斋随笔》：'今人书二十字为廿，三十字为卅，四十字为卌，皆《说文》本字也。'"严可均曰："鞋叉，宋本及小徐作'册叉'，《集韵·十二焱》引作'卌叉'，案，当作卌叉。林部'卌，数之积也'。卌叉者，多齿叉。今俗谓之拉杷，声相同也。"（卷一·九下）

郑珍将"卌"字归为古文重文逸字，首先通过《广韵》引《说文》材料推知唐本说文有"卌"字，然后通过"廿"、"卅"注语推知"卌"字注语，最后通过汉石经中的古文材料作进一步的论据支撑。言简意赅，干脆利落。

张鸣珂将"卌"字归入原佚篇，《说文》"㮤"字注语中出现两次"卌"字，段玉裁认为"卌"为"四十并"，音为"四十之合声"。桂馥引《容斋随笔》认为"卌"字为《说文》本字。严可均则侧重考证"鞋叉"应为"卌叉"，意为"多齿叉"。

对于此逸字，郑珍是通过外证法考得，而张鸣珂则是通过内证法考得，有异曲同工之妙，可互为补益。但张鸣珂只是罗列段玉裁、桂馥、严可均之言，未明确表明自己的观点，对"卌"字的意义也没有作进一步的提炼和描述。

3. 蓻

郑珍《说文逸字·丮部》：

> "埶"或从"艸"。

《系传·木部》"樧"重文"檥"云："或从蓻。"火部"蓻"云："从火，蓻声。"则原有"蓻"字，当为"埶"之或体。"埶"从𡊟坴会意，后更加艸。今铉本"樧"下云："或从艸。""樧"训"木相摩"，与艸无涉，明系以无"蓻"字改；惟"蓻"下"蓻声"未改及。(43页)

张鸣珂《说文佚字考·通假》：

火部"蓺"篆云：烧也。从火蓻声。《春秋传》曰："蓺僖负羁"，臣铉等案，《说文》无"蓻"字，当从火从艸埶省声。
王熙曰："《玉篇》：'蓻，種蒔也。'《广韵》：'蓻与埶同。'"王筠曰："蓻盖埶之重文。"(卷三·十一上)

郑珍首先从外证——《系传》"檥"字注文、内证——火部"蓺"字两方面结合判断"蓻"字为"埶"之或体逸字，然后推断今铉本《说文》因逸"蓻"字而改"樧"字注文，但未及改"蓺"字注文。可见，虽《说文》在流传过程中多被篡改，但仍然可以通过一些蛛丝马迹来还原其本来面目。

王熙、王筠认为"蓻"与"埶"同，二者是重文关系。张鸣珂将"蓻"字列入通假篇，即认为"蓻"字因与"埶"字读音相同、字形相近，而被用来代替本字"埶"使用。本书认为张鸣珂的归类有误，应是先有"埶"字，后有"蓻"字，二字不应是通用借代的关系。按照张鸣珂的分类方法，该字当归为"累增"类，即本有"埶"字，后加偏旁"艸"而成"蓻"字，代替本字通行使用。

4. 由

郑珍《说文逸字·用部》：

本书从由声者二十二文，而无"由"字，明是写脱。小徐云："甹，从马，上象枝条华函之形。古文省马，后人因通用为因由等字。"按，"马"已象华函形。"由"于枝条形绝不似，自是取声。……段氏补为古文"繇"，云："或当从田，有路可入。"引《韩诗》"横由其亩"传曰"东西曰横，南北曰由"证之，说亦未确(《释文》引《韩诗》"东西耕曰横，南北耕曰由"，本谓伐土，非田上路。玄应《音义》引减"耕"字，段误据之)。……

珍后考《说文》从大十之"㞷"即"由"本字，以十合书于内则成"㞷"，汉隶又省十作"由"。许君本训"进趣"，即由行义。云"大十"犹兼十人，乃傍仲子兼人而名"由"立说。其读若"滔"。"滔"从舀声。古"舀"正读同"由"……六朝以降，"㞷"字失其读，乃别求"由"字。是知通《仓颉》读者难矣。(45~46页)

张鸣珂《说文佚字考·原佚》：

艸部"苗"篆云：蓨也，从艸由声。辵部"迪"篆云：道也。从辵由声。彳部"㳺"篆云：行㳺㳺也。……糸部"紬"篆云：大丝缯也。从糸由声。车部"轴"篆云：持轮也。从车由声。

王玉树曰："由字许氏两引作'㠶'，古文省作'由'。则㠶为正文，由为古省也。"王熙曰："案《说文》无'由'字，'柚'与'由'古音通转，疑此古文'㞷'即'由'字也。'㰙'字注云：伐木余也。古文作'㞷'。然则㞷㞷即㠶㰙，并象形字也。《尚书》曰：若颠木之有㞷㞷。"(卷一·三下)

郑珍将"由"字归为正篆逸字，《说文》中有22个从"由"声之字，可证原有"由"字。然后从字形角度驳小徐"㠶省马为由"之误，又从引文意义的角度驳段氏将"由"补为古文"繇"之误。郑珍后考《说文》从大十之"㞷"为"由"本字，本训"进趣"，即由行义。然后从音韵的角度说明"六朝以降，'㞷'字失其读，乃别求'由'字"这一历史过程。

张鸣珂将"由"字归为原佚类。首先逐字列举了流传本《说文》中23个从"由"之字（苗迪㳺紬胄笛㠶柚圗邮㠶宙胄①袖舳岫鼬怞油抽妯紬

---

① 肉部从肉由声训"肩也"之"胄"与月部从月由声训"兜鍪"之"胄"，二字因形声相似常被混而无别。

轴），来说明《说文》原有"由"字。接着辑录了王玉树、王熙二人之言。王玉树认为"由"为"甹"字古文。王熙认为"甹"之古文"甾"即"由"字。

对比二人之观点，二者均以偏旁法来内证《说文》逸"由"字。但张鸣珂认为"由"为"甹"字古文。郑珍认为从大十、训"进趣"之"夲"为"由"本字。二人均未对"由"字意义进行专门的解释说明，郑珍注文可推知"由"有"用、行"之义。对于此字，学界众说纷纭：钮树玉认为是训"鬼头"之"甶"，孙诒让疑"由"即"用"之异文，王国维以"甾"为"由"，唐兰认为"由"即"胄"字等。相比较而言，唐兰的说法更契合甲骨文、金文材料，唐说当更为可信。

5. 叔

郑珍《说文逸字·叙部》：

断也。从奴从八。

本书"蔽"、"邮"、"聲"皆从叔声，而无"叔"字。……按，"叔"之与"叔"，非独声远，其形亦不似。"叔"见《尔雅》，训"息也"。《音义》云："《字林》以为'喟'，孙本作'愒'，又作'嘳'。"知训"息"者，"喟"、"嘳"其本字（《说文》："喟，太息也。或作嘳。"）；"叔"、"愒"皆假同声。据《广雅·释诂》云："刐，断也。""刐"即"叔"俗（"又"旁俗多作"刂"，如"叔"作"刷"之类是也。"蔽"俗作"劙"、"劾"，"劗"、"劾"亦"叔"之俗，"又"并讹"刂"）。证以《玉篇》"叔"入奴部，知其字从奴八，而义为断。奴，残穿也。① 八，分也。断之必残败分裂，故从奴八会意。《玉篇》"叔"从《尔雅》训"息"，刀部别从《广雅》列"刐"训"断"，不辨通俗，已庋于古。《广韵》以后，并不收"刐"，而"断"义且亡矣。（52页）

---

① 袁本良《郑珍集·小学》此处未作断句，本书根据上下文语义在此处添加标点，作断句处理。

张鸣珂《说文佚字考·原佚》：

　　艸部"蔽"篆云：艸也，从艸叔声。臣铉等案，《说文》无"叔"字，当是寂字之省，而声不相近。未详。耳部"聲"篆云：聵或从叔。

　　惠栋曰："徐说误'蔽'即'蒯'字。……《释诂》：叔，息也。《释文》：音古怪反。孙炎本作'悒'。"桂馥曰："《广韵》：叔，太息。《玉篇》：叔，叔息，即嘳字义。《尔雅》：叔，郭音，苦粲反。又作'嘳'。《左传》：膳宰屠蒯。《礼记》作'杜蒉'。本书'聵'或作'聲'，俗作'蒯'者。《玉篇》：剻，断也。删，斫也。'删'又'剻'之俗体。……"王熙曰："案，《尔雅》《释诂》、《释文》云：《字林》以'叔'为'喟'。《玉篇》、《广韵》俱训为太息。依'六书'从奴从刂声，刂古文'澮'字。"严可均曰："……今考'叔'即'经'字。鼎彝器铭'经'作'脛'，又作'囿'，'喟'又作'曘'，与《字林》合。'叔'即'囿'之变，当为'经'之重文，转写脱耳。"郑珍曰："《广雅·释诂》云：剻，断也。剻即叔俗。证以《玉篇》'叔'入'叔'部，知其字从叔八而义为断。叔，残穿也。八，分也。断之必残败分裂，故从叔八会意。"（卷一·四下）

　　郑珍将此字归为正篆逸字。首先通过偏旁法内证《说文》逸"叔"字，又根据"声远"、"形不似"判定"叔"并非"寂"之省书。接着探寻"叔"字本义，根据《音义》收录的不同版本判定训为"息"的"叔"乃"喟"之同声假借，而因"又"旁俗多作"刂"，故判定训为"断"的"剻"字为"叔"字之俗体，并以《玉篇》收录的二字注义为证，分析逸脱缘由。

　　张鸣珂将此字归入原佚类。首先辑录了《说文》中从"叔"的"蔽"、"聲"二字，作为判定逸字的依据。然后收录了惠栋、桂馥、王熙、严可均、郑珍五家之言进行阐述说明：惠栋释"叔"为"息"；桂馥释"叔"为"息"，即"嘳"字义，而"删"为"剻"之俗体；王熙以"叔"为"喟"训"太息"；严可均考鼎彝器铭判定"叔"即"囿"之变，当为"经"之重文；

郑珍认为"刜"即"𣂏"俗，义为"断也"。对于"𣂏"字的本义，前四家均训为"息"，而郑珍独训为"断"，张鸣珂未自作论断。

6. 劇

郑珍《说文逸字·刀部》：

> 甚也。从刀，豦声。

> 此字大徐新附。按，《文选》：《北征赋》、王粲《咏史诗》、陆机《苦寒行》，李注并引《说文》："劇，甚也。"是唐本原有。或以《选》注所引是"勮"，但"勮"训"务"，非此义。本书"勉"训"尤劇也"，"癄"训"劇声也"，"苛"训"尤劇也"（玄应《音义》卷一、卷十二引），皆有"劇"之明证。惟"劳"训"劇"，系"勮"之误。（54页）

张鸣珂《说文佚字考·或体》：

> 疒部"癄"篆云：劇声也。力部"劳"篆云：劇也。"勉"篆云：尤劇也。（鸣珂案，汲古阁初印本作"尤极也"。）

> 桂馥曰："……《说文》无'劇'字，即'勮'。"又曰："'尤劇也'者，《集韵》、《类篇》引作'尤极也'，小字本、李焘本并同。"严可均曰："《说文》无'劇'字，小徐作'病也'，案，当言病声也。酉部'醫'一曰殹，病声。"

> 鸣珂案：《玉篇》：癄，呻声也，劇，甚也。（卷二·十八下）

郑珍根据《文选》李注引《说文》之言作为外证，以本书"勉"、"癄"、"苛"之注语为内证，补"劇"字为正篆逸字。改"劳"训"劇"为"勮"，修正流传本《说文》之误。

张鸣珂首先列举《说文》注语中含"劇"字之三例（其中"劳"训"劇"一例郑珍认为系"勮"之误），然后辑录桂馥、严可均之言。桂馥认为"劇"即"勮"字；严可均则仅讨论"癄"字字义。鸣珂案语引《玉篇》之言说明"癄"、"劇"二字之义，然将"劇"字归入或体篇，可见张鸣珂认同桂馥之观点，认为“劇”为“勮”之或体。

7. 差

郑珍《说文逸字·左部》：

二左也。

阜部“隓”从差声，必原有“差”字。凡《说文》重并两形之字，其注形、义俱全者，于所从必是两文；其止注“二某也”，于所从实是一字(说详“䍩”下)。此从二左而为“隓”之声，知即“左”字也。……(57 页)

张鸣珂《说文佚字考·存疑》：

𨸏部“隓”篆云：败城𨸏曰隓。从𨸏差声。臣铉等曰：“《说文》无‘差’字，盖二左也。众力左之故从二左。”

王熙曰：“案，左部‘差’籀文作‘𢀩’，注云：籀文差从二。检《说文》偏旁并无‘𢀩’字，惟‘差’字更见迭出。疑籀文差从二左，传写脱一左字，遂从二作‘𢀩’也。……”(卷四·十六下)

郑珍根据《说文》解说体例，认为注“二某也”的字与所从“实为一字”，故将“差”归入重文逸字。

张鸣珂只引王熙一家之言，认为“差”为左部“差”之籀文，“差从二左”，传写脱一“左”字，遂从二作“𢀩”。虽未见引他人之言，但将此字归入“存疑”类，可推知张鸣珂不能断定此字是否确为《说文》逸字。

8. 叵

郑珍《说文逸字·可部》：

不可也。从反可。

此字大徐新附。按，《说文·叙》中有“叵”字。玄应《音义》卷二十四亦引《三仓》：“叵，不可也。”许君断无不收。此与“反爪为爪”、

“反丮为𠃨”之类，皆古文指事之最简者，必非俗所能造也。(58 页)

张鸣珂《说文佚字考·存疑》：

《叙》云：郡国亦往往于山川得鼎彝，其铭即前代之古文，皆自相似。虽叵复见远流，其详可得略说也。

段玉裁曰：“元应①引《三仓》曰：‘叵，不可也。’许可部无此字。以可急言之即为不可，如试可乃已即试不可乃已也。而此有叵字者，不废今字也。”王熙曰：“案，叵疑匚之俗体。”

鸣珂案，《广韵》：叵，不可也。普火切。(卷四·十七上)

郑珍据《说文·序》和《音义》引《三仓》之言，将“叵”字收为古文逸字，段玉裁认为“可急言之即为不可”，王熙认为“叵疑匚之俗体”，张鸣珂辑录段玉裁、王熙之言，似乎认为“叵”不当视为逸字，而在案语中引《广韵》之言，又将“叵”字归入“存疑篇”，可见，张鸣珂对段玉裁和王熙之观点持怀疑态度但又不敢自为论断。

9. 屮(屮、𡳿)

郑珍《说文逸字·屮部》：

从反屮。

此为屮之反形部首。“𦍒”字注云：“从屮屮相背。”通考本书，“𣥠”从止𣥂、“步”从止𣥂相背、“行”从彳亍、“臼”从爪𠬤、“𨛜”从邑𨙨、“𢏚”②”从丂丂之类，皆合反正两文会意，与“門”、“鬥”等象形不同。而“𣥂”、“亍”等皆见各部。则“𦍒”从屮屮，绝不得阙“屮”字，但其义不可知矣。(60 页)

① 此处“元应”即“玄应”，张鸣珂因避康熙帝“玄烨”名讳而改“玄”为“元”。下同。

② 袁本良《郑珍集·小学》此处误“𢏚为“丂”。

张鸣珂《说文佚字考·匡缪》：

> 舛部"舛"篆云：对卧也，从夊乛相背。
> 王筠曰："盖原文作'从二夊相背'，读者缘'夅'下云'从夊乛相承'，遂改此文。并未检'夊'部有'乛'、'夊'部无'屮'也。"（卷四·四下）

郑珍总结许书说解体例，认为"正反两文会意之字"与象形不同，其所从正反两形皆应为《说文》正字，故补"屮"为正篆逸字。张鸣珂将"屮"字收入匡缪篇，所用《说文》材料与郑珍相同，但所辑录的王筠之言认为原文当作"从二夊相背"，《说文》无"屮"字，流传本《说文》被读者所误改。二书收录的字形虽有所差异，但都可隶作"牛"，可视为一字。

10. 欂

郑珍《说文逸字·木部》：

> 欂櫨，柱上枅也。从木，薄声。一曰壁柱也。
> ……段氏据《文选·灵光殿》等赋注引《说文》"欂櫨，柱上枅也"，改"欂"篆为"欂"、注为"薄声"；移"欂"篆训于"楹"、"楹"下，注为"尃声"；"櫨"训改"欂櫨也"谓原有"欂"、"欂"二字，浅人误合为一。珍按，玄应《音义》卷二、卷七、卷十四、卷十五引《说文》与《选》注同。今本诚逸"欂"字。至"欂"字，若从薄省声，即仍是"欂"。若从尃声，据《楚辞·大招》"苴尃"训"蘘荷"、《九叹》"蘘荷"训"尃葅"；"尃"字《说文》止作"蒚"，"蘘"下云"蘘荷，一名蒚葅"是也。则本无"尃"字。何得为"欂"之偏旁？段氏盖未审此。《说文》原本"欂"盖"欂"之或体，"欂"下当有"壁柱"一义。今脱"欂"之正篆正解，止存别篆别解耳。……（61~62 页）

张鸣珂《说文佚字考·原佚》：

木部"榕"篆云：樽櫨也。郑珍曰："段氏据《文选·灵光殿》等赋注引《说文》'樽櫨，柱上枅也'。按，元应①《音义》所引《说文》与《选》注同。今本诚逸'樽'字。至下出之'樽'字盖'樽'之或体。"（卷一·九上）

郑珍引段玉裁之言，将"樽"字视为正篆逸字，认可段氏"原有'樽'、'樽'二字"之言，驳斥段氏"樽从尊声"之误。认为《说文》原本'樽'盖'樽'之或体"，"今脱'樽'之正篆正解"。张鸣珂仅引郑珍一家之言，将"樽"字归入原佚类。可见，张鸣珂是认同郑珍对此字的分析解说的。

11. 爿

郑珍《说文逸字·片部》：

《六书故》卷二十一谓唐本《说文》有爿部，段氏据补于片部末。按，"壯"、"牂"、"牆"、"牆"、"狀"、"肝"、"戕"、"牊"、"牆"等俱从爿声。又二徐"牀"下引阳冰云："木石右为片，左为爿，音牆。"《九经字样》"鼎"下云："'木'析之两向，左为'爿'，音墙；右为'片'。"皆"爿"与"片"并举，有音有义，当是本《说文》。晁记有爿部者，是否出许君之旧不可知。段氏不以辄变铉本，是也。惟仿"乏"字注训"反片为爿"，恐未协。

珍后考《说文》实无"爿"字。许君所记，备见《玉篇》，而其书无"爿"，足以明之矣。阳冰"右片左爿"之说，出于臆创。世以其小篆名学，如张参、唐元度皆信之不疑，甚有因以增《说文》爿部者。不知半"木"止应作"爿"，而"壯""狀"等篆皆从"爿"。"浆"古

---

① 此处"元应"即"玄应"，张鸣珂因避清康熙帝"玄烨"之名讳而改"玄"为"元"。

文"𤕩"、"牆"籀文"𤖅"、"𤖿"皆从"爿"。"爿"、"丬"岂是半"木"？小徐谓"牀"从"爿"省，"牂"、"戕"等皆从"牀"省声，与"爿"之篆作"爿"、古籀作"丬"合。其斥阳冰为妄，信矣。而后人转非之，未究晁记唐本出于阳冰新义之过（秦权、秦斤铭中"狀"字并作"爿"，可见《说文》"壯""狀"等左原作"爿"，非二徐改半"木"之"丬"以就己说）。（69~70页）

张鸣珂《说文佚字考·原佚》：

士部"壯"篆云：大也。从士爿声。……酉部"牆"篆云：盬也。从肉从酉酒以和牆也，爿声。

段玉裁曰："案，许无'爿'字，《五经文字》曰：'爿，音牆，有所受之也。'"徐承庆曰："案，'爿'又音'牀'，然则凡从'爿'声之字即'爿'省也。"桂馥曰："片部当有'爿'，犹反正为之。"王熙曰："案，'爿'古文'疾'字，疾之平声为牀，故《广韵》'爿'字收入阳部，与牀同音。则知牀、戕、牀（鸣珂案，古文牒省）、牉、牁、壯、狀、牆、斨之属皆从爿得声。爿又爿之省体字也。……"江沅曰："析木右为片，左为爿。'鼎'字下体用之而许书阙'爿'篆。"严可均曰："'爿'即'爿'字，为七下部首。《广韵·十阳》：爿，士莊切，《廿一麦》又仕莊切，必是旧音。'爿'又作'丬'，许书'牆'重文作'𤖅'、'𤖿'，'疾'重文作'𤶅'，'牆'重文作'𤖱'。李阳冰以为木右为片左为爿，瞀说耳。'丬'岂析木？……"

鸣珂案：郑樵《六书略》："爿，夌也，亦判木也。音牆。"（卷二·二上）

郑珍未对"爿"字进行释义析形。注文前段从内外两方面判定"爿"为逸字，但不认可段玉裁"反片为爿"的训语；注文后段通过研究古文籀文字形，驳斥李阳冰"右片左爿"之说为"臆创"，转而认可小徐"'牀'从'爿'省，'牂'、'戕'等皆从'牀'省声"之言。认为《说文》"实无'爿'字",即"爿"为非逸字。

张鸣珂将"爿"字列入原佚类。首先列举了《说文》中从"爿"之字12个来作为为内证,然后辑录了段玉裁、徐承庆、桂馥、王熙、江沅、严可均等诸家之言:徐承庆认为"凡从'爿'声之字即'疒'省也";王熙认为"'疒'古文'疾'字","爿又疒之省体字";严可均认为"'爿'即'疒'字",李阳冰"右片左爿"之说为"瞽说",所谓"爿"部更是后人"臆为增加"。以上诸家认为"爿"非为逸字。而段玉裁、桂馥、江沅等诸家则认可"右片左爿"之说,认为许书确逸"爿"字。张鸣珂添加案语引《六书略》补充说明"爿"字音义,且将"爿"字归入"原佚"篇,可知张鸣珂本人是将"爿"字视为《说文》逸字的。

现在学界一般认为,"爿"为"床(牀)"的初文。王慎行等人认为甲骨文中的"爿(爿)"释为"床(牀)"之古文是不确的。因为它在卜辞里均作竖立状,从不作横放的床形。本书认为,此说不通。甲骨文中很多表示动物的字也都是竖起来的形体,这与汉字的早期书写形式有关。郑珍的判断是正确的。

12. 希

郑珍《说文逸字·巾部》:

> 疏也。从巾,从爻,与"爽"同意。
>
> 本书"莃"、"晞"……"狶"、"絺"皆从希声,必有"希"字。小徐谓"从禾希声"之"稀"当言"从爻从巾",馀"莃"、"晞"等当从稀省,非。钱氏大昕以《周礼》"希冕"注读"希"为"絺",谓"希"即古文"絺"。段氏以郑本《虞书》"絺绣"作"希绣",注云:"希读为黹",疑"希"为古文"黹"。按,凡郑注言"读为"者,例是经用假借、改从本字。"希"若即古文"絺"、"黹",何待改读?二说亦误。昔闻程春海先生曰,《文选》鲍明远《咏史诗》"明星晨未稀",注云:"《说文》:'希,疏也。''希'与'稀'通。"是唐本有"希"明证。但今《说文》"稀"亦训"疏",李氏不引"稀"而引"希",似"稀"许原训"禾疏",今脱"禾"字。(76~77页)

张鸣珂《说文佚字考·原佚》：

> 肉部"肺"篆云：创肉反出也。从肉希声。……糸部"綌"篆云：细葛也。从糸希声。
>
> 钱大昕曰："……郑氏读'希'为'綌'，'希'即古文'綌'也。古文'綌'、'綌'皆从巾，今本《说文》有'帗'无'希'，盖转写漏落。"王念孙曰："案，徐锴以为'莃'、'睎'皆从稀省，故徐铉于'莃'字注改为'从艸稀省声'也。今考《说文》'莃'、'睎'……'綌'十字并从'希'声，又'睎'字注云'读若希'，则本书原有'希'字明甚。……"王熙曰："《广韵》引《三辅决录》希海字子江，知'希'字非晚出。"郑珍曰："昔闻程春海先生曰《文选》鲍明远《咏史诗》'明星晨未稀'注云：《说文》'希，疏也'，'希'与'稀'通。是唐本有'希'明证。"（卷一·七上）

郑珍据《说文》有十字从"希"声判定"必有'希'字"，将"希"字补为正篆逸字。然后驳斥小徐"'睎'等当从稀省"、钱大昕"'希'即古文'綌'"、段玉裁"'希'为古文'莃'"之说，根据陈春海先生述《说文》之言认为"'希'与'稀'通"当训"疏"，而"稀"原训当为"禾疏"。此说可信。

张鸣珂将"希"字归入原佚篇。首先罗列《说文》各部中从"希"声之字，然后辑录钱大昕、王念孙、王熙、郑珍四家之言。钱大昕认为"'希'即古文'綌'"；王念孙驳斥大小徐"'稀'省声"之说，认为"本书原有'希'字"；王熙引"希海"人名证"'希'字非晚出"；郑珍认为"'希'与'稀'通"、"唐本有'希'"。此四家虽均认可"希"为逸字，但对"希"字的本义却各有不同的说法。张鸣珂虽一一辑录却不自为论断，故而难以知晓其个人对"希"字本义的看法。

13. 兔

郑珍《说文逸字·儿部》：

子脱胞也。从二儿：上儿，母也；下儿，子也。从它省。

此盖生㝃正字。子之生，脱胞而出。以其脱㝃，故曰㝃。造脱㝃字因取象焉。……"顐"训"氏头"，人生时头向下，故从㝃。"孿"从女从生㝃（今本讹作"㝃声"），一生一㝃，是孪生也，故训"生子齐均"。"㝠"从子㝃，子㝃是子已生也，故训"生子㝃身"。此三文皆会意。段氏于㝃部补"㝃"，解作"㝃逸也，从㝃不见足会意"。……珍按，此袭《六书正讹》"㝃"从兔而脱其足之说，非也。"㝃"象向左蹲踞形。前"㐰"，其足；后"乀"，其尾。若横视则踞形不见。且省去后"乀"一画。无论横视直视，止是不见其尾，而足之踞如故也。安见其走速逸免乎？……（85~86页）

张鸣珂《说文佚字考·原佚》：

革部"鞁"篆云：履空也。从革㝃声。……子部"㝠"篆云：生子㝃身也。从子从㝃。

钱大昕曰："'㝃'有'免'音。……㝃与脱同义。《说文》无'免'字，'㝃'即'免'也。㝃善逃失，借为脱㝃字。有两音而非两字。汉隶偶阙一笔，世人遂区而二之。转疑《说文》为漏载。失之甚矣！"段玉裁曰："许书无'免'字而'俛'、'勉'字皆免声，盖本有'免'篆而佚之。"雷浚曰："'㝃'同'絻'。《士丧礼》：'众主人㝃于房。'郑注今文'㝃'皆作'絻'，是也。"（卷一·五下）

郑书认为"㝃"乃"生㝠正字"，即"㝃"为表"生㝠"义的正篆逸字，取"子之生，脱胞而出"之象造字，同时解释其他从"㝃"之形声、会意字。驳斥段玉裁"㝃逸不见足"、"㝃不见获于人则谓之㝃"之说从字形的角度难以说通。

张鸣珂将"㝃"字归入原佚篇。首先列举《说文》中从"㝃"之字，然后辑录钱大昕、段玉裁、雷浚之言。钱大昕认为"'㝃'即'免'也。㝃善逃失，借为脱㝃字。""㝃"非逸字；段玉裁以"'俛'、'勉'字皆免声"认为《说文》本有"免"篆；雷浚认为"免"同"絻"。

根据对金文字形的分析，可以判断将"免"解释为"兔逸脱其足"的说法有误。那么雷浚"'免'同'絻'"的说法是否可信呢？"絻"字在《说文》中为"冕"的或体字，释为"大夫以上冠也"。郭沫若在《两周今文辞大系考释》中说，"免"是"冕"的初文，象人着冕形。傅东华在《字源》中认为"免"本义为古代一种俗称"平天冠"的大礼帽。康殷《文字源流浅说》认为"免"的本义为"帽子"。高鸿缙《字例》认为"'免'自借用为脱免字，久而不返，乃又加'冃'为意符，作'冕'"。可见，"免"本义为"冠冕、帽子"的说法得到了很多人的支持。然而古籍中却很少见到以"免"为"冕"的用例，而多为"脱免"义，仅以假借来作解释，似乎欠妥。

郑珍将"免"字解释为"生免正字"，取"子脱胞而出"之象，李孝定驳斥郑说"支离不经"。认为按郑之说法，则"免""殆象逆产"、"手足先出"，不合常理。本书认为，"免"是在甲骨文"𠂤"（《合集》14020）等形体基础上省去下面一只手，上面"⌂"形侧写，又与中间的"O"形相粘连分化而来。此即可解释"免"下部并非李孝定所说的逆产之象，而是接生之手与娩出之头的合体。"免"本义即强调"脱胞分娩"这一动作，自然衍生出"脱免"之义。如此一来便能解释通了。笔者另有专文讨论，从甲骨文到金文，再到战国文字，一脉相承，于形、音、义皆可通。

14. 庖

郑珍《说文逸字·广部》：

> 过也。从广，兆声。
>
> 按，……段氏改篆作"斛"，从庖；"斛旁有斛"之"斛"作"庖"。注云："斛旁有庖，谓斛中有宽于方尺之处也。汉《律历志》：'量法用铜，方尺而圜其外，旁有庖焉。'郑氏曰：'庖，过也。算方一尺，所受一斛。过九氂五豪，然后成斛。'刘徽注《九章算术》曰：'晋武库中所作铜斛，其篆书字题斛旁云：律嘉量斛，方一尺而圜其外，庖旁九氂五豪（云云）'与《律历志》同。'庖旁'者，谓方尺而又宽九氂五豪也。不宽九氂五豪则不容十斗，故制字从斗庖。

'庬'即'宠'之异体，从广与从穴同。"珍按，段说详矣，而以"庬"
为"宠"，实出臆断。今据偏旁，从郑氏"庬，过"之义补此篆。盖
"庬"非特偏旁；"斛"在古原止作"庬"，以其过九氂五豪名之，后
乃加"斗"为专字。据新莽《斛斗铭》篆书"庬旁九氂五豪"，《升铭》
"庬旁一氂九豪"，《合龠铭》"庬旁九豪"（见《两汉金石记》），与晋
斛同用"庬"字，皆从其最初古文，则为许书原有决矣。(91 页)

张鸣珂《说文佚字考·原佚》：

　　斗部"斛"篆云：斛旁有斛。从斗庣声。一曰突也。一曰利也。
《尔疋》曰："斛谓之魁。"古田器也。臣铉等曰：《说文》无庣字，疑
厂象形，兆声。
　　段玉裁曰："'庣'字不见于许书，疑即'宠'之异体。"严可均
曰："由部魁，斛也。从庬。《五经文字》'斛'亦从'庬'。群书无
'庣'字。……则篆体宜从'庬'，今广部无'庬'字，或疑当为'宠'
之重文。"郑珍曰："……'庬'非特偏旁，'斛'在古原止作'庬'，
以其过九氂五豪名之，后乃加'斗'为专字。"（卷一·十一下）

　　郑珍引段玉裁之说，根据汉《律历志》"方尺而圜其外，旁有庬焉"
和刘徽《九章算术》"庬旁九氂五豪"，改"斛"为"斛"，补"庬"为逸字。
但段玉裁认为"庬"即"宠"之异体，受到郑珍的反驳。郑珍认为"斛"在
古原止作"庬"，以其过九氂五豪名之，后乃加"斗"为专字，且根据金
石铭文断定"庬"为最初之古文。
　　张鸣珂在以《说文》"斛"字从"庣"之后，辑录段玉裁、严可均、郑
珍三家之言。段、严二家皆视"庬"字为"宠"字之异体重文，而郑珍将
"庬"字视为"斛"字古文。张鸣珂虽未对其所辑录的三家之言作出评判，
但将"庬"字归入原佚篇而非或体篇，亦可表明他支持郑说的态度。
　　15. 駣
　　郑珍《说文逸字·马部》：

马三岁曰駣。从马，兆声。

今本"驹"下云："马二岁曰驹，三岁曰駣。"而正文无"駣"字。盖"三岁"句本"駣"之注，误写接上。后益删改，因成今本。段氏谓《周礼》"教駣"，故书疑本作"兆"，或借"挑"为之；许解中"駣"字后人依《周礼》改。皆臆测。(92~93 页)

张鸣珂《说文佚字考·通假》：

马部"驹"篆云：马二岁曰"驹"，三岁曰"駣"。

段玉裁曰："'駣'字既见《周礼》，何以连类言之，不录此篆也？曰，疑《周礼》故书本作'兆'，或借羊部'挑'为之。许解中'駣'字盖非许君原文，后人依《周礼》改之耳。……"桂馥曰："小字本作'駴'，此因本书无'駣'字，改作'駴'也。"又曰：《御览》引云：'马一岁曰辈，二岁曰驹，三岁曰駣，八岁曰駥。'《玉篇》、《广韵》并云：'駣，马四岁也。'"严可均曰："《玉篇》、《广韵》'三岁'作'四岁'，与许互异。《伐檀》传先郑大司马注皆云'三岁曰特駣'，特，声之转。则三岁是也。……疑'駣'当作'桃'，未敢定之。"(卷三·九上)

郑珍据《说文》"驹"下注文"马二岁曰'驹'，三岁曰'駣'"，补"駣"字为正篆逸字。并分析该字逸脱原因为"误写接上，后亦删改"。此说可通。驳段氏"'駣'本作'兆'，或借'挑'"之说为臆测。

张鸣珂在"驹"篆注文后辑录了段玉裁、桂馥、严可均三家之言。段玉裁疑"駣"字故书本作"兆"或"挑"，后人改之，严可均疑"駣"当作"桃"，二人皆守许书之旧，认为"駣"为后起字而非逸字。桂馥虽认为"駣"为逸字，但未对其义进行论断。张鸣珂将"駣"字归入通假篇，似认同段、严二家之言，认为"駣"字为"兆"、"挑"、"桃"之通假。既然有专表"马二岁"之"驹"，则有专表"马三岁"之"駣"亦合常理，明明误脱，而段、严二氏不敢驳误，而是回护迁就，硬生生寻出一个本字。误。

16. 奔

郑珍《说文逸字·火部》：

> 烛𤇾也。从火，从収。读若𤇾。
>
> 本书“鷭”、“栟”、“倂”、“胼”并从奔声，必有此字。……杨慎《谭苑醍醐》云：“《管子·弟子职》‘栟之远近’、‘左手正栟’、‘乃取厥栟’，旧本作‘即’，叶音‘燼’。‘栟’、‘即’皆假借字。正作‘奔’，从火从収，音‘燼’。……”按，……此“奔”字出阳冰本。从収火，正《弟子职》右执左正之意。读同燼，又合“倂”、“栟”诸字之声。其为许君音义必矣。“燼”，《说文》作“𤇾”，“火馀也。”“𤇾”为凡木之煨𤇾，“奔”专为烛𤇾。音同，义相类。(98 页)

张鸣珂《说文佚字考·原佚》：

> 甏部“鷭”篆云：羽猎韦绔。从甏奔声。……人部“倂”篆云：送也。从人奔声。
>
> 段玉裁曰：“……今本《说文》夺奔字无疑。其义未闻……”桂馥曰：“《玉篇》：奔，主倦切。火种。”王熙曰：“《韵会小补》縢注云：《弟子职》左手执栟，《谭苑》曰：栟，假借字。正作奔，音燼。”严可均曰：“旧《说文》当有‘奔’字。故‘鷭’、‘栟’、‘倂’、‘胼’皆从‘奔’声，转写脱耳。”王菉曰：“‘奔’即今‘灯’字，从廾火会意。……”(卷一·六上)

郑珍据《说文》中有四个从奔声之字而补“奔”字为正篆逸字，引杨慎《谭苑醍醐》之言说明“奔”字出阳冰本。结合《说文》“𤇾”字注语“火馀也”，将“𤇾”进一步阐释为凡木之煨𤇾，而“奔”专为烛𤇾。此结论有待商榷。

张鸣珂首先列三个从“奔”之字，然后辑录段玉裁、桂馥、王熙、严可均、王棻五家之言。段玉裁认为"炏"确为逸字，其音而陇切，其义未闻；桂馥引《玉篇》之言认为"炏"字音主倦切，义为"火种"；王熙认为"炏"音燇；严可均只说"旧《说文》当有'炏'字"；王棻认为"'炏'即今'灯'字"。张鸣珂将此字归入原佚篇，可见他认同"炏"为逸字，但对于"炏"字的音义却未有讨论。

孙诒让认为金文毛公鼎中"⺇"即为"炏"字，或当含有"供给侍奉"之意。今考金文字形⺂（二期甲 2262）、⺂（三期甲 636），似取"手执火烛"之象，释为"烛爇"、"火种"都不大妥当。

17. 悬

郑珍《说文逸字·心部》：

> "惢"或从韧。
> ……按"惢"训"忽也"，引《孟子》曰"孝子之心，不若是惢"。据赵注本"惢"作"悬"，云"悬，无愁之貌"。"无愁"与"忽"义同，则"悬"当为"惢"之或体。"韧"从丰声，"丰"读若"介"，从"介"从"韧"一也。（102 页）

张鸣珂《说文佚字考·存疑》：

> 疒部"瘛"篆云：小兒。瘛瘲，病也。从疒悬声。臣铉等曰：《说文》无"悬"字，疑从疒从心，契省声。
> 王熙曰："案，《说文》引《孟子》：'孝子之心'，为'不若是惢'。丁公注读作'悬'，疑为'惢'之重文。"
> 鸣珂案：《玉篇》：悬，去计切。心事也。（卷四·十四上）

郑珍结合《说文》"惢"之训语"忽也"与赵注本《孟子》"惢"作"悬"，释"悬"为"无愁之貌"，认为"悬"为"惢"之或体。补"悬"字为或体重文逸字。

张鸣珂引王熙之言，疑"悬"为"惢"之重文，所采论据与郑珍相同。

郑珍在证据稍显不足的情况下仍然将"恝"字断为重文逸字，而张鸣珂则将"恝"字归入存疑篇，可见其更为审慎严谨之态度。

18. 畾

郑珍《说文逸字·雨部》：

> 古文"靁"。
>
> 本书"瓃"、"蘲"……"壘"等俱从畾声，当原有此字……
>
> 知同谨按，鼎臣及段氏谓无"畾"，皆未悉许君注例也。考本书凡云"从某，某象形"者，其象形之某必别一古文；古文即其篆之最初字，而许君并先在篆下说之。如……"箕"云"从竹，其象形"，下有古文"𠙴"；"雲"云"从雨，云象回转形"，下有古文"云"；"裘"云"从衣，求象形"（今本误作"从衣，求声，一曰象形"），下有古文"求"……全书凡此等篆注并是一例。"靁"下云："畾象回转形"，正是先为"畾"作解，其必有"畾"字无疑。……（104 页）

张鸣珂《说文佚字考·原佚》：

> 玉部"瓃"篆云：玉器也。…… 力部"勴"篆云：推也。从力畾声。
>
> 段玉裁曰："《说文》无'畾'字，而云'畾'声者，'畾'即'靁'之省也。"桂馥曰："本书无'畾'，案'蘲'……'勴'并从'畾'声，赵宧光谓当有'畾'字，偶遗佚尔。"又曰："王莽改'壘'为'叠'，是原有三田之'畾'字。故从之也。"严可均曰："旧本必有'畾'篆。"
>
> 鸣珂案：《玉篇》：畾，音雷，田间也。（卷一·一下）

郑珍由《说文》中有十余字从"畾"声而补"畾"为古文重文逸字，却未详加解说，其子郑知同补注语于其后以作说明。郑知同总结许慎注文体例，认为许书中凡云"从某，某象形"者，其象形之某必别一古文。

"靁"下云："畾象回转形"，故"畾"为"靁"之古文。

张鸣珂将"畾"字归入原佚篇，首先——列举《说文》各部从"畾"之字，然后辑录段玉裁、严可均之言，认为旧本当原有三田之"畾"字，最后添加案语以《玉篇》之言来补充说明逸字"畾"之音义。

二人虽同收"畾"字为逸字，但对此字的释义却有不同。郑珍认为"畾"为"靁"之古文，即"畾"义与"靁"同，即"阴阳薄动靁雨，生物者也"。而张鸣珂引《玉篇》释"畾"义为"田间"。于省吾结合甲骨文、金文材料，认为"靁"字演变过程为由"𢒏"而"𢒏"而"𢒏"而"𢒏"而"𢒏"，至小篆增"雨"为形符，省"畾畾"为"畾"，遂作"靁"矣。可见，郑珍补"畾"为"靁"之古文是有一定道理的。

19. 姒(姒)

郑珍《说文逸字·女部》：

> 夏禹吞薏生姒，因以为姓。从女，姒声。
>
> 按，"郮"下云："姒姓国。""威"下引《诗》："褒姒灭之。"已见注义，不应录"姚"、"妫"、"姬"而遗有夏国姓也。古"薏苢"字止作"薏苢"。禹因其母吞薏苢而生，故其姓加女作"姒"……"姒"作"弋"、"似"，并假借字。（112页）

张鸣珂《说文佚字考·原佚》：

> 邑部"郮"篆云：姒姓国，在东海。火部"威"篆云：灭也。从火从戌。火死于戌，阳气至戌而尽。《诗》曰："赫赫宗周，褒姒威之。"
>
> 段玉裁曰："案，许书无'姒'字，汉碑'姒'作'似'。"郑珍曰："已见注义，不应录'姚'、'妫'、'姬'而遗有夏国姓也。"（卷一·十上）

郑珍据《说文》"郮"、"威"二字注文见之，且为有夏国姓而补"姒"

为正篆逸字。传说"禹因其母吞薏苡而生"，故其姓加女作"姒"。经典中"姒"作"弋"、"似"，都是假借。

张鸣珂所用论据与郑珍相同，同时辑录段玉裁、郑珍之言。段玉裁认为"许书无'姒'字，汉碑'姒'作'似'"，郑珍则认为"姒"作"似"为假借。张鸣珂将"姒"字列入原佚篇，即认可郑珍之说。但张鸣珂所收"姒"字与郑珍所收"姒"字字形不同，按"禹因其母吞薏苡而生"之传说，"姒"当为本字，"姒"疑为"姒"之异体假借字。

20. 妥

郑珍《说文逸字·女部》：

> 安也。从女爪，与安同意。
> 本书"餒"、"桵"、"挼"、"綏"皆从妥声（今"餒"、"挼"讹从委，段氏已改），段氏据补如此。说详彼注。（112~113 页）

张鸣珂《说文佚字考·原佚》：

> 木部"桵"篆云：白桵，棫。从木妥聲。臣鉉等曰：當从綏省。糸部"綏"篆云：车中把也。从糸从妥。
> 李赓芸曰："《士相见礼》：'妥而后传言。'注'古文妥为綏'。"姚文田曰："《汉书·燕王旦传》：'北州以妥。'孟康曰：'妥，古綏字。'则妥即綏之古文。"严可均曰："'妥'即女部'婑（婑）'字，'婑'本作'婑'，鼎彝器铭'婑'有'𡚮'、'𡛟'、'𡝭'诸体，'𡝭'上之爪即妥。大徐语议删。"王筠曰："《尔雅》：妥，安坐也。案，'妥'与'安'皆从女得义。而'安'从宀女是会意，'妥'从女爪声则形声，与委从女禾声同法。爪非手爪字，乃是𠂇之反文即妥字也。"
> 鸣珂案：《玉篇》：妥，汤果、汤回二切。"女"字《尔雅》云：坐也。（卷一·八下）

郑珍以《说文》四字从"妥"声而补"妥"为正篆逸字，未详加说明而言详见段注。段玉裁认为"妥"与"安"同意，"女居于室"为"安"，"女近于手"为"妥"。

张鸣珂将"妥"字归入原佚篇，辑录了李赓芸、姚文田、严可均、王筠之言。李赓芸认为"古文妥为绥"；姚文田认为"妥即绥之古文"；严可均认为"'妥'即女部'婑'字"；王筠认为"妥"上之部为"勿之反文即巛字"。最后鸣珂案语引用《玉篇》、《尔雅》之言说明"妥"字的音义。

吴其昌认为卜辞及金文中，俘虏之"俘"作"孚"，象手爪捕一男子之状，"妥"字则象手爪捕一女子之状，后世"俘"通男女而用之，而在卜辞则"男曰孚，女曰妥"，此则"妥"字最初之义，稍后则假"妥"为"绥"，衍生出"安"意。

21. 䜌

郑珍《说文逸字·系部》：

> 古文"繼"。反"𢇍"为"䜌"。
>
> 今本"繼"下云："一曰反'𢇍'为'繼'。"语不可了。按《韵会·八霁》"繼"下引《说文》："'繼'或作'䜌'，反'𢇍'为'䜌'。"盖铉本"繼"下原有重文"䜌"，注云："或作'䜌'，反'𢇍'为'䜌'。"宋时用铉本补钞《系传》二十五卷，故黄直翁所见如此(《五经文字·系部》云："'繼'从䜌。反'𢇍'为'䜌'。"本《说文》言之)。后传写者遗"'繼'或作'䜌'"，以"反'𢇍'为'䜌'"并入上注。浅人不识，因加"一曰"，后又改令大小徐本并同，遂成今本。当从《韵会》补正。但"𢇍"与"䜌"皆最初古文，铉本"'繼，或作'䜌'"，许君必原作："'䜌'，古文'繼'。"段氏补仍大徐，作或体，未当；又谓"'繼'从糸䜌"不通，臆改作"'繼'从糸𢇍"，尤非。"䜌"乃汉时"绝"之别体，《苑镇碑》"位即䜌伦"可证。盖"䜌"既从糸，"䜌"因加系配之也。木部"欒"从䜌，今以本书无"䜌"，改"繼省声"，非。(116页)

张鸣珂《说文佚字考·原佚》：

糸部"繼"篆云：续也。从糸𢇁。一曰反"𢆶"为"繼"。

桂馥曰："一曰反'𢆶'为'繼'，当有古文作'𢆶'，训云：古文反'𢆶'为'𢆶'。"王熙曰："《汗简》云：'𢆶'见《王庶子碑》又《帝尧碑》，云：'𢆶擬靑绪。'"严可均曰："《列子·天瑞篇》'得水为𢆶'即古'繼'字。"王筠曰："段氏补'𢆶'篆，是也。不独'繼'下云'反𢆶为繼'可据。即'从糸𢇁'句亦明征也，苟无'𢆶'字，将何所从？"（卷一·十一上）

郑珍根据《说文》"繼"字注文之矛盾，补古文逸字"𢆶"。又通过《五经文字》推断逸字经过为：传写者遗"'繼'或作'𢆶'"，以"反'𢆶'为'𢆶'"并入上注。浅人不识，因加"一曰"，遂成郑珍所见流传本。最后驳段氏"'𢆶'作或体"、"改'繼'从糸𢇁"之误及流传本《说文》"穊"字注语之误。

张鸣珂将"𢆶"字归入原佚篇，下引桂馥、王熙、严可均、王筠四家之言。桂馥改训为"古文反'𢆶'为'𢆶'"；王熙据《汗简》补充"𢆶"字古文碑刻资料；严可均在《列子》中考得"𢆶"即古"繼"的证据；王筠补充段玉裁补逸之内证。四家虽角度各有不同，但结合在一起恰恰能够完美论证"𢆶"为《说文》古文逸字。这也从一个方面体现了张鸣珂整理取舍材料的精审之处。

22. 緅

郑珍《说文逸字·糸部》：

帛雀头色。一曰微黑色，如绀。从糸，取声。
纔：浅也。读若谗。从糸，毚声。
今本止有"纔"，注云："帛雀头色。一曰微黑色，如绀。纔，浅也。读若谗。从糸，毚声。"无"緅"字。……按，此注属文可疑。"一曰微黑色"是一义；"纔，浅也"又一义，不应不加"一曰"字，且止当云"一曰浅也"，不应另提"纔"字曰"纔，浅也"。……今考"纔"篆盖"緅"篆之误，下"纔，浅也"云云，乃"纔"字篆解。今本由

57

"緅"、"纔"联文，误"緅"作"纔"，即上下成两"纔"篆；浅者不知，因删注"从糸，取声"不相应之文，以"纔"之篆注并入上注，令免重复。……"纔"注恐亦未完。次"緅"之下，必系帛色。当云"帛浅某色"，今不可考。后人止取"浅"义，为仅"纔"字。（117~118 页）

张鸣珂《说文佚字考·原佚》：

> 黑部"黗"篆云：浅黄黑也。从黑甘声。读若染。绀中束緅黗。
> 钱大昕曰："'纔'即绀緅之緅。"桂馥曰："本书无'緅'字，'黗'当如《论语》之'绀'。"又曰："《字林》：緅，帛青色。《广雅》：緅，青也。《周礼》五入为緅，郑注：緅，今《礼》俗文作'爵'，言如爵头色也。又注《士冠礼》云：爵弁，如爵头然，或谓之'緅'。"郑珍曰："今人误以'纔'注'帛雀头色'与《考工记》'五入为緅'注合，遂谓'緅'字许君止作'纔'。……今考'纔'篆盖'緅'篆之误。下'纔，浅也'云云，乃'纔'字篆解。"
> 鸣珂案：《玉篇》：緅，仄尤切。青赤色。许书逸"緅"篆，以其解误并下"纔"字注中，观"浅也"一句即知其误。（卷一·十下）

郑珍分析《说文》"纔"字注语，通过《考工记》、《士冠礼》中的记载补"緅"为正篆逸字。又分析逸脱原因为："緅"、"纔"联文，误"緅"作"纔"，以"纔"注并上注。并据"緅"注推测"纔"字注文亦有脱误，当同为帛色。

张鸣珂将"緅"字归入原佚篇，不同于郑珍从"纔"字注语切入，张鸣珂以"黗"字注语作为补逸依据。其下辑录钱大昕、桂馥、郑珍之言。钱大昕认为"纔"即"緅"；桂馥以《字林》、《广雅》等之言释"緅"义；郑珍认为"緅"篆误并入"纔"篆之中。

此字注末有张鸣珂案语，非常难得的是，张鸣珂在此案语中非常清楚地表明了自己的观点，即"许书逸'緅'篆，以其解误併下'纔'字注中"，与郑珍之观点相同。但郑珍认为"緅"为"微黑色"，而张鸣珂引

《玉篇》之言，似认为"緅"为"青赤色"，二者对"緅"字之义的理解略有不同。

23. 蝣

郑珍《说文逸字·虫部》：

> 蜉蝣也，秦晋之间谓之蟸蝣。从虫，游省声。
>
> 《艺文类聚》卷九十七引《说文》："蜉蝣，秦晋之间谓之渠略（《说文》本字作'蟸蝣'）。"按，今《说文》有"蜉"，为"蚍蜉"字之重文；无"蝣"字。据《类聚》盖原有，今本脱。而"蝣"下"一曰蜉蝣"，及"堀"下引《诗》"蜉蝣堀阅"，犹存注中。段氏依《夏小正》改作"浮游"，未深考。（119 页）

张鸣珂《说文佚字考·通假》：

> 虫部"蝣"篆云：蟸蝣也，一曰蜉蝣，朝生莫死者。土部"堀"篆云：突也。《诗》曰：蜉蝣堀阅。
>
> 李赓芸曰："《淮南子·诠言训》：浮游不过三日。高诱注：浮游，渠略也。又《览冥训》：浮游，不知所求。"桂馥曰："'蝣'小字本作'游'，《玉篇》：蜉蝤，渠蝣，朝生夕死也。《广韵》亦作'蜉蝤'，《五音》、《集韵》作'蜉蝤'，《方言》：'蜉蝤，秦晋之间谓之蝶蟙。'……"严可均曰："《说文》无'蝣'字，当作'游'。《夏小正》：'五月浮游。'"
>
> 鸣珂案：《尔雅·释虫》："蜉蝣：渠略。"《曹风》毛传曰："蜉蝣，渠略也。朝生莫死。《玉篇》：蚰，蚰蜓。蝣同上。"（卷三·十六上）

郑珍据《艺文类聚》引《说文》之言见"蜉蝣"，认为《说文》有"蜉"而逸"蝣"，又以"蜉蝣"见于《说文》"蝣"、"堀"字下注文作为论据，补"蝣"字为正篆逸字。

张鸣珂将"蝣"字列入通假篇。首先举《说文》"蝑"、"堀"二字注文，然后辑录李赓芸、桂馥、严可均之言。"蜉蝣"二字，李赓芸以《淮南子》为据作"浮游"；桂馥以《玉篇》、《广韵》、《方言》作"蜉蜕"；严可均亦认为《说文》无"蝣"字，当作"游"。鸣珂案语引《玉篇》认为"蝣"同"蚰蜒"之"蚰"。

根据张鸣珂辑录的三家之言及注末案语，可见张鸣珂不认同郑珍补"蝣"字为正篆逸字，而是认为"蝣"字为"游"或"蜕"或"蚰"的通假字。本书认为，此说亦可通。

24. 劉

郑珍《说文逸字·金部》：

> 戉也。从金刀，丣声。一曰杀也。
>
> 本书"劉"、"瀏"并从劉声，而无"劉"字。……考《玉篇·金部》云："鐂，古文'劉'字。"窃谓铉已从锴说定"鐂"为误字，宋世奉为圭臬，修《玉篇》者必不以"鐂"为古文"劉"，此为顾氏旧文可知。……然则许书之旧，必"劉"为正篆、"鐂"为古文；后来本俱讹脱。二徐略说存疑，因而不改；而段氏据以改"鐂"为"劉"，殆未考《玉篇》耳。其训解，许君必不用"杀"为正义，先以不祥加于国姓。……汉人"卯金刀"之说，执隶体以符谶纬，鄙谬不足议。（121~122 页）

张鸣珂《说文佚字考·原佚》：

> 竹部"劆"篆云：竹声也。从竹劉声。……虫部"蟉"篆云：复陶也。刘歆说：蟉，蚍蜉子。董仲舒说：螳子也。
>
> 顾炎武曰："《王莽传》：劉之为字，卯金刀也。正月刚卯，金刀之利，皆不得行。又曰：受命之日，丁卯。丁，火，汉室之德也；卯，劉姓所以为字也。……是古未尝无'劉'字也。"王熙曰："劉为汉姓，叔重汉人，不宜于国姓而忘之。岂莽忌克，命甄丰改

定古文时私划灭之，以致尉律不传而叔重仍之，未及补邪？……"
严可均曰："案，刀部必脱'劉'篆。竹部'籀'、水部'瀏'皆从劉
声，且国姓，必非近字。……"

鸣珂案：虫部"蟉"下引劉歆说，则刀部必夺'劉'篆无疑。（卷
一·八上）

郑珍以"籀"、"瀏"并从劉声，而补"劉"字为正篆逸字。考《玉篇》
知"劉"为正篆、"鐂"为古文，沿《玉篇》"钺"、"杀"之义，因"杀"不
祥于国姓而以"戊"为正义。驳汉人"卯金刀"之说"鄙缪"。

张鸣珂将"劉"字归入原佚篇。首先列举《说文》中有涉于"劉"字之
言，然后辑录了顾炎武、王熙、严可均之言。顾炎武认为"古未尝无
'劉'字"；王熙认为"劉"字逸脱为王莽命甄丰改定古文时"私划灭之"；
严可均认为刀部必脱'劉'篆，"劉"必非近字。鸣珂案语以《说文》"蟉"
字注文引劉歆说，断定逸"劉"篆无疑，只视之为汉人国姓，而未求
"劉"字本义。本书认为，《说文》无"劉"的原因当是"劉"为国姓，而本
义为"杀"，许慎因避讳而不录此字。

综上所述，郑珍《说文逸字》与张鸣珂《说文佚字考》二书共同收录
的 24 字，对于其中的 7 字，二书观点基本一致：

鬲：虽郑珍认为"鬲"为古文、"鬲"为正篆；张鸣珂认为"鬲"为正
体、"鬲"为重文。但都表明"鬲"之形体比"鬲"更为古早。

卅：二书都认为是四十之合文。

由：张鸣珂认为"由"为"粤"字古文。郑珍认为"本"为"由"本字。
二人之观点也不矛盾，反而可据此描绘出一条历史演变路径：本→
由→粤。

槽：郑珍将此字补为正篆逸字。张鸣珂仅引郑珍一家之言，将
"槽"字归入原佚类。

希：均认可"希"为逸字，郑珍训为"疏"，张鸣珂辑录郑珍之言，
归入原佚篇，认可郑说。

庀：郑珍将"庀"字视为"斛"字古文。段、严二家视"庀"字为"窊"

字之异体重文，张鸣珂将"庎"字归入原佚篇而非或体篇，表明他支持郑说。

籆：郑珍、张鸣珂都认为"籆"为"繼"之古文逸字。

对于其中的 7 字，二书虽都认为是许书原有而流传本脱逸的真逸字，但对其本义理解有所不同：

叔：都认同此字为逸字。但对于"叔"字本义，郑珍训为"断"，而张鸣珂收录的四家之言均训为"息"。

兔：都认同此字为逸字。郑珍认为"兔"为"生兔正字"，张鸣珂辑录"脱兔"、"絻（冕）冠"说。

夰：都认同"夰"为逸字，但郑珍认为"夰"字的本义为"烛夎"，而张鸣珂辑录的五家之言都不认同此义。

畾：同收"畾"字为逸字，但郑珍认为"畾"为"靁"之古文，义即"阴阳薄动靁雨，生物者也"。而张鸣珂引《玉篇》释"畾"义为"田间"。

妥：都认同此字为逸字。郑珍认为"妥"与"安"同意，张鸣珂认为"妥"为"綏"、"婑"之古文。

緅：都认同此字为逸字，但字义理解不同。郑珍认为"緅"为"微黑色"，而张鸣珂认为"緅"为"青赤色"。

劉：都认同此字为逸字。但郑珍认为"劉"本义"戉"，而张鸣珂仅以姓补。

对于其中的 10 字，二书的性质归属不同：

蓻：郑珍认为"蓻"为"埶"之或体，张鸣珂归入通假。

劇：郑珍认为是正篆逸字，而张鸣珂归入或体篇，认为"劇"为"勮"之或体。

厔：郑珍认为是逸字，而张鸣珂认为存疑。

叵：郑珍补为逸字，而张鸣珂认为存疑。

牜：郑珍补为正篆逸字，而张鸣珂归入匡谬篇。

丬：郑珍认为"丬"非《说文》逸字，而张鸣珂收"丬"，认为是原佚。

覜：郑珍补"覜"为正篆逸字。张鸣珂认为"覜"字为"兆"、"姚"、"桃"之通假。

恝：郑珍将"恝"字断为"忝"之重文逸字，而张鸣珂则认为存疑。

姐：张鸣珂所收逸字"姒"与郑珍所收逸字"姐"虽义同但字形不同，"姒"或当为"姐"的异体字。

蝣：郑珍补"蝣"字为正篆逸字，而张鸣珂认为"蝣"字为"游"或"蚴"或"蚰"的通假字。

二、郑书收录而张书未收之字

郑珍《说文逸字》收录逸字字头 165 个①，张鸣珂《说文佚字考》中收录的相同字头有 24 个。郑书收录而张书未收之字有 141 个，其中正篆 86 个，古文 31 个，或体 17 个，籀文 7 个。

表 1-7 《说文逸字》收录而《说文佚字考》未收字凡一百四十一文

正篆	禋	禘	祽	犠	咬	蹴	詢	詔	謡	誌	讄	謋
	敼	瞖	魼	羵	嶁	鞲	旅	羚	胛	脣	朘	笒
	第	簹	囙	椵	柑	郰	幹	辨	鼏	稡	黐	醃
	碣	宨	痕	癞	肎	癛	糅	借	袀	襓	腒	亮
	歛	顠	顄	髻	髻	戁	嵍	磾	碱	狡	犨	鷠
	騾	駂	駣	笑	燉	吳	志	忕	瀺	澅	鯖	闠
	聯	摻	挐	挍	擓	媟	匚	弯	蛤	鼗	鐕	畲
	酯	酸										
古文	禷	蔗	理	峕	羅	弓	禥	囍	殺	屮	个	筭
	环	苏	吴	坒	羋	肖	米	帚	廿	采	拘	厇
	懽	瞷	趂	弓	屮	口	罳					
或体	晥	肚	筥	亳	癲	厂	顚	襧	奵	黛	濂	瞜
	瑰	萶	薑	蟻	随							
籀文	燹	穀	桑	桌	曼	匷	乾					

---

① 其中"丿"字，郑珍列为逸字字头，后考为非逸字。

郑珍增补为逸字而张书未收的字有些证据充足、逻辑严密，且被其他学者同考为逸字，是完全可视之为《说文》逸字的，例如"謡"字：

謡：徒歌也。从言，䍃声。

《六书故》卷十一云："徐本《说文》无'謡'字。'䚻，徒歌也，从言从肉。'唐本曰：'䚻，从也，从言从肉，肉亦声。''謡，徒歌也。'"按，唐本者，宋晁说之据所得诸旧本作参，记许氏文字书其中所载者也。凡戴氏所称唐本，皆出此书。唐本有"謡"，为徐本"䚻"义之字。与《尔雅》合其"䚻"字训"从"，知《玉篇·言部》、《广韵·十八尤》"䚻"皆训"从"者，是本许义，足明唐本信矣。本书系部"繇"训"随从"。"䚻"、"繇"同义，"繇"即"䚻"后增之文，与"安"、"亲"作"侒"、"寴"等一例。"肉"古读柔，《释名》："肉，柔也。"以同音为训。故"䚻"与"謡"皆从肉声，惟从肉会意不可解。

知同谨按，玄应《音义》卷十五引《说文》"謡，独歌也"。《五经文字·言部》列"謡"、"謡"，云"上《说文》，下《经典》，相承隶省"。可见唐本决有"謡"字。小徐注"䚻"下云："今《说文》本皆言'从也'，当言'徒歌'，必脱误。"是旧本"䚻"原训"从"，但写脱"謡"之篆注，楚金以"䚻"当"謡"，改训"徒歌"。大徐又即依之，因并两字为一。此二徐专辄之过。（40~41页）

郑珍根据《六书故》所载唐本《说文》，补"謡"为正篆逸字，释为"徒歌也"。又结合《尔雅》、《玉篇》、《广韵》，明唐本"䚻"训为"从"是本许义，流传本《说文》训"随从"之"繇"为"䚻"后增之文。郑知同根据玄应《音义》和《五经文字》补充"謡"为逸字之证据，驳小徐训"䚻"为"徒歌"之误。

除了以上郑珍和郑知同提供的证据，还有其他文献典籍也能证明

"謠"为逸字。例如：《韩诗章句》曰："有章曲曰歌，无章曲曰謠。"《前汉·艺文志》曰："孝武立乐府而采歌謠。"《诗·魏风》中有"我歌且謠"之句；《尔雅·释乐》中有"徒歌谓之謠"之记载，等等。

又如"亮"字：

> 亮：明也。从儿，从高省。
>
> 《六书故》卷八云："徐本《说文》无'亮'字；唐本曰：'明也。从儿，从高省。'"段氏已据补。钱氏大昕谓古训"佐"之字当作"倞"，隶变移"人"旁于"京"下作**亮**，又省中一笔，遂作"亮"，此未知有唐本可据也。"亮"本训"明"；其训"佐"者，"倞"之假借字。（86 页）

郑珍根据《六书故》补"亮"字。除郑珍外，段玉裁、桂馥、沈涛等人也都将其补为逸字。《广韵》、《集韵》中均有此字，《孟子》中有"君子不亮，恶乎执"之言，《古诗十九首》中有"君亮执高节，贱妾亦奚为"之言，此皆"亮"为《说文》逸字之明证。

此外，还有"雖"字，除郑珍外，亦被徐铉、段玉裁、张行孚等人补为逸字；"腏"字亦被段玉裁、桂馥、沈涛等人补为逸字；"第"字亦被段玉裁、沈涛等人补为逸字；"莝"字亦被桂馥、沈涛等人补为逸字。

郑珍补为逸字而张书未收的字，也有证据不是那么充足，学界存在争议，尚无定论，而郑珍武断定为逸字的，例如"笑"字：

> 笑：喜也。从犬，竹声。
>
> 大徐增此字于竹部末，称孙愐《唐韵》引《说文》"笑，喜也。从竹从犬"。而从阳冰"竹得风，其体夭屈如人笑"之误说，改从"夭"作"笑"。段氏改从"犬"，云缀竹部恐有未协，准"哭"字从犬求之，"笑"或在犬部，从竹部字省声。珍按，《艺文类聚》引《说文》

65

"笑,欣喜也"。校《唐韵》引多"欣"字,益足明许君原有。古人于性情类字如"猜"、"狨"、"獬"、"獛"等多取义于犬。"哭"取其叫号,"笑"取其嬉戏,收人犬部无疑。从竹乃其声,与"螐"、"啸"之从肃,"掉"、"趠"之从卓同。段氏论古音,以屋、沃、烛、觉为尤、侯、幽之入,萧、宵、肴、豪无入,故不以"竹"为声,自乱其例。

知同谨按,玄应《音义》卷二引《字林》:"笑,喜也。从竹,从夭声。竹为乐器,君子乐然后笑。"则易"犬"为"夭"始于吕忱。然以竹为形,说已强窒。《九经字样》"笑"字下引《字统》云:"从竹,从夭。竹为乐器,君子乐然后笑。"则杨承庆又变"夭"为会意,以笑者必夭屈,益难通。至阳冰更为竹体夭屈之说,愈凿愈远矣。此字之存,孙㑌力也。(95~96页)

郑珍据孙㑌《唐韵》引《说文》之言而补"笑"字,认为"从竹从夭"之"笑"为从阳冰误说之字。郑珍总结古人造字规律,认为性情类字多取义于犬。"哭"取其叫号,"笑"取其嬉戏。郑知同又据玄应《音义》引《字林》判断易"犬"为"夭"始于吕忱。

钱大昕、钮树玉、桂馥等认为"笑"为"芺"之伪,隶书"艸"、"竹"形体相似因误"芺"为"笑";严可均据《汉书·薛宣传》"壹芺相乐"、《叙传》"谈芺大噱"认为从八夭声之"芺"为"笑"之本字,"八"象眉目悦貌;俞樾认为《汉书》作"芺"而汉碑多作"咲","咲"为"笑"之本字。

本书认为,郑珍之言未免武断,且不说"性情类字多取义于犬"的结论是否可靠,根据此结论也不能推出"笑"就一定取义于"犬"。很多表性情类字并不取义于犬,而是取义于"心",如"忧"、"怒"等。李阳冰"竹得风,其体夭屈如人笑"的说法固然不妥,但郑珍"'哭'取犬叫号,'笑'取犬嬉戏"的说法也值得怀疑。"芺"、"芺"为"笑"本字的说法也似乎都可以说得通,目前尚无定论,郑珍补"笑"为逸字还需要进一步的证据支撑。

又如"咬"字：

> 咬：淫声也。从口，交声。
>
> 见《文选》、《舞赋》、《笙赋》李注引。（36页）

郑珍仅据《文选》李注引将"咬"字收为正篆逸字，释义为"淫声"，论据不够充足，论证过程也过于简略。

《玉篇》训为"鸟声也"，嵇康《赠秀才入军诗》中有"咬咬黄鸟"之言，此处的"咬"即为"鸟鸣"之意，此当为"咬"之本义。俞樾认为《说文》无"咬"字，"咬咬"原当作"交交"，后人加"口"旁而成"咬"。在《群经评议·毛诗二》中作"交交黄鸟"，引《韵略》曰："交交，鸟鸣也。"《慧琳音义》引《说文》"嚼，或作皎，亦通。或作咬，俗字也"。马叙伦在《说文解字六书疏证》中认为"皎"为"咬"之本字。

本书认为，"咬"为"交"、"皎"之俗字或后起字的可能性也很大，郑珍仅凭孤证将其补为《说文》逸字过于草率。

郑珍补为逸字而张书未收的字，还有一些学界公认为非逸字，而郑珍误判为逸字的，例如"袀"字：

> 袀：玄服也。从衣，匀声。
>
> 袗：禅衣也。从衣，㐱声。
>
> 按，今本篆用"袗"、训用"袀"，脱误与前"鼐"、"鼏"同。段氏据《文选·闲居赋》李注所引《说文》"袀，玄服也"补正如此，说详彼注。至《选》注"音均"二字，当出《说文音隐》。段氏因于"袀"下补"读若均"，不可从。（83页）

蒋冀骋认为李善注引《说文》多随文改字，不可尽信。段玉裁和郑珍据《文选·闲居赋》李注引《说文》之言补"袀"字，训为"玄服"而将

"衫"字释义改为"禅衣"，不妥。陆德明《释文》认为"袀"即"均"字，意为"同也"，如《左传·僖公五年》中"均服振振"的"均服"即指"统一的戎服"。严可均认为，以偏旁推之，从"彡"与"玄服"义合。《诗》有"彡发如云"之言，《毛传》释为"黑发也"。故《说文》原本当作"衫，玄服也"。流传本无误，不当补"袀"为逸字。

又如"个"字：

> 个："箇"或作"个"，半竹也。
> 《六书故》卷二十三称《说文》唐本曰："箇，竹枚也。或作个，半竹也。"徐本阙"个"字。段氏已据补，云："并则为竹，单则为个。竹象林立之形，一茎则一个也……'支'下云：'从手持半竹。'即'个'从半竹之证。"珍按，"个"为最先象形字，"箇"乃以后形声字，原注似当云"古文'箇'"。（55页）

郑珍据《六书故》及段氏之言补"个"字为古文逸字，认为半竹为"个"。李桢《〈说文逸字〉辩证》认为《说文》有"介"无"个"，"个"为"介"之隶省。王筠认为"个"为"介"之伪字，戴侗所见唐本《说文》是李阳冰妄改之本，故段玉裁所据《六书故》亦不可信。经典中"个"多与"介"通用，直至今日仍有"一介草民"之说法，可见李桢、王筠之说可信。

三、张书收录而郑书未收之字

张鸣珂《说文逸字考》共收录 241 个字头，与郑珍《说文》逸字相同的字头有 24 个，另有 217 个字头张书收录而郑书未收，分为原佚类 3 个，隶变类 18 个，累增类 32 个，或体类 47 个，通假类 55 个，沿讹类 6 个，匡谬类 29 个，正俗类 4 个，辨误类 10 个，存疑类 13 个。

表 1-8　《说文佚字考》收录而《说文逸字》未收字凡二百一十七文

原佚	謈	睽	煤								
隶变	藏	尋	譚	笰	嗟	池	絘	簿	毛	飲	爛	沃
	矩	他	稚	幟	焚	呁						
累增	潔	徨	芺	蓉	蕖	繁	倒	塗	低	擠	墜	鴂
	鵝	鳾	崐	崘	冐	境	茫	郁	伺	屢	彩	藁
	蔄	莝	璧	貓	霄	鮋	塘	銘				
或体	虾	蠃	蔌	稊	菊	泮	蘊	住	抶	鏗	锵	贄
	猥	霧	鴟	蔬	皓	棟	梱	輌	噎	璽	的	逼
	夢	蚰	陌	阡	旎	魔	翌	黏	耗	獥	狂	泊
	親	栗	灞	淄	漫	澎	涯	蝎	蟻	蠢	輾	
通假	燧	琪	貽	痒	菟	噉	喻	跬	粮	傊	秸	穢
	隋	呵	秕	欄	鎮	售	犍	幢	痾	絳	妙	偷
	禭	額	叩	嬌	鰈	敹	侣	慆	悚	嶍	淈	澤
	椒	蹙	杯	擾	嬋	疢	炔	著	偗	磋	牾	蟟
	墊	郎	鉼	鎌	蘷	璲	蜆					
沿譌	蘼	薀	吼	揉	绂	岠						
匡谬	瓊	搶	真	棹	櫂	佐	鶏	鶉	暝	爞	餘	樨
	欀	樸	栀	柯	阿	柿	脹	撅	襖	福	瀛	篤
	弩	批	螫	窟	鑀							
正俗	拖	餤	夭	蘽								
辨误	悟	窨	备	畀	俳	霋	溽	抵	攽	鮚		
存疑	斬	晿	甲	跢	杀	伕	奭	昜	厂	蟊	杂	皿
	扞											

其中，原佚部分为张鸣珂认为确为许书原有而流传本亡佚之字。除去与郑珍《说文逸字》重出的 16 字，还有 3 字是张书收录而郑书未收的，分别为"謈"、"睽(睽)"、"煤"。本书综合郑珍及其他各家之言对此三字进行再分析，以确定此三字是否为真逸字。

謈：彳部"徸"篆云：使也。从彳謈声。

段玉裁曰："案，此疑误。言部无諥。当作从彳从言粤声。"鸣珂案：《玉篇》：諥，匹丁切。言也。（卷一·五上）

郑珍《说文逸字》不收，其子郑知同在《说文逸字附录》中收"諥"字，认可段玉裁之观点，认为"徖"字当作"从彳、从言、粤声"。孙诒让认为毛公鼎"心于小大政，哶朕位"①中的"哶"为"諥"之古文。马叙伦认为"諥"为"聘"本字，"聘"义"访也"与"諥"义"使也"义同。《玉篇》"諥"字意为"言也"，而《集韵》"諥"字释为"諥諲，不决"。

张鸣珂首先说明逸字来源——《说文》"徖"字从"諥"声。然后辑录段玉裁之言，段玉裁认为"言部无諥，当作从彳从言粤声"，即段玉裁认为此字非《说文》逸字。张鸣珂只辑录段玉裁一家之言而将"諥"字列入原佚篇，虽在案语中补充了《玉篇》中"諥"字之音义，但难以为据。王筠、桂馥、沈涛、张行孚②等人也都根据《说文》"徖"字从"諥"声及《玉篇》收录而将"諥"字判定为《说文》逸字，未见于古籍文献资料，论据不够充分。

睐（睐）：目部"瞽"篆云：目但有睐也。

桂馥曰："本书无'睐'字。徐锴曰：'睐，但有黑子，外微有黑影而已。'《周礼·大师职》'有瞽蒙'注云：'郑司农云：无目睐谓之瞽，有目睐而无见谓之蒙，有目无眸子谓之瞍。'《诗》'有瞽'笺云：瞽蒙也。《释文》：'目无睐曰瞽。'《新序·杂事篇》晋平公谓师旷曰：'子生无目睐，甚矣，子之墨墨也！'诸说并与本书异。下文'瞍'字，'无目也'者，'瞽'字之训也。该本书二训互误。"伊秉绶曰："《隶释》载《高睐修周公礼殿记》，洪氏云，诸书多有误睐为睐者。"（卷一·六下）

---

① 见于《毛公鼎》第六段。
② 王筠《说文释例·补篆》、沈涛《说文古本考》、张行孚《说文发疑·说文逸字》、桂馥《说文义证》。

此字郑珍《说文逸字》及附录均未见收录，而张鸣珂将"朕"字归入原佚篇。先引《说文》"督"字注语说明逸字来源，又引桂馥、伊秉绶之言作为论据支撑。桂馥根据《周礼》引郑司农之言、《释文》、《新序》等，认为"朕"为《说文》逸字，流传本《说文》"瞍"与"督"二训互误。伊秉绶认为诸书多误"朕"为"朕"。

段玉裁认为"朕"为"朕"的俗字。朕从舟，意为舟之缝理，引申为"凡缝皆曰朕"。"目但有朕"的意思是眼睛只有缝而已。马叙伦也认为"朕"当依锴本作"朕"。钮树玉认为"朕"为"瞵"之俗字。《说文》目部"睦"下篆曰："目精也。从目夅声。案：胜字剩，皆从朕声。疑古以朕为朕。"

本书认为，桂馥与段玉裁之说都有一定的道理，"朕"字是否为《说文》逸字，不好下定论，还需要更多的文献证据和进一步的研究。现在一般将"朕"字视为"睦"字的异体字。

> 煤：火部"炱"篆云：灰炱煤也。
>
> 顾炎武曰："今人谓石炭为墨。按，《水经注》：'冰井台井深十五丈，藏冰及石墨焉。石墨可书，又然之难尽，亦谓之石炭。'是知石炭、石墨，一物也。有精尘尔。北人凡入声字皆转为平，故呼墨为煤，而俗竟作'煤'字，非也。《玉篇》：煤，炱煤也。《韵会》：煤，炱灰积屋者。《吕氏春秋》'乡者煤室入甑中'。高诱曰：'煤室，烟尘之煤也。'《素问》'黑如炲者死'，注'炲'谓'炲煤也'，是煤乃梁上烟煤之名，非石炭也。崔铣《彰德志》作'烸'。按，《玉篇》、《广韵》并无'烸'字。"桂馥曰："《广韵》：煤，炱煤，灰集屋也。《通俗文》'积烟以为炱煤'。"严可均曰："《说文》无'煤'字，疑作'墨'。"钮树玉曰："'煤'字见《吕览》，又《玉篇》炱、煤、煨三字相次，因疑《说文》本有而挩之，不能决也。"（卷一·十上）

此字郑珍《说文逸字》及附录均未见收录，而张鸣珂归入原佚篇。"煤"字见于火部"炱"字注语。顾炎武引《水经注》认为"煤"为"墨"之俗写；桂馥认为"煤"意为"灰积屋"、"积烟"；严可均认为"煤"疑作"墨"；钮树玉疑《说文》本有"煤"字而不能决。综合此三家之观点，都不能确定"煤"字为《说文》逸字。张鸣珂辑录此三家之言而将"煤"字列入原佚篇，自己却未有只言片语进行解释说明，实在令人费解。

本书认为，"煤"应当为《说文解字》问世之后才出现的后起之字，非《说文》原有而流传本遗逸之字。

张鸣珂《说文佚字考》原佚篇之外的其他篇目收录的很多字，郑珍视为非逸字，收录于《说文逸字附录》中。例如，"寻"、"筮"、"池"、"繇"、"沃"、"稀"、"泊"、"偷"、"佐"、"备"、"杀"、"杂"等。下面，我们将选取部分个例来对二书进行进一步的比较分析。

1. 尋(寻)

《说文逸字附录·本书偏旁》：

> 本书"荨"、"鄩"等字并云"尋声"。按，"鬻"本从彡，隶省以"彡"连"彐"不断，即止是"彐"。作篆书者又从隶书之，因不见"彡"体，非别有无"彡"之"寻"。段氏俱改从鬻，是。(127页)

《说文佚字考·隶变》：

> 艸部"荨"篆云：芜藩也。从艸尋声。……〈〈部"〈〈"篆云：水流浍浍也。方百里为〈〈，广二尋，深二仞。
>
> 桂馥曰："寸部'鬵'篆云彡声者当为从爻，既误为彡，又加声字，此会意，非谐声，故云与'嚣'同意。'嚣'从爻，'鬵'亦从爻。本书'荨'、'浔'、'鬢'并从尋，当有尋字。《尔雅·释文》：《说文》云薅或作荨，是陆所见本薅为正字，荨为或体，岂尋为鬵之省邪？"(卷一·十三下)

郑珍、郑知同认同段玉裁之观点，认为"寻"字本为"鬵"，隶省为"鬻"，又笔画连写不断，故成为"寻"字。张鸣珂将"寻"字归入隶变篇，独引桂馥之言而未添加案语，可见张鸣珂认可桂馥之说，认为"**潯**"本当从彡作"**潯**"，"寻"为"**潯**"之省不通，《说文》逸"寻"字。

王筠认为"彡"与"彡"同部，"**潯**"、"**潯**"为一字，寸部脱"**潯**"字；王廷鼎认为"八尺为寻"，"彡"与"彡"同为刻识之文，为后人所加，"**潯**"、"寻"为一字；唐兰认为甲骨卜辞中的"丨"为"寻"之古文，象"伸两臂与杖齐长"之形；詹鄞鑫认为篆书"寻"是由"右"、"左"合成的会意字讹变而成，本义为舒张左右两臂来度量长短。

综合各家之言，本书认为，不当补"寻"为《说文》逸字。"寻"与"**潯**"当为同一篆体的异文隶体，按照《说文解字》以小篆为正文字头，不当另补"寻"篆。"寻"字本义为"伸左右两臂得八尺之长"，引申为绎理之义。

2. 池

《说文逸字附录·初学记》：

　　卷七引《说文》："池者，陂也。从水，它声。"段氏据补此字，谓"它声为也声之误"。按，它声不误。徐氏本引"沱"字，以"陂也"一训，义是后世"池"字，不能不引作"池"；而本字断不可改，故仍著"从水，它声"。他引不如是也。大徐以"池沼"古通用"江沱"字，自是定说；惟其本"沱"下脱"陂也"一训，今当据补"一曰陂也"，不当别补"池"篆。他注中诸"池"字，或许本从俗，或后人所改，俱不可定。若慧苑《音义》引《说文》"穿地通水曰池，畜水曰陂"，当是旧注之文。（165~166页）

《说文佚字考·隶变》：

　　歪部"趍"篆云：趍鸶，轻薄也。从走虒声。读若池。……昌部"隍"篆云：城池也。有水曰池，无水曰隍。

　　段玉裁曰："考《初学记》引《说文》'池者，陂也'。从水也声。依昌部'陂'下：一曰'池'也（鸣珂案，陂篆下作沱）。衣部'襬'读若池。戬之则池与陂为转注。徐坚所据不误。又考《左传·隐三年正义》引应劭《风俗通》云：池者，陂也。从水也声。《风俗通》一书训诂多袭《说文》，然则应所见固有池篆别于沱篆。显然徐坚所见同应。而孔颖达引《风俗通》不引《说文》者，犹上文引《广雅》'沼，池也'，不系诸《说文》耳。"王熙曰："古'池'即'沱'字，故经传读'池'音如'沱'。至郑氏《周官》'咸池'注'池之言施也'，则与'沱'音别矣。《玉篇》、《广韵》'池'、'沱'音义俱别，遂成两字。"

　　鸣珂案：徐铉曰："'沱沼'之'沱'通用'池'，今别作'池'，非是。"《玉篇》：沱，江别流也，又滂沱。池，渟水，又差池也。（卷一·十五上）

郑珍、郑知同认为"池"字或许本从俗，或后人所改，俱不可定。今当于"沱"下补训"一曰陂也"，不当别补"池"篆。

张鸣珂将"池"字归入隶变篇，引《说文》中出现的含"池"字之注语共十七处之多，又辑录段玉裁、王熙之言，添加鸣珂案语。段玉裁认为"池"与"陂"为转注，《风俗通》"池者，陂也。从水也声"之说当袭自《说文》，应劭所见旧本《说文》应有"池"篆别于"沱"篆；王熙认为古"池"即"沱"字，后音义俱别，遂成两字；鸣珂案语引徐铉之说，又引《玉篇》对"沱"、"池"之义进行对比解释。张鸣珂所辑录的段、王两家都将"池"补为逸字，又在案语中强调"池"、"沱"之异，本书综合分析，认为张鸣珂是将"池"字视为与"沱"相异的《说文》逸字的。

刘心源认为古支哥不分，故"沱"即"池"。又篆书"它"、"也"形近，隶变多混。段玉裁改"它声"为"也声"以就己说。许书如有"池"，则"滹"、"陂"二字说解不应作"沱"矣。并引《静簋》铭文"射于大沱"以证。高田忠周认为古有"它"无"也"，后世周之末秦之始渐渐形变为"也"，与"它"字相为分别。马叙伦认为经传"池"字甚多，必非皆为"沱"伪，"沱"、"池"声同歌类，篆形又近，后人妄为并合而删去"池"篆。

本书认为，"沱"、"池"在许书原貌中是否列为两篆已不可确知。但就古籍经典中的使用情况来看，"沱"、"池"是音义两别的。如《诗·邶风》中有"燕燕于飞，差池其羽"。《诗·小雅》中有"月离于毕，俾滂沱矣"，当视为两字较为妥当。

3. 繇

《说文逸字附录·本书偏旁》：

> 木部"樤"云"繇声"。按，当从䌛①。写误。（128~129页）

《说文佚字考·隶变》：

> 言部"謨"篆云：议谋也。从言莫声。……力部"勧"篆云：繇缓也。
>
> 段玉裁《说文解字注》于"䌛"下补"由"篆为或字，曰：古䌛由通用一字，旧音余招切，非也，当以周切。《尔雅》：繇，道也。《诗》书"繇"作"猷"，段借字。《毛传》曰犹道也。《书·大诰》"猷尔多邦"，亦道也。道路及导引，古同作"道"。皆随从之义。"䌛"之讹体作"繇"，亦用为徭役字。徭役者，随从而为之者也。桂馥曰：《广雅》：由，行也。又作"繇"。《释诂》：繇，道也。《书·微子之命》："率由典常。"《论语》："民可使由之"、"谁能出不由户？"《礼·经解》："是故隆礼由礼，谓之有方之士。"《正义》由，行也。《史记·仲尼弟子列传》仲由，字子路，颜无繇字路。《集解》音"遥"。《正义》音"由"。《汉书·古今人表》"繇余"即"由余"。李富孙曰：案，《玉篇》：邎，疾行也。《说文》无"由"字，万部引《书》"若颠木之有㽕枿"，云从万由声，古文言"由枿"。徐锴曰：后人因省为"由"字。《论语》"行不由径"当即此"邎"字。

---

① 此处袁本良《郑珍集·小学》误为"繇"，现据望山堂家刻本《说文逸字》改为"䌛"。

"繇"本训随从,《汉书·宣帝纪》"擅兴繇役",义同。后别作"徭",又以与䚻、谣、由、猷、䌛、䌛字皆同。

鸣珂案:本书"繇",随从也。从系䚻声。臣铉等曰:今俗从䌛。段玉裁曰,许书有"繇"无"䌛",或传写之误。《玉篇》"䌛"同"繇"。《广韵》:由,从也,经也,用也,行也。又姓。《史记》有由余、䌛猷也。(卷一·十六上)

郑珍、郑知同《说文逸字附录》只有一句话:木部"㯮"云"䌛声"。按,当从繇,写误。其言寥寥,语焉不详,没有充分说明未将"䌛"这一偏旁收为逸字的具体原因。且《说文》注语中"䌛"字出现甚多,郑书只言"㯮"一字,不言其他,显得不够严谨。

张鸣珂将"䌛"字列入隶变篇,引《说文》中出现的含"䌛"字之注语十三条,又辑录段玉裁、桂馥、李富孙之言,并添加鸣珂案语。段玉裁补"由"篆为"繇"篆或体,认为"䌛"为"繇"之讹体;桂馥认为"由"又作"䌛";李富孙认为"由"即"邎"字,"繇"本训随从,后别作"徭"、"䌛";鸣珂案语引《玉篇》、《广韵》、《史记》之言,明"䌛"、"繇"、"由"之义。王筠、严可均都将"䌛"字收为逸字,张书全文多处引用王、严之言而此处未作辑录,可见张鸣珂将"䌛"字视为非逸字。

吴大澂认为䌛役之"䌛"、谣诼之"谣",古皆作"繇"。商承祚考敦煌本《尚书》及品氏石经、汉校官碑、魏上尊号皆作"䌛"从䚻,《玉篇》"䌛"同"繇",是异文,非俗体。刘心源认为"繇"即"谣",即"䌛",即"䚻",亦即"猷"。此几家都认为"䌛"与"繇"是异文关系,"䌛"不当归为《说文》逸字。

4. 洎

《说文逸字附录·颜氏家训》:

《勉学篇》云:"游赵州,栢人城北有一水,土人亦不知名。后读城西门徐整碑云'洎流东指',众皆不识。按《说文》,此字古'魄'字也。此水无名,直以浅貌目之,或当即以'洎'为名乎?"段氏校云："洦，古'魄'字。不见《说文》。今但云'洦，浅水也'。以颜语订之，《说文》当云'洦，浅水貌。从水，白声。洦，古"泊"字'。颜氏'魄'当作'泊'。"知同按，"魄"诚"泊"之误。颜氏主隶，言则篆为古。"洦"隶作"泊"，故云《说文》"洦，古泊字"，非以"泊"为篆、"洦"为古文也。六朝、唐宋人书，多以篆为古，不止颜氏此文。（164~165 页）

《说文佚字考·或体》：

> 犬部"狛"篆云：如狼，善驱羊。从犬白声。读若"檗"。宁严读之若浅泊。
>
> 桂馥曰："'泊'当为'洦'，本书'洦，浅水也'。"严可均曰："《颜氏家训·勉学篇》引作：'洦，古魄字也。泊，浅水皃。'语有误，当言'泊'，古'洦'字也。洦，浅水皃。二徐'洦'篆后脱'𣲖，古文洦'。议补窠下，即'汧'篆'汧洦'盖'阡陌'之本字。《笺子·四时篇》、《汉书·食货志》作'千伯'，假借耳。"
>
> 鸣珂案：《玉篇》：泊，步各切，止舟也。（卷二·二十上）

《说文逸字附录》引《颜氏家训》"'洦'为古'魄'字，以浅皃名"之言，段玉裁认为以颜语订之，《说文》当云"泊，浅水貌。从水，白声。洦，古'泊'字"。补"泊"为正篆逸字。郑知同认为颜氏以篆为古，"洦"隶作"泊"，故云《说文》"洦，古泊字"，非以"泊"为篆、"洦"为古文。《说文》已收篆体"洦"，故不收其隶体"泊"字为逸字字头。

张鸣珂将"泊"字收入或体篇，辑录桂馥、严可均之言。桂馥认为"泊"当为"洦"之误；严可均认为"泊"为古"洦"字，二徐"洦"篆后脱"洦，古文洦"；鸣珂案语补充了《玉篇》中"泊"的音义。综合来看，张鸣珂是将"泊"字视为"洦"之或体逸字。

马叙伦认为《说文》中"洦"字上下文皆为水名，"洦"言"浅水"似误，"浅"字或为下文"汧"字之注音而误入"洦"下。"浅水为洦"的说法出自《颜氏家训》，但"水在栢人城北，故以洦名"亦可通，未必以其水浅而名之。

本书认为，"泊"字当如郑珍所言为"洦"篆之隶形，二字实为一字，非为逸出。"洦"字本义当如马叙伦所言为栢人城北之水名，后世因袭《说文》误为"浅水皃"，而逐渐延伸出"止舟"、"停泊"之义。

5. 偷

《说文逸字附录·韵会》：

> 十一尤云："偷，《说文》：'苟且也。'"按，《说文》："愉，薄也。"即"佻偷"本字。汉别出"偷"。"苟且"是孙炎《尔雅注》（见郭注），误为《说文》。（150页）

《说文佚字考·通假》：

> 人部"佻"篆云：偷也。
>
> 段玉裁曰："《小雅·鹿鸣》曰：'视民不恌'，许所据作'佻'，是毛传曰：'佻，愉也。'案，《释言》'佻，偷也'。偷者，愉之俗字。"王玉树曰："古'偷'、'薄'字皆作'愉'，如《周礼》'以俗教安则民不愉'，《小雅》郑笺'不愉于礼'义。是也。"桂馥曰："佻，偷也。《释言》文郭云：'苟且。李巡以为偷薄之偷。'本书无'偷'字，李焘本作'愉'。"王煦曰："心部'愉，薄也'、女部'媮，巧黠也'，似古'偷'字作'愉'或'媮'，然张衡《西京赋》云'示民不偷'，正与'佻'义合。"严可均曰："《说文》无'偷'字。宋本及小徐《集韵》、三萧《类篇》、《韵会》，二萧引作'愉也'，《鹿鸣》传'佻，愉也'。心部'愉，薄也'。"
>
> 鸣珂案：《玉篇》：偷，土侯切。盗也。《尔雅》曰：佻，偷也。谓苟且也。（卷三·七下）

郑书认为《说文》"愉，薄也"为其本字，汉别出"偷"字，非许书所逸。

张书辑录段玉裁、王玉树、桂馥、王熙、严可均之言：段玉裁引《小雅》、《释言》之言，认为"偷"为"愉"之俗字；王玉树、桂馥认为古"偷"字作"愉"；王熙认为古"偷"字作"愉"或"媮"；严可均认为《说文》无"偷"字，当作"愉"。张鸣珂将"偷"字归入"通假"篇，似将"偷"字视为"愉"之通假字。

本书认为，"偷"字当为"愉"或"媮"之后起俗体，不当纳为《说文》逸字范畴。

另有"佐"字，郑书认为古止作"左"，张书收入"匡谬"篇，认为是"佐"字传写之误。又如"备"字，郑书认为是"略"之省，张书认为是"夂"、"田"二字误合为"备"，归入"辨误"篇。又如"杂"字，郑书认为当是"从木从九"之误，张书辑录段玉裁、桂馥、严可均、王宗涑之言，说法各异，张鸣珂将其归入"存疑"篇，认为无法论断，存疑待考。

还有一些字，郑珍在《说文新附考》中作了考证说明，例如"藏"、"帜"、"潔"、"芙"、"蓉"、"倒"、"低"、"境"、"伺"、"塘"、"蔬"、"涯"、"蟆"、"贻"等，针对这一部分字，我们将在后面《说文新附考》之研究这一章节中详加说明。

第三节 《说文逸字》评析

张鸣珂的《说文佚字考》是一部集说性质的著作，除了详参《说文》注义，还辑录了很多学者的逸字研究成果。虽少有论断和独到见解，但其书中辑录段玉裁、桂馥、严可均、王筠等三十余家之说，也算博采通人；援引字书、典籍四十余种，也算援引详尽。

张鸣珂首创性地对《说文》逸字进行了归类研究，但逸字分类标准模糊不清。张鸣珂所归十类中，"原佚"篇大家一般公认为是张鸣珂所认可的《说文》逸字，但对于隶变、累增、或体、通假等篇目所收之字是否为张鸣珂所认定的《说文》逸字，尚无定论。有的人认为《说文佚字考》全书收录的二百四十一个字头都是张鸣珂搜集记录的逸字（如程雯洁《〈说文佚字考〉研究》;有的人认为"原佚"之外的其他篇目统统都不是张鸣珂所认可的真逸字(例如陈秋月《郑珍〈说文逸字〉研究》附录表"主要几家所补《说文》正篆")。

本书结合《说文佚字考》的全书内容,认为大体上来说,原佚、隶变、累增、或体、通假五篇收录的为张鸣珂认定的逸字,沿讹、匡谬、正俗、辨误四篇收录的为非逸字,而存疑篇收录的是张鸣珂不能判断是否确为逸字之字。但是各篇中又夹杂了一些归类与支撑材料不相匹配的字,如上文中的"蓻"字,张所辑录的各家之言都认为"埶"、"蓻"一字,即本有"埶"字,后加偏旁"艸"而成"蓻"字。该字按照张鸣珂的分类方法理当归入"累增"类,然而张却将其归入"通假"篇,逻辑不通,难以理解。因此,本书在对郑珍《说文逸字》与张鸣珂《说文佚字考》进行对比研究时,只能撇开张鸣珂这些归类,从张所辑录的各家之说以及鸣珂案语的实际内容出发,去推知作者本意。

较之郑珍《说文逸字》,本书认为张鸣珂《说文佚字考》虽然辑录了多家言论,但自我创见不多,学术成就十分有限。郑珍的《说文逸字》无论是从学术水平还是从影响力上都是远远高于张鸣珂的《说文佚字考》的。

关于《说文解字》的逸字研究,到清代时已有一些,但一般散见于关于《说文》的研究著作中,不成体系。郑珍的《说文逸字》是历史上第一部系统研究《说文》逸字的专著。郑珍延续二徐以来"以许订许"的内证补逸法,又结合其他相关字书、典籍资料进行外部佐证,取得了《说文》逸字研究的新进展和新高度。同时,由于客观历史原因,郑珍所能见到的出土文献资料十分有限,对逸字的考证难免有些错误。本书力图客观、全面地对《说文逸字》作一个评价,总结它的学术成就和历史局限,以较为准确地界定它在"说文学"史上的地位。

一、学术成就

郑珍以其小学、诗歌成就被《清史稿》收录,被称为"西南巨儒",

莫友芝认为郑珍"生平著述，经训第一，文笔第二，诗歌第三"。近人
钱仲联在《论近代诗四十家》中写道："清诗三百年，王气在夜郎，经训
一菑畲，破此南天荒。"以此称誉郑珍之诗才和经学。而在郑珍的小学
成就中，最为人所称道的便是其《说文》逸字研究。在郑珍之前虽也有
学者进行过《说文》逸字增补工作，但都未专力为之且各有问题。郑珍
集三十年之心血著《说文逸字》，内容丰富，所引文献为"同类著作之
最"，条理清晰，对很多字的考辨过程都相当于一篇论证严密的小论
文。《说文逸字》不仅是《说文》学史上第一部研究逸字的专书，也是迄
今逸字研究中成就最高的一部著作。其成就主要表现在以下几个方面：

（一）考订可信逸字

郑珍之前的学者对《说文》逸字的研究大多是从《说文》材料出发，
发现矛盾，揭示讹脱（即所谓"内证法"），考出的逸字非常有限。郑珍
除了更为精审地沿用此法之外，还借助其他字书典籍引《说文》之言进
行对比互勘来考订逸字（即所谓"外证法"）。郑珍《说文逸字》共计补
《说文》逸字 164 个，其中有不少逸字是前人所未曾留意到且可信度很
高的。例如"蹳"字：

> 蹳：蹎蹳也。从足，發声。
> 跋：跋蘲，行貌。从足，发声。
> 今铉本有"跋"无"蹳"，"跋"训"蹎跋也"。《系传》乃是"蹳"
> 字训"蹎蹳也"。其近部末乃有"跋"，训"蹎跋也"。考《韵会》所据
> 《说文》是用《系传》本，其《七曷》"蹳"下引《说文》："蹎蹳也，从
> 足，發声。""跋"下引《说文》"跋蘲行貌。从足，发声"。证以《玉
> 篇》、《广韵》，"跋"上云"跋蘲行貌"，并无"蹎跋"之义。玄应《音
> 义》卷十四引《说文》："蹎蹳也。"可见"蹎蹳"字从發，"跋蘲"字从
> 发，二文形、声、义俱异。《系传》确是许君旧文。铉本以"跋"当
> "蹳"，解又作"蹎跋"，失"蹳"字并失"跋"义。浅人反据改《系传》
> "跋"注作"蹎跋"，谬甚……（37~38 页）

流传本《说文》有"跋"无"蹳"，郑珍将二字进行连考，结合《系传》、《韵会》之言，又以《玉篇》、《广韵》、玄应《音义》为证，认为"蹳"、"跋"二字形、音、义俱不同，"蹳"从"發"而"跋"从"犮"，"蹳"当训"蹟蹳"而"跋"当训"跋趭行貌"。今之铉本失"蹳"字并失"跋"义。

郑珍对逸字"蹳"字的考证论据充分详尽，论证过程环环相扣、严丝合缝，因此得出的结论也是可信度较高的。本书认为，铉本以"跋"当"蹳"或是因草书"發"与"犮"形近相混所致（今"發"之简化字作"发"即是依草书写法而来）。

又如"暵"字：

> 暵：晞也。从倝，干声。
>
> 《六书故》卷二云："暵，唐本《说文》曰暵湿之'暵'也。徐本无'暵'字。"按，"倝"训"日光出倝倝然"，故暵湿字从之。在晁记当载训解，戴氏止以意引，许君"晞"训"乾（原当作'暵'）也"。"暵"、"晞"互训可知。经典中惟《周礼·笾人》注"鲍者于福室中糗暵之，鱐者析暵之"，陆德明本独见本字。外皆假用"乾"，而"暵"则假为"榦"。世遂以"乾"系本字，"暵"系"榦"俗。按"乾"训"上出，从乙，物之达也"。无暵湿义。"乾"假为"暵"，"暵"假为"榦"，古字似此推移者非一。不有唐本，"暵"义遂亡。
>
> 知同谨按，《玉篇·水部》收"滰"，云"古乾字，燥也"。李阳冰书《三坟记》用之。此假"乾"作暵湿之后，俗增以别乾坤者。《九经字样》云："乾为阳，阳能燥物。又音干。干虔二音为字一体。"则唐元度所见《说文》已脱"暵"字。（66～67 页）

郑珍据戴侗《六书故》引唐本《说文》之言，补"暵"字为正篆逸字，据《说文》"倝"、"晞"之训知"暵"从"倝"，与"晞"互训，又以陆德明注《周礼》之言相证。然后阐明"乾"、"暵"、"榦"三字为递相假借的关系。郑知同之按语又添加新证，引《玉篇》"滰"字和《九经字样》之言，判定"幹"字脱逸的大致时代。

《说文》"乾"训"上出也。从乙，乙，物之达也；倝声"，并无幹湿义。"榦"训"筑墙端木也。从木倝声。臣铉等曰：今别作幹，非是"。郑珍推断出"乾"假为"幹"、"幹"假为"榦"这一过程，更好地解释了此三字之关系。

又如"䊼"字：

> 䊼：绣文如聚细米也。从黹从米，米亦声。《虞书》曰："藻、火、粉䊼。"

　《书·益稷》"粉米"，《音义》云："《说文》作'黺䊼'，徐本作'絑'。"按，今《说文》有"黺"无"䊼"。而《韵会·八荠》"絑"下称："《说文》：'绣文如聚细米。从糸从米，米亦声。'《说文》或作'䊼'，引《书》'藻、火、黺䊼'。"检《韵会》引《说文》之例，凡两部两文音义同者，多合于一字下引之，不尽是重文。又所据《说文》是《系传》本。《玉海》云，《系传》旧阙二十五卷，今宋抄本以大徐本补之。则黄氏所据糸部至卯部是补抄者，糸部必似今铉本，"絑"下无重文，所称"䊼"字当在黹部。《音义》所云即此。《韵会》不引其训，当与"絑"注同。《汗简》、《古文韵》"黺䊼"并注"《古尚书》"。盖作伪者采自《说文》。《集韵》据之以"䊼"为古文"絑"。

　　知同谨按，《困学纪闻》云：《说文》"璪、火、黺、䊼、黼、黻"字并从"黹"此盖称《系传》本。其所见有"䊼"，与黄直翁同。"黺䊼"盖《古文尚书》"䊼"下称"画粉"也。……（77~78 页）

《音义》言"粉米"《说文》作"黺䊼"，《韵会》"絑"下言"《说文》或作'䊼'"，郑珍据此补"䊼"为逸字。又因《系传》旧阙二十五卷，今铉本糸部"絑"下无重文，故《韵会》所称"䊼"字当在黹部，故"䊼"并非如《集韵》所言为古文"絑"，而应是黹部正篆逸字。

郑知同添加按语，据《困学纪闻》之言佐证郑珍《说文》黹部逸"䊼"字之结论。又据卫宏《古文尚书》言"黺"为"画粉"，"䊼"为"绣"意，先画粉于裳而后依所画绣之。此说存疑，有待进一步考证。

郑珍利用《说文》序例、《说文》他字注义、《说文》偏旁等内证法，及其他古籍注语、其他字书辞典等外证法，极大地扩展了补逸方法和逸字范围，考证增补前人未曾涉及的逸字还有很多，例如瞖、窶、羚、脂、篿、叵、肖、菕、禂、嵿、碱、駏、駥、燆、挍、姐、爍、醩、醙等，在此不再——赘述。

对于郑珍增补的逸字，学界有不同的观点。清代李桢《〈说文逸字〉辩证》对郑珍《说文逸字》中增补的逸字——进行考证研究，认为其中65字为非逸字。今人陈秋月论文《郑珍〈说文逸字〉研究》中对郑珍所补的逸字——进行了考辨，认为其中112字都不是逸字，确为逸字的只有53个。

本书认为，郑珍增补的有些逸字的确还有待商榷，但李桢和陈秋月对郑珍的批评也有些过于严苛了。事实上，李桢对郑珍《说文逸字》有些非逸字判定是证据不足甚至是有误的。如对"睆"字为非逸字的辩证证据不够确凿，结论武断；认为郑珍增补的"咬"字为非逸字但未进行具体论证；错误地认为"宀"、"幎"、"冪"三字通用，《说文》以"宀"、"幎"二字为冪，故"冪"不当补。陈秋月认为《说文》失收之字不能算逸字，而将郑珍增补的"丗"、"希"、"免"、"魋"、"愬"等字判定为非逸字，又认为散见于《说文》说解中的古文、或体等重文亦不当视为逸字，故将郑珍所补重文均判定为非逸字。本书认为某字是否为许慎失收很难判定，重文研究也是《说文》中不可缺少的一部分，陈秋月之观点也是有失偏颇的。

(二) 纠正前贤失误

郑珍的逸字研究继承和借鉴了很多前人的思路和成果，主要表现在逸字来源上。郑珍《说文逸字》文中经常可见"此大徐新增"、"见《系传》"、"段氏已据补"等字样，郑珍对徐铉、徐锴、段玉裁等人著作中所增补的逸字，进行分析取证、对比互勘，辨别真伪。对于确实可信的说法就大胆吸收，对于矛盾谬误的说法则直接驳斥。

例如"騧"字：

> 騧：马行徐而疾也。从马，與声。《诗》曰："四牡騧騧。"
> 驜：马腹下声。从马，學省声。

今本无"騧"，其"驜"下云"马行徐而疾也，从马，學省声"。按，《集韵·九鱼》、《四觉》、《类篇·马部》"騧"下并称："《说文》'马行徐而疾'，引《诗》'四牡騧騧'"……"驜"下并称："《说文》'马行徐而疾也；一曰马腹下声'。"是所据铉校初本如此。推初本两文义同，次必联属，当"騧"上"驜"下。自传写以形近误"騧"为"驜"，即上下成两"驜"篆。后校刻者见上"驜"篆之注"从马，與声"于篆不应，"四牡騧騧"又无出处，而下"驜"篆之注"马行徐而疾"与上注同，"马腹下声"又义不经见，以为写者复乱，因删"从马與声诗曰四牡騧騧某某切驜马行徐而疾也一曰马腹下声"凡二十六字，遂成今本。段氏补"騧"，是也；移"騧"于"骞"后，非铉旧次。至疑许原无"驜"，则失之。……（93~94 页）

郑珍根据《集韵·九鱼》、《四觉》、《类篇·马部》引《说文》之言，认为铉校初本当"騧"上"驜"下，推断"騧"篆脱漏之过程。接着肯定段玉裁补"騧"字，但认为段玉裁移"騧"于"骞"后非铉旧次，又批段玉裁"疑许原无'驜'则失之"。郑珍对于段氏之观点有取有舍，有赞有驳，吸取其成果的同时纠正其失误之处，将对此字的研究又向前推进了一大步，实属难得。

又如"昃"字：

> 昃：日西也。从日矢，矢亦声。

见《系传》。按，古日西字本有"昃"、"昃"二文，皆会意兼谐声。"昃"从日、矢者，盖头偏左望日，必日在西方时。《韵会》引作"从日矢，矢亦声"是也。锴注云："今《易》'日昃之离'作此字。"孙奕《示儿编》亦云："《说文》引《易》'日昃之离'，今作

85

'昊'。"自铉本脱后,《广韵》、《集韵》诸书因无"昊",《易》亦改作
"昃",惟《书》"自朝至于日中昃"一见"昃"字。大徐于"昃"下云:
"俗别作'昊',非。"盖失检。(100~101 页)

郑珍据小徐《系传》"今《易》'日昊之离'作此字"补"昊"为正篆逸
字,又以孙奕《示儿编》引《说文》之言辅证。批大徐"于'昃'下云俗别
作'昊',非"盖失检。郑珍肯定小徐《系传》之言,否定大徐校本之言。
罗振玉、商承祚均通过甲骨卜辞证明了"昊"为"昃"之古文,支持了郑
珍的观点。

郑珍吸取前贤成果,同时纠正前贤失误的例子还有"禰"、"詔"、
"燮"、"穄"、"敷"、"晥"、"膢"、"箵"、"楔"、"槥"、"廿"、
"希"、"免"、"庑"、"駓"、"笑"、"晶"、"鬵"、"緅"、"劉"等,于
此不再一一赘述。郑珍对待前人之说,既不排斥,也不盲从,而是取其
可用之处,去其失误之处,故能在前人研究的基础上取得新的成果。

(三) 拓展《说文》逸字研究

郑知同在《说文逸字附录》正文前识曰:"家大人记《说文逸字》二卷
讫,而命同曰:'此外不录者尚多。有本书写误之旁,有《系传》窜衍之
字,有大徐误增之文。而诸书所引,有以他籍冒许书者,有因讹改而与
今本不应者,亦有今本讹改而与所引不应者,甚有小徐篆《韵谱》如今
本羼入新附并俗书者,凡此概非逸文。余见书不备兹记,诚不能无遗
漏,然非此等字也。汝其别编之,庶寓目斯记而有以补正阙失者无举是
类为病。至于唐以后人书,有就别出俗体引许君本字者,宋以后人书,
有称大徐新附为《说文》者,可无庸录也。'同谨受命,用敢分列前载,
悉录庭闻,以附于末如左。"(126 页)

可见,《说文逸字附录》虽不是郑珍亲撰,但郑知同是奉父之命作
《附录》,且郑珍向郑知同对于不录之非逸字的类型作了详细说明,对
于《附录》编录之标准也给予了指示。所以,郑知同《说文逸字附录》是
其父郑珍《说文逸字》的补充和不可或缺的一部分。

《说文逸字附录》分为"本书偏旁"15字、"大徐新增"12字、《说文系传》6字、《五经文字》5字、《九经字样》3字、《汗简》30字、《古文四声韵》10字、《玉篇》3字、《广韵》4字、《集韵》3字、《类篇》3字、《汉隶字原》4字、《龙龛手鉴》4字、《韵会》17字、《经典释文》32字、《孟子音义》1字、《古易音训》1字、《晋书音义》1字、《列子释文》2字、《一切经音义》6字、《华严经音义》1字、《止观辅行传》1字、《颜氏家训》2字、《初学记》1字、《太平御览》5字、《史记索隐》1字、《后汉书》注2字、《文选》李注3字、《楚辞补注》1字、《六经正误》1字、《尔雅翼》2字、《说文篆韵谱》110字。《说文逸字附录》共涉及292个郑珍、郑知同父子认为非《说文》逸字的字头,并一一给出了不予收录的理由,体现出了严谨的学风,有利于后人对《说文》逸字作进一步研究。

二、历史局限

郑珍《说文逸字》问世后就受到了很多赞誉,但同时也受到了一些质疑和批判。例如李桢在《〈说文逸字〉辩证》一书中批郑珍所补"多违许旨","未深究许君弃取之意";刘志成在《中国文字学书目考录》中评价"郑氏所补多不可信","尤为穿凿";陈秋月认为郑珍理论总结比较薄弱,过分尊许而排斥俗字。

本书认为,郑珍所处的客观环境决定了其说必然具有一定的历史局限性。一方面郑珍当时所能掌握到的古文字资料极为有限;另一方面,郑珍所受的传统小学教育也限制了其思想理论。总的来说,郑珍《说文逸字》的历史局限性主要表现在以下几个方面:

(一)个别逸字证据不足,以孤证立论

由于《说文解字》几经传写多有增改讹变,他书引《说文》之言也可能存在改字、改义、讹误等现象,唐人引《说文》之言亦不可尽信,所以在利用内证、外证法进行逸字增补的时候,必须要有多条证据进行对比互勘才能得出可信的结论。郑珍对其增补的大部分逸字作了资料详

尽、推理严密的论证，但也有少量逸字证据不足，甚至以孤证支持。

例如"𨑅"字：

> 𨑅：古文"巡"。见《汗简·辵部》。《古文四声韵·十九谆》引
> 此。从古文"舜"为声。（37页）

郑珍仅以"𨑅"字见于《汗简》，而补为"巡"之古文逸字，寥寥数语的结论，仅有孤证作为支撑，又无推理论证的过程，在《汗简笺正》中亦是只言片语，无详细论证，难以令人信服。

又如"胛"字：

> 胛：肩甲也。见玄应《音义》卷十八引。（53页）

"甲"本有甲骨之意，《正字通》曰"胛"俗谓肩甲，郑珍亦释"胛"为肩甲。可见，从肉之"胛"、从骨之"骱"当同为后起累增义符之字。郑珍仅以玄应《音义》孤证补"胛"为逸字，实为欠妥。

又如"黛"字：

> 黛："黱"或从代。《六书故》卷三"黛"下云："黱字唐本《说文》或从代，徐本《说文》无'黛'字。"按此则元有。（99页）

段玉裁认为"黛"为"黱"之俗字，汉人用字不同之征也。本书认为"黱"字字形难写，《说文》本无"黛"字，后世俗造新的形声字"黛"代替使用的可能性是极大的。郑珍以《六书故》引唐本《说文》之言这一孤证补"黛"为"黱"之或体逸字，而无其他证据支持，不妥。

(二) 逸字增补不当，偶有盲从盲信

对于前人的研究成果，郑珍多持审慎态度。但因郑珍本人较为推崇徐锴、段玉裁等人，对于戴侗《六书故》、李善注《文选》等书所引唐本、蜀本《说文》之言又过于迷信，故对于少数逸字，偶有盲从盲信，造成

逸字增补不当。

例如"痟"字：

> 痟：疲也。从疒，肙声。见《文选》谢灵运《登临海峤诗》李注
> 引，段氏已据补。（75~76 页）

《文选》李注引《说文》之言多随文改字，与原本《说文》有较大出
入，① 不可尽信。郑珍以《文选》李注引之孤证补"痟"为逸字，而未以
他证进行对比互勘，或是由于过于迷信段氏之判断。然考段氏补"痟"
依据亦为《文选》李注一条，段、郑二人对此字的考辨都欠严谨。"痟"
字或为《说文》训"病也"之"瘹"之误。

又如"筭"、"秝"、"劢"三字：

> 并古文"筭"。
> 见《六书故》卷二十三所引蜀本《说文》。
> 知同谨按，"筭"从弄，"筭"其省体。"秝"即示部"秝"字。许
> 君原有古篆两出之例。（56 页）

沈涛《说文古本考》认为《六书故》此处引蜀本《说文》"筭"之三字重
文当是阳冰所广，非许氏原文。郑珍认为"凡戴氏所载古文俱十四篇之
体，非如《玉篇》、《广韵》诸书古文或多别采也"②。过于迷信戴侗《六
书故》引蜀本《说文》之言，仅以此孤证将"筭"、"秝"、"劢"三字补为
"筭"之古文逸字，显得证据不足。

另外，严可均认为，散见于《说文》说解中的重文不当补出。按照
许书体例，重文逸字列于正篆注末即可，不需另行列篆补出。郑珍却以

---

① 蒋冀骋统计《文选》李注引《说文》，与今本不同者 136 字。不见于《说文》
者 16 字，随文改字者 96 字，见于新附者 5 字，字形有误者 9 字，训释与今本迥异
者 2 字，误引他书为《说文》者 3 字。

② 郑珍《说文逸字》言部"𠱞"（古文"言"）下注语。

《说文》注语补重文逸字若干。例如"𨰻"字：

> 𨰻：古文"𨰻"下从𠬞。
>
> 今本"𨰻"注有"古文'𨰻'下从𠬞"六字，知有此文。后脱误，以其解并入上注。（122~123 页）

许慎已于《说文》"𨰻"字后标注"古文'𨰻'下从𠬞"，即言"𨰻"为"𨰻"之古文，郑珍据此补古文逸字"𨰻"，实乃多此一举。

(三) 析形释义有误，疏于考证

由于郑珍所能见到的古文材料和出土文献非常有限，所以难免对于某些逸字的析形释义出现失误。例如"酓"字：

> 酓：酒味苦也。从酉，今声。
>
> 见《系传》，段氏已据补。按，《集韵·五十琰》、《类篇·酉部》"酓"下并称《说文》："酒味苦也。"知大徐原有此文，毛扆以缀部末。
>
> 知同谨按……（123~124 页）

《系传》有之，且《说文》"醅"、"醨"、"鹐"、"歓"、"嬐"等字皆从"酓"声，《集韵》、《类篇》"酓"下并引《说文》，故郑珍将"酓"补为逸字无误，但郑珍将"酓"字释义为"酒味苦"，则有失。

商承祚认为金文"𩚁"从今从酉，即"酓"，亦即"歓"字。伯作姬酓壶作"酓"，甲骨文作"𩚂"，鼄仲壶盖作"𩚃"，象人垂首至甕。沇兒钟作"𩚄"，余義钟作"𩚅"，象人以勺㪺酒。皆有歓义。后衍变以人形为欠，遂成今"歓"字。金祥恒认为"酓"之本义，由字形之演变推知为歓歓也。甲骨文中"酓"皆鄉饮之义。"酒味苦也"乃其引申义。

本书认为，商承祚和金祥恒的分析较为客观可信，"酓"之本义当训为"啜饮也"，当为"歓"之重文逸字。"酒味苦也"或是后人由《系传》

"酓"下"醰"字之训"甜长味也"臆推而出。郑珍沿用此说释"酓"之本义，误。由甲骨文、金文形体可知，"酓"当为象人饮酒之会意字，郑珍析形为"从酉，今声"亦误。

(四)补逸标准不一，有自相矛盾之处

郑珍排斥俗字，认为"俗体"、"俗书"之字概非逸字，命其子郑知同另行编录于《说文逸字附录》中。但是郑珍不知正俗之间是可以相互转化的。我们发现，在《说文逸字》全书中，郑珍也收录了不少收俗字之例，从而产生矛盾之处。同时，郑珍对于古文、籀文、或体、俗体的界定不够严谨科学，解说体例时有混乱。

例如"蟻"字：

> 蟻："蛾"或从義。
> 《尔雅》："蚍蜉，大螘。"《音义》云："螘，本亦作'蛾'(今误'蛾')，俗作'蟻'字。按《说文》'蛾(今误"蟻")，罗也；蟻或从(今误"作")義。蛾蚕化飞蟲(二"蟲"今并误"蛾")也'。并非'螘'字。"按，今《说文》无"蟻"篆。据陆氏引，盖原有。……(119 页)

《音义》里以"蟲"为"螘"之本字，"蟻"为"螘"之俗体。郑珍据《音义》而补"蟻"为正篆逸字，与其自身不收俗字之观点相悖。

又如"庖"字：

> 庖：过也。从广，兆声。
> 按，……今据偏旁，从郑氏"庖，过"之义补此篆。盖"庖"非特偏旁；"斛"在古原止作"庖"，以其过九氂五豪名之，后乃加"斗"为专字。据新莽《斛斗铭》篆书"庖旁九厘五豪"，《升铭》"庖旁一氂九豪"，《合龠铭》"庖旁九豪"(见《两汉金石记》)，与晋斛同用"庖"字，皆从其最初古文，则为许书原有决矣。(91 页)

从郑珍注语"'斛'在古原止作'庞',后乃加'斗'为专字"、"'庞'字从其最初古文"可以看出,郑珍是将"庞"字视为"斛"之古文的,但郑珍在对"庞"字进行析形释义时,却未采用"古文某"这一古文逸字的说解体例,而是采用了正篆逸字的说解体例,产生了逸字分类上的混乱。

综上所述,郑珍《说文逸字》作为第一部专门进行《说文》逸字研究的著作,对许书体例进行了更深入的研究,根据许书自身材料来发掘潜藏的逸字;又将前人散见各处的逸字研究成果进行整合辨别,充分利用其他古籍字书等外部资料进行对比互勘。《说文逸字》考证增补《说文》正篆逸字100个、古文逸字35个、籀文逸字7个、或体逸字19个、其他逸字3个,在《说文》逸字研究方面取得了他书难以企及的成就,代表了有清以来逸字研究的最高成就。其子郑知同对《说文逸字》的补充特别是附录部分不仅体现了其考证的严谨性,而且有利于后继学者对《说文》逸字的进一步研究。同时,《说文逸字》在客观上也存在一些问题,如有些逸字增补不当,少量逸字证据不足,个别逸字析形释义有偏差,等等。本书认为,对郑珍《说文逸字》一书的评价不应脱离它的时代。郑珍所处的清末所能掌握的古文字材料极为有限,一些失误在所难免。郑珍著《说文逸字》,意在试图还原许书原貌。然而,许书原貌究竟为何,无人能确切知晓。郑珍所谓的"恢复许书原貌"只不过是试图恢复许书在郑珍心目中的完美原貌罢了。

第二章　郑珍《说文新附考》研究

郑珍文字学研究留下来的著述除了《说文逸字》还有《说文新附考》。郑珍《说文新附考》的研究对象为徐铉等人校订许慎《说文解字》时奉诏附益的 402 个"说文新附字"。郑珍认为文字孳乳是正常的发展演变现象，后人诟病徐铉新附字的主要原因不在于徐氏收录"俗字"，而在于徐氏未对新附字进行辨别区分，从而"乱旧章，迷后学"。故郑珍作《说文新附考》对这些新附字进行分析论证，"稽诸古，推著其别于汉或变增于六代之际"，从而"使《说文》正字，犁然显出"①。

郑珍《说文新附考》中有近半的内容为其子郑知同所作，究其原因，姚序中转述郑知同之言曰："征君少作，本有全文；中年，自忖其每未审核，且闻钮氏书率典赡，初不欲传；继聆友人数辈临钮氏动疏舛，晚境再思厘订，而懒于穷搜插架，爰乙去未諟。命子锺奔许书，广稽载籍，务求确当古字。凡数易稿，征君覆为点定，而后告竣。"②后郑知同又于张太史③幕得见钮氏之书，发现确多谬误，遂"遍揭其违失"，"各附当条之末"。所以《说文新附考》虽只署名郑珍，实则是郑珍、郑知同父子两代人的研究成果之结晶。

第一节　《说文新附考》释要

郑珍对 402 个《说文》大徐新附字一一进行全面的考证，首先按照徐

---

① 郑珍《说文新附考·自序》。

② 《说文新附考·姚序》。

③ 此处张太史即张之洞。

注对各字进行释义析形，然后利用《说文》自身材料或其他典籍、碑铭资料等进行论证，有的字还辩证地结合前人之说以及名物风俗考据，来推断各新附字出现的年代、地域以及历时孳乳演变过程，从而对各新附字进行不同的属性归类。对于《说文逸字》一书中已涉及的字，则不再详述。按照郑珍的分析，本书将"说文新附字"分为以下几类分别进行讨论。

一、《说文》原有而逸脱之字

该类涉及的即是郑珍《说文逸字》中所收录的大徐新附字，此类字郑珍《说文新附考》按语中均标注有"《说文》原有"、"说详《逸字》"、"详见《逸字》"等字样。例如：

> 禰：亲庙也。从示，爾声。一本云：古文"檷"也。泥米切。
> 此文《说文》原有。说详《逸字》。（207 页）

> 詢：谋也。从言，旬声。相伦切。
> 此文《说文》原有，详见《逸字》。（246 页）

需要注意的是，《说文新附考》中有的字头下虽标注了"详见《逸字》"，但却不见于郑珍《说文逸字》，并非郑珍所增补的《说文》逸字。例如："铭"字下标注了"说详《逸字》"，但《说文逸字》中未见"铭"篆，遍查全书，"铭"字仅在莫友芝序言中有所提及：许君收其今文"飦"、"名"、"夷"、"澤"、"鐇"、"酌"，而遗"脄"、"铭"、"倂"、"樨"、"舘"、"醻"之类皆是。袁本良未细勘二书内容而在《说文新附考·点校前言》中说"《说文逸字》包括了徐铉新附字中的禰、詢、誌、玆、睃、叵、劇、飮、鬐、髻、驛、濤、闠、緅、铭等 15 字"，将"铭"字视为《说文》逸字。与郑珍原书收字情况不符，误。① 首都师范大学杨瑞芳

---

① 袁本良点校本《郑珍集·小学》一书中《说文新附考》点校前言和标目中"旒"均隶作"玆"，异于《说文逸字》隶形，不合于该字"从旅省声"之说解内容；另，点校前言中"睃"误为"睃"。

《郑珍〈说文新附考〉研究》中统计大徐新附字中，郑珍认为是逸字的有
14 字。"它们分别是：袮、詗、誌、袨、朘、劇、叵、鬐、髻、驒、
涛、闠、緅、铭。"将"铭"字计入新附字中的逸字范畴，亦误。①

另外，《说文新附考》中"潺"下、"獥"下亦见"说详《逸字》"字
样，但此二字亦非《说文》逸字。"潺"下所言逸字为与其音韵不同而
实为一字的"瀺灂"之"瀺"；而"獥"下所言逸字为"獥貐"本字"寏㺝"
之"㺝"。

本书通查郑珍《说文新附考》全文，统计说文新附字中郑珍考定的
《说文》逸字凡 15 文，现更正整理列表如下：

表 2-1 郑珍考订《说文》新附字中的《说文》逸字凡十五文

襧	詗	誌	旇	朘	劇	叵	歈	鬐	髻	驒	濤	闠
緅	栀											

从逸字来源上来说，这些字都应当是先秦已有、经典相承传写，许
慎原收入《说文解字》而后在传世过程中脱逸之字。郑珍补逸依据有的
字见于《说文》叙言，如"叵"；有的字见于《说文》他字注义，如"劇"；
有的字见于他籍所引，如"濤"、"闠"等。前一章节"郑珍《说文逸字》
研究"中已有详细说明，在此不再赘述。

从释文内容上来说，此类字中大部分字的释义析形与《说文逸字》
中的基本相同，偶有小异，另添加反切音读。又因《说文逸字》中已详
加分析论证，故在《说文新附考》中不再详述。例如"誌"字：

　　誌：记也。从言，志声。
　　此字大徐新附。按小徐《疑义篇》记偏旁有之而诸部不见者，
　　其"志"字下云："《说文》有'誌'而无此字，脱误。"知《系传》原有
　　"誌"。《韵会·四真》云："誌，《说文》：'记也。从言，志声。'"

────────────

① 杨瑞芳亦将玄部逸字"旇"误为衣部新附字"袨"，漏计欠部逸字"歈"。

是黄直翁所见尚存。今本俗从铉删。(《说文逸字》，41 页)

誌：记誌也，从言，志声。职吏切。说详《逸字》。(《说文新
附考》，249 页)

《说文新附考》中对"誌"的释义"记誌也"只是比《说文逸字》"记也"
多出一字，意义不变。析形部分相同，均为"从言，志声"。另《新附
考》中添加了反切音读"职吏切"，无具体说解，只言"详见《逸字》"。
又如"劇"字：

劇：甚也。从刀，豦声。
此字大徐新附。按，《文选》：《北征赋》、王粲《咏史诗》、陆
机《苦寒行》，李注并引《说文》："劇，甚也。"是唐本原有。或以
《选》注所引是"勮"，但"勮"训"务"，非此义。本书"勊"训"尤劇
也"，"癄"训"劇声也"，"苛"训"尤劇也"(玄应《音义》卷一、卷
十二引)，皆有"劇"之明证。惟"劳"训"劇"，系"勮"之误。(《说
文逸字》，54 页)

劇：尤甚也。从刀未详，豦声。渠力切。说详《逸字》。(《说
文新附考》，266 页)

《新附考》对"劇"字的释义比《逸字》多出一字"尤"，析形部分多出
"未详"二字，体现了作者更为谨慎的心态，另多出反切音读"渠力切"，
具体说解略去，详见《逸字》。
但是，存在一个特例，二书对"歈"字均有详细说解，且说解内容
很不一样。现录于下：

歈：歈歈，手相笑也。从欠，虒声。
歈：歈歈也。从欠，俞声。

今本止有"歋"，训"人相笑相歋瘉"。"猷"在新附，为"巴猷歌"字。按《后汉书·王霸传》"市人皆大笑，举手邪揄之"，《注》引《说文》"歋猷(今本"猷"涉"歋"字加"厂"，《说文》无"歋"字)，手相笑也"。此联绵字。"歋"从欠，"猷"亦可从欠。章怀所见有"猷"，可信。"手相笑"之义，亦胜今本。俗作"挪揄"、"掋揄"、"撖撖"。(《说文逸字》，86~87 页)

歋：歌也。从欠，俞声。《切韵》云："巴歋，歌也。"按《史记》，渝水之人善歌舞，汉高祖采其声，后人因加此字。羊朱切。

按，此本歋歋字，义为手拉相笑，今《说文》脱去。详见《逸字》。

知同谨按，"猷"别义训"歌"，《广雅》、《玉篇》诸书皆然，非巴猷歌专字。据屈子《招魂》言"吴猷蔡讴"，知名歌为"猷"在汉高前。"巴猷"者，巴人之歌也，与渝水无涉。《史记·相如传》作"俞"，文云："巴俞、宋蔡、淮南、干遮，四者皆乐歌名。"《集解》引郭璞云："巴西阆中有俞水，僚人居其上，皆刚勇好舞。汉高慕此以平三秦。后使乐府习之，因名巴俞舞。"《华阳国志》亦云："阆中有渝水，賨民多居水左右，天性劲勇。初为汉前锋陷阵，锐气喜舞。帝善之曰：'此武王伐纣之歌也。'令乐人习学之。今所谓巴渝舞。"盖晋时例以渝水解"巴猷"，又易"歌"为"舞"，与相如赋文不协。小颜注《汉书》乃全袭其文。大徐知"巴猷"是歌非舞，故此注用其说，变言"采其声"。然"猷"字要非因巴渝而加也。(《说文新附考》，334 页)

《说文逸字》将"猷"字训为"歋猷也"，"歋猷"为连绵字，意为"手相笑也"。《说文新附考》大徐将"猷"字训为"歌也"，按语曰"渝水之人善歌舞，汉高祖采其声，后人因加此字"。郑珍认为"本歋猷字，义为手拉相笑"。郑知同认为"猷"别义训"歌"，"非巴猷歌专字"，并以《招魂》、《史记》等文献资料证明汉高前名歌为"猷"，"巴猷"为巴人之歌。

推断晋时以渝水解"巴歈"，又易"歌"为"舞"这一变迁过程。

综合《说文逸字》和《说文新附考》之内容，可推出"歈"字的历时演变过程当为：先秦时有连绵词"歔歈"，意为"手拉相笑"；至汉高前，"歈"别训为"歌"；至晋时则变为"巴渝舞"。

郑珍《说文新附考》中还提到几个虽非大徐新附字，但在考辨新附字的过程中涉及郑珍父子疑为《说文》逸字的。例如"鑕"字：

> 櫍：柎也。从木，質声。之日切。
>
> 按，《说文》"弓"字注引《周礼》"以射甲革甚質"，《公羊定八年传》"弓绣質"，《文选》谢惠连《捣衣诗》注引郭璞《尔雅注》"砧，木質也"，又引《文字集略》"砧，杆之質也"，《尔雅疏》引孙炎"椹谓之榩"注"斲木質"，《秦策》"今臣之胸不足以当椹質"，《文子·上德篇》"質的张而矢射至"，皆止作"質"字。俗因斲質用木，加木作"櫍"；柱质用石，加石作"礩"。大徐皆附《说文》，赘矣。据《汉书·冯魴传》注引《说文》："鑕，椹也。"是许书原有从金之"鑕"，今逸其字。（279 页）

郑珍在对木部新附字"櫍"的考证过程中，据《说文》"弓"字注语、《公羊定八年传》等文献资料证明古止作"質"字。俗因斲质用木，加木作"櫍"；柱质用石，加石作"礩"。大徐将"櫍"、"礩"二字皆附《说文》，赘矣！明言"櫍"非许慎所收之古字。又据《汉书·冯魴传》注引《说文》之言认为与"櫍"同声旁之"鑕"为许书原有之字。郑珍在《说文逸字》中已据补。

又如"蟒"字：

> 虻：虻蜢，草上虫也。从虫，毛声。陟格切。
>
> 蜢：虻蜢也。从虫，孟声。莫杏切。
>
> 知同谨按，《方言》："蟒，宋魏之间谓之虻蟒，或谓之蟒，或谓之螣。"郭注云："亦呼虻蛨。""螆蟒"盖即"虻

蝑"古字。故郭氏以"蝑"音近"诈"即"虼"之去声而俗别作"蚱"。
郭音"蟒"为莫鲠切，与《玉篇》"蝑"字音同。"虼蛨"亦即"虼蝑"。
"蛨"是"蝑"之入声也。今《说文》有"蝑"无"蟒"，疑后写脱一篆。
蟘蟒古本是蝗，虼蝑是蚙蝑，而大类相似，故移蝗之"蟘蟒"以名
蚙蝑，而别造"虼蝑"字也。郭又注《方言》"蛮蝑"云："江东呼虼
蛨。"亦以"蝗"与"蛮蝑"为类，故皆与"虼蛨"注之。许君列字，
"蝑"次"蝗"与"蚙蝑"之间，盖亦不加分别也。(418~419 页)

郑知同在对虫部新附字"虼"、"蝑"二字进行考证时，据《方言》认
为南楚所谓"蟘蟒"即"虼蝑"古字。蟘蟒古本是蝗，虼蝑是蚙蝑。因大
类相似，移蝗之"蟘蟒"以名蚙蝑，而别造"虼蝑"字。流传本《说文》有
"蝑"无"蟒"，郑知同疑后写脱一篆，"蟒"当为《说文》逸字，然《说文
逸字》中却并未补出。

另有"栀"字，郑珍认为流传本《说文》"栀"字即"栀"篆之误。小徐
本"栀"篆不误，大徐不察而别附此文。此字虽不见于郑珍《说文逸字》，
但段氏注《说文》已据改正，郑珍也认可段玉裁改"栀"篆为"栀"篆。此
字属于《说文》原有而在传写过程中讹变脱逸之字，因此，我们将此字
也归入逸字范畴。

二、先秦已有而许慎未收之字

大徐新附字中有一部分是先秦汉世时已有，但许慎著《说文解字》
时未收录其中的。按照许慎未收之原因又可分为客观失收和主观不录
两类。

(一)许慎客观失收之字

郑珍认为，凡先秦经典中字不见于《说文》者，多汉魏以来俗改，
求之许书必有本字，而亦"偶有古文，许君搜罗未尽"。大徐所附新附
字，大部分是后世俗书，但也有少数字是采自经典，且三代正文如此，

未经后世俗改。这类字即为许慎客观失收之字，对于此类字，郑珍在《说文新附考》注语中以"许君一时失载"、"许君偶遗之"等言标识。现整理列表如下：

表 2-2　郑珍考订《说文》新附字中许慎失收之字凡十二文

琛	虦	餕	栋	賵	幰	駜	掠	娟	壏	釧	酪	

以上这些字都见于经典正文，确为先秦古字，非后世俗造、俗改之字。符合许慎《说文》收字规则而不见于《说文》，又无确切证据证明其为流传过程中脱逸之字，故归为许慎失收之字。按照新附字之不同来源又可分为四类：

1. 见于《诗》、《仪礼》等经典

　　琛：宝也。从玉，深省声。丑林切。

　　按，"琛"系古字，《说文》未收。凡经典中字不见《说文》者，多汉魏以来俗改，求之许书必有本字；而亦偶有古文，许君搜罗未尽，十四篇中阙如者。故大徐所附，十九例是俗书，其采自经典者不无一二，为三代正文如此。"琛"字见《诗》是也。庄氏述祖说"琛"古无正体，当依《说文》作"珍"。郝氏懿行则云《诗》用"琛"与"金"韵，若作"珍"则失韵；"琛"与"珍"同训"宝"而音则不同，古必"琛"、"珍"各字。郝说是也。或又谓俗"珍"作"珎"，左旁似草书"采"字，六朝人书"探"、"深"作"捰"、"㴱"可证，以"珎"正书之，即成"琛"。说固有理，而古音要不可合。《玉篇》体亦作"瞵"，则益非"珍"矣。（211 页）

"琛"字见于《诗经》，庄述祖认为"琛"古无正体，故依《说文》作"珍"。郝懿行则认为"琛"若作"珍"则失韵，古必"琛"、"珍"各字。郑珍认同郝氏之说判定"琛"为古字而许慎失收。

郑珍之前的学者大多以大徐新附字为俗而颇为不屑，如段玉裁《说文解字注》将 402 个新附字悉删不录。此处，郑珍对大徐新附字作了一个比较客观的评价，认为大徐新附字里虽十之八九为后世俗书，但也有十之一二确为先秦经典之古文。

又如"餕"字：

> 餕：食之馀也。从食，夋声。子峻切。
>
> 知同谨按，《礼经》"特性馈食"、"少牢馈食"、"有司彻"皆以"籑"作"餕"字。注云："古文'籑'为'餕'。""籑"者，"籑"之隶体省变（《释文》、《九经字样》皆作"籑"，知唐已上经本相沿如此）。《说文》"籑"与"馔"同。《论语》"先生馔"，《释文》云："馔，郑作'餕'。"知"餕"与古"籑"、"馔"通。然《仪礼》古文已有"餕"字，则非汉儒所增。许君于《仪礼》有录古文而遗今文者，有录今文而遗古文者。其所遗之古文，虽不见《说文》，要是先秦所有古字，与诸经中汉儒增变之体当分别观之。（271~272 页）

"餕"字见于《礼经》，郑知同据《释文》、《说文》知"餕"与古"籑"、"馔"通。又《仪礼》古文已有"餕"字，非汉儒所增。故判定此字为许慎遗收之先秦古字。

郑知同认为，许慎于《仪礼》有录古文而遗今文者，有录今文而遗古文者。主张将许慎不录之字分为两个类来看待：一类为汉儒增变之体，一类为许慎遗漏之先秦古字。如此"分别观之"，有助于更为科学地认识说文新附字。

又如"赙"字：

> 赙：助也。从贝，尃声，符遇切。
>
> 按，《说文》"誧"下注："一曰人相助也。从言，甫声。"音义并与《白虎通》、何注《公羊传》"赙助"之言合，则古可作"誧"。《周官·小行人》"赙补"，杜子春云："故书'赙'作'傅'。"则借同

声字。然尝疑《说文》有"琀"、"襚"而无"賵"、"賻"。同是送死之礼，古人未必不为立字。"賵"、"賻"通见《礼经》，郑君注《仪礼》不言古文有别字，知二字孔壁经文固原如此，非汉世经师所加。或许君一时失载，未可知也。（289~290 页）

"賵"、"賻"通见《礼经》，与"琀"、"襚"同是送死之礼，且许慎注《仪礼》也未言古文有别字，应当为孔壁经文原有之古字。《说文》收"琀"、"襚"而遗"賵"、"賻"，郑珍认为或许慎一时失载。又如"酪"字两见于《礼记》，无他可代，恐先秦本有。

2. 见于《仓颉篇》等古字书

憲：车幔也。从巾，憲声。虚偃切。

按，《众经音义》卷十四及《广韵》并引《仓颉篇》"布帛张车上为憲"，恐是古字。许君偶遗之。

知同谨按，钮氏云，《说文》"轩"训"曲輈藩车"，古"憲"通作"轩"。非也。"轩"是车名，"憲"是车幔。《左氏闵二年传》"卫鹤有乘轩者"、《僖二十八年传》"曹乘轩者二百人"，杜注："轩，大夫车。"盖大夫车皆有藩蔽，故许释"轩"为"藩车"。其藩有用布帛为幔者，乃名"憲"。若用他物，如《诗》"簟茀"，《尔雅》释之云"舆革，前谓之鞎，后谓之茀"，又云"竹，前谓之御，后谓之蔽"。李巡注："编竹当车前以拥蔽名御。"郭注："蔽，以簟衣后户。"此皆藩也。轩之藩如用革与竹，则非憲矣。钮氏考古制之疏，任意牵傅有如此者。（313~314 页）

"憲"字见于《仓颉篇》，《众经音义》及《广韵》并引之，郑珍认为是许慎偶遗之古字。钮树玉《说文新附考》认为古"憲"通作"轩"，郑知同添加按语驳钮氏之失。郑知同引《左氏闵二年传》等文献证"'轩'是车名，'憲'是车幔"。又引《诗》、《尔雅》等文献资料证"其藩用布帛为幔者，乃名'憲'。轩之藩如用革与竹，则非憲矣"。钮氏疏于考古制，为新附字"幰"于《说文》中强求古字，误"轩"为"幰"之古字。此二字一为车名，一为车幔，实非一物。郑知同驳钮氏之误有理有据，令人信服。

又如"駛"字：

> 駛：疾也。从馬，吏声。疏吏切。

> 按，《左襄三十年传》"吏走问诸朝"，《释文》本"吏"作"使"，解云："速疾之意也。"杜氏无此说，盖必本古注。又云："服虔、王肃本作'吏'。"是"使"、"吏"并古"駛"字。故《说文》水部"沑"训"水吏"，谓水流疾也。邑部有"𨛜，从吏声，"烈也"，"读若迅"，亦近古"駛"字。但据《众经音义》卷二十二并引《仓颉篇》"駛，疾也"，字从史；又引《三仓》"古文'使'字或作'駛'。"《华严音义》卷上亦引《仓颉篇》"駛，速疾也"，字从馬，史声。恐古原有此字，许君偶遗。其体从吏从史皆得声，未定孰是。

> 知同谨按，《檀弓》："邾娄考公之丧，徐君使容居来吊含。曰：'寡君使容居坐含，进侯玉。其使容居以含。'"《正义》解"使容居以含"句为"记者之辞"，语意殊强窒。陈氏《集说》释此句同是容居语，谓"容居求即行含礼"，得之。此"使"盖即"駛"字。容居言其急速令己得行含礼也。此亦古"使"义之见经者。（354 页）

郑珍据《左襄三十年传》文献材料和《释文》注语认为"使"、"吏"并古"駛"字。并以《说文》水部"沑"训"水吏"，"谓水流疾"证之。但因"駛"字又见于《众经音义》卷二十二所引《仓颉篇》"駛，疾也"，字从史；又引《三仓》"古文'使'字或作'駛'"；《华严音义》卷上亦引《仓颉篇》"駛，速疾也"。故郑珍又怀疑古原有此字，许慎偶遗。郑知同补充按语引《正义》解《檀弓》之言证"使"即古"駛"字。

3. 先秦古物名

> 梀：梀也。从木，策省声。所厄切。

> 按，《尔雅》："梀，赤棶。"《诗》"隰有杞棶"，毛《传》、《说

文·木部》"梿"注并本之。"棶"与"梿"并是古名。恐古有此字，许君或一时失收；或《说文》传本写脱。俱未可定。

　　知同谨按，钮氏据《说文》"槭"训"木，可作大车楺"与《尔雅》郭注"梿，中为车辋"同，谓："'槭'、'梿'音近可通。……"此说误也。"槭"从戚声，古音如"蹙"。"梿"从束声，音近"剌"之入声。故《尔雅·释文》"梿，山厄反"、称郭氏"霜狄反"。二字音韵迥异，理无可通。《说文》别有"梀"，从约束之束，"短椽也，丑录切"。《玉篇》、《广韵》乃认木名之"梀"为短椽之"梀"，误合为一。故有如是音注，殆必陈彭年等所加，顾野王、孙恤宜无此梦梦。丁度与陈氏时相先后，其承袭纰谬，不待辨矣。今《玉篇》"梀"上先列"梿"字，"山革切，赤梿木"。《广韵·二十一麦》云："梿，木名，山责切。"乃顾、孙原文。钮氏径不能辨之，可谓疏谬。（281～282 页）

　　"棶"与"梿"是古树名，并见于《尔雅》、《诗》、毛《传》等处。郑珍认为恐古有此字，许慎或一时失收；或《说文》传本写脱。因无"棶"为传本写脱之确切证据，郑珍《说文逸字》中又未有收录，我们将此字视为许慎失收之字。

　　郑知同补充按语驳斥钮树玉"'槭'、'梿'音近可通"之说。郑知同以《尔雅·释文》证二字音韵迥异，理无可通。认为钮树玉不辨陈彭年之纰谬，误木名之"梀"为短椽之"梀"，故对"梀"字之音、义解说失误。

　　又如"娟"字：

　　　　嬋：嬋娟，态也。从女，單声。市连切。
　　　　娟：嬋娟也。从女，肙声。於缘切。
　　　　知同谨按，"嬋娟"凡两义。为妇女色美者，古"娟"作"嬽"。《说文》"嬽，好也"。小徐注即古"娟"字。《上林赋》"柔桡嬽嬽"用之，《汉书》、《文选》同字（宋本《文选》讹作"嫚嫚"，李注音於圆切可证）。《史记·相如传》作"嫚嫚"，古文假借（近胡氏克家据徐、《广》音娟，谓"嫚"亦"嬗"之误。小司马引《广雅》"嫚嫚，容也"。今《索隐》亦讹作"嫚"。说亦有理）。汉人止言"嫚嫚"，后叠言"婵娟"，乃制"婵"字配"娟"。……亦为《楚辞》"婵媛"。《离骚》"女媭之婵媛"，《九歌》"女婵媛兮为余太息"、《九章》"心婵媛而伤怀""忽倾寤以婵媛"，王注并以"牵引"解之。洪氏补注云："婵媛，亦作'挥援'。"从手乃真古本。故《广雅·释训》、《广韵·二仙》并注"挥援"为"牵引"，本之。后因《楚辞》两处说"女"与"婵娟"相涉，讹改"婵媛"，亦并有作"婵娟"之本。注者遂以美好为说，去古远矣。……但"娟"字疑古有之。"联娟"字见宋玉《神女赋》，"便娟"字见景差《大招》。《列女传》有赵津女，"娟"以为名，是先秦已上人。"娟"当是"嬗"之别体，而许君未录。独"婵"属后出字耳。今《说文》"媭"注引《楚辞》"女媭之婵媛"，决非许君原文。（409~411 页）

此字无郑珍按语，仅有郑知同按语。郑知同认为"婵娟"有两义：一为"妇女色美者"，古"娟"作"嬗"，汉人止言"嫚嫚"，后叠言"婵娟"。一为《楚辞》表"牵引"之"婵媛"，古本从手作"挥援"。

郑知同认为，虽"婵娟"一词确为后出，但"娟"字却是古已有之。宋玉《神女赋》有"联娟"；景差《大招》有"便娟"；《列女传》有赵津女以"娟"为名，是先秦以上人。故郑知同判定"娟"为"嬗"之别体，而许慎未录。

4. 见于先秦石刻、铭文等

虣：虐也。急也。从虎从武。见《周礼》。薄报切。

按，《周礼》"暴"皆作"虣"，唯《秋官》"禁暴氏"作"暴"。郎瑛云："刘歆尝从扬子云学作奇字，故用以入经。"可知古经原皆作"暴"。"禁暴氏"特改所未尽者耳。然"虣"实先秦所传奇字。《易·系辞》"以待暴客"，《释文》云："暴，郑作'虣'。"郑君易即费氏古文也。

知同谨按，秦《诅楚文》石刻已有"虤"字，樊毅《修华岳庙碑》用其文，许君未收耳。其形当左武右虎，此体误书。今《诅楚文》传刻左旁作"戒"，亦出临摹之过。（270 页）

郑珍认为"虤"古经原皆作"暴"，但以《释文》引"暴，郑作'虤'"判定"虤"为费氏古文，实先秦所传奇字，但未明言许慎失收。郑知同按语补充关键论据，秦《诅楚文》石刻已有"虤"字，樊毅《修华岳庙碑》用其文，判定"虤"为许慎失收之字。

又如"钏"字：

钏：臂环也。从金，川声。尺绢切。

按，古书传无道"钏"者。至梁元帝《采莲赋》、庾信《竹杖赋》等文始盛行此字。盖汉已来名称。

知同谨按，《太平御览》卷七百一十八引《通俗文》："环臂谓之钏。"本俗名，非古有。《广韵》引《续汉书》："孙程十九人立顺帝，各赐金钏指环。"是后汉有此物，即唐已来诗词中所谓"缠臂金"也。钮氏依《集韵》"钏"训"车钏"，《说文》本字作"轫"，训"车约轫"，谓"钏"即"轫"。不知此别一义。盖车轫有通作"钏"者。臂钏乃其本义，明系后世语，无古字也。唯《越绝书·说剑上》有"钏"，云"观其钏，如流水之波。钏从文（字误）起，至脊而止，如珠不可衽（字误），文若流水不绝"。盖宝剑上有此文。与"轫"为车上文，"纨"训"圆采"同意。"钏"之本义，疑当如此。亦先秦已上文而为吴越方言，故许不及。（433~434 页）

郑珍认为古书中无"钏"字，"钏"为汉以来名称。郑知同添加按语，驳钮树玉"钏"即"轫"之说。郑知同认为"钏"有二义：一为臂环即"缠臂金"，为汉后世语，无古字；二为宝剑上的圆彩纹路，为先秦以上文。"轫"为车上文，"钏"为剑上文，钮氏误混为一。意为宝剑纹路的"钏"因是吴越方言，许慎客观上未曾目及，故《说文》中收车上文之

"軓"而遗剑上文之"釖"。

钮树玉之说虽有误，但却启发了郑知同，为找寻"釖"之本义提供了一个线索和思路。因此郑知同才能超越其父郑珍"'釖'为汉以来名称"的论断，发现"釖"为先秦以上之古文。

在郑珍、郑知同父子的说解中，还间或提到一些非说文新附字，但确为先秦古字，许慎未收之字。例如"偪"字：

> 逼：近也。从辵，畐声。彼力切。
>
> 知同谨按，字又作"偪"，皆"畐"之俗。《说文》："畐，满也。"充满、逼迫止是一义。故木部"楅，以木有所逼束"，《韵会》引作"畐束"。《方言》"腹满曰偪"，《玉篇》引作"畐"。皆据古本。但考秦《诅楚文》已见"偪"字，知先秦有"偪"，许君未收。"逼"乃后出字耳。古亦可用"楅"，"楅"义与"畐"小异，亦通作"幅"。《广雅》"幅"训"满"，盖据《诗》"采菽邪幅"毛传"幅，偪也。所以自偪束也"为言，实字得虚义。《方言》"偪"一本作"幅"。《玉篇》有"餶，饱也"。又有"稫，稷满貌"。皆"畐"后出加偏旁字，各主一义。俗字之孳乳益多如此。(231～232 页)

在对说文新附字"逼"的考证过程中，郑知同发现"偪"、"楅"、"幅"、"餶"、"稫"等皆为"畐"加偏旁孳乳而出，各主一义。但考秦《诅楚文》已见"偪"字，故郑知同认为先秦有"偪"，许慎未收。

(二) 许慎主观不录之字

郑知同于"粗粺"下曰："许君作书，所重者经典正文，旁及他书所应用字。若战国方言改易殊体，观其《叙》中訾议七国'言语异声，文字异形'之说，意甚轻之。虽有合乎六书，然且多不采录。故如《墨子》、《韩子》、《吕览》、《楚辞》诸书所有罕见文语至夥，积古相传如此，非不出自先秦，而许君例舍置不及。其他如《山经》识怪等编所纪异物，无足征信，尤所不道。"许慎以先秦古字为正，以后世别出字为俗；以经书正文用字为正，以他类典籍用字为俗，故许慎《说文》正文不录汉世字，拒收先秦方言字及怪异名物字。① 大徐新附字中有一部分即为此类字，这些字本为先秦已有之古字，许慎不录而大徐新附于后。郑珍《说文新附考》中以"许君不录"、"《说文》不录"等标记之，现整理列表如下：

表2-3　郑珍考订《说文》新附字中许慎不录之字凡二十三文

荀	犍	鞻	粮	粕	粔	籹	寘	礵	㺔	蒠	瀘	瀛
潺	湲	瀼	鰠	颲	鼄	茗	侣	阡	阰			

以上这些字，郑珍、郑知同父子证明非后世俗字，许慎客观上见到了却主观上舍置不录。按照许慎不录之原因，我们又可将此类字分为以下五类：

1. 不经见之识怪异物名

此类字虽为先秦古字，但只在《山海经》等先秦典籍中有所记录，而不见诸《诗》、《礼》等经典，故许慎不录。例如"犍"字：

> 犍：犗牛也。从牛，建声。亦郡名。居言切。
>
> 按，犍牛古止言"犗"。"犍"系后世语，《字林》始收之。若诸犍兽见《山海经》，字本兽名。凡《山海经》所有鸟兽草木虫鱼诸不经见之物，许君例不录其文，亦太史公所谓"《山海经》所有怪物予不敢言"之意。汉儒著书传信不苟如此，非若后世徒矜奇炫博也。若汉武帝置犍为郡，汉碑皆从木作"楗"，六朝人书乃作"犍"。（222~223页）

据郑珍之分析，意为"犗牛"之"犍"系后世语，意为"郡名"之"犍"始于六朝人之书，而作为兽名的"犍"见于《山海经》。《山海经》虽为先

---

① 袁本良《说文新附考》点校前言。

秦典籍，但所录鸟兽草木虫鱼等不经见之怪异名物，许慎皆例不录其文。"鳛"、"蒟"、"獋"等字均属此类情况。

又如"茗"字：

> 茗：茶芽也。从艸，名声。莫迥切。
>
> 按"茶芽"之训本《玉篇》。依《尔雅》"槚，苦茶"郭注云"今呼早采者为茶，晚取者为茗。一曰荈"。似"茗"非"茶芽"，然是晋时茶茗有早晚之别。《尔雅·释文》："茶，《埤仓》作'槜'。荈、茶、茗，其实一也。张揖《杂字》云'荈，茗别名也'。陆元朗以茶、茗为通称是矣。"茗之名不见汉已前文字，乃后代俗语。
>
> 知同谨按，……汉世有茗饮，固然；但《凡将》止谓之"荈"，并不言"茗"。若《晏子》之"茗"，既言"菜"，恐非茗饮。此不知为何物，《御览》以当茶茗，似不足信。茶之名"茗"，盖出于汉已后，故《说文》无其字。《晏子》之"茗菜"又不经见，许亦不取也。……（219~221 页）

郑珍认为"茗"之名不见汉已前文字，乃后代俗语。郑知同认为汉世虽已有茗饮，但只谓之"荈"，并不言"茗"。见于《晏子》之"茗菜"非茗饮，且又不经见，故许慎《说文》不录其字。

又如"鼇"字：

> 鼇：海大鳖也。从黽，敖声。五牢切。
>
> 知同谨按，……古凡物大者谓之敖。如犬大者曰"獒"，蟹大足曰"螯"，人大颡曰"赘"，皆是。"謷"亦有大义，《庄子·德充符》云："謷乎大哉。"巨鼇首戴神山，事涉荒诞，始见屈子，周末时乃有此说。巨龟名"鼇"，造言者加之名耳。初时不过以"敖"称之，本无专字。即已有"鼇"，许君于殊方异物素不经见者，例不采载，矧此乌有子虚之说乎？钮氏乃据《艺文类聚》引《列子》"鼇"作"龟"，谓"龟"与"敖"声相近。《周颂·丝衣》"敖"与"休"为韵，

《白虎通》"龟，久也"，《说文》"龟，旧也"，是其证。"鼇"即"龟"别字。……盖论属辞之理，鼇与龟止一物，改"鼇"作"龟"无妨；若求名实以定文字，"鼇"别为巨龟之名，非即"龟"字，形、音、义皆殊，何容牵合为一？其义，《众经音义》引《字林》云："鼇，海中大龟。"吕忱尚仍古说。徐氏不知何本，改为"海大鳖"，后遂承讹。失考殊甚。（421～422 页）

此字无郑珍按语，惟见郑知同按语。《楚辞》、《列子》注文中均见"鼇"字，训"巨龟"。郑知同认为古凡物大者谓之敖，推测"巨龟"初时不过以"敖"称之，本无专字。周末时有"巨鼇"之说，始见屈子，但许慎于殊方异物素不经见者，例不采载。

钮氏认为"鼇"即"龟"别字，郑知同认为此二字形、音、义皆殊，不可牵合为一。大徐以"海大鳖"训"鼇"，亦误，"鼇"当为巨龟之名。

2. 胡语方言

许慎《说文解字》以胡语、方言等为俗，虽有合乎六书之古字，然多不采录。例如"鞾"字：

> 鞾：鞮属。从革，華声。许臘切。
> 知同谨按，《释名》云："鞾本胡服，赵武灵王所服。"（今本无，依《广韵》引）则"鞾"非中夏所有，战国时胡语，故许君不录其字。钮氏据《玉篇·韋部》"韗，于问切，靴也"，疑"鞾"为"韗"之俗字，说云："'鞾'本作'韗'，为'韗'之重文，后人或改韋为革，则成'鞾'字。'韗'从韋声，非華声。《释名》'鞾'训'跨'，是已认从華声。"此说无理已甚。"韗"乃"鞾"之一名，义同音异。"鞾"本从華声。《玉篇》正文作"靴"，从化声。刘熙那容不识字。若作韋声，则是《诗》"鄂不韡韡"之"韡"。《说文》在舜部，作"韡"，注云"盛也"，下引《诗》辞。钮氏杜撰"鞾"字当"韡"，径忘《说文》有"韡"，今《诗》作"韡"。近代讲求汉学者，其诂经说字，间生穿凿支离，甚至荒忽如此，又蹈许君所斥"巧说邪辞，疑误学者"之蔽。

今为时时标举，识者鉴诸。（252～253 页）

郑知同据《广韵》引《释名》之言说明"韡"非中夏所有，为战国时胡语，故许慎不录其字。

钮树玉疑"韡"为"韠"之俗字，郑知同以《玉篇》、《诗》、《说文》之言驳其穿凿支离，重蹈许慎所斥"巧说邪辞，疑误学者"之蔽。

又如"粔"、"籹"二字：

> 粔：粔籹，膏环也。从米，巨声。其吕切。
> 籹：粔籹也。从米，女声。人渚切。
>
> 按，《楚辞·招魂》"粔籹蜜饵"，《众经音义》卷五引《仓颉篇》："粔絮，饼饵也。"二字殆出自周末，亦是古字，而许君不收。《仓颉》字体"絮"本从如声，作"籹"则后世省书。
>
> 知同谨按，许君作书，所重者经典正文，旁及他书所应用字。若战国方言改易殊体，观其《叙》中訾议七国"言语异声，文字异形"之说，意甚轻之。虽有合乎六书，然且多不采录。故如《墨子》、《韩子》、《吕览》、《楚辞》诸书所有罕见文语至夥，积古相传如此，非不出自先秦，而许君例舍置不及。其他如《山经》识怪等编所纪异物，无足征信，尤所不道。今读许君之书，不必执先秦已上之文尽归囊括，遂断古籍之字不见《说文》者，辄由后人用俗书改易。即如"粔籹"，明是南楚方言，虽《仓颉篇》载之，许君犹不登录。若欲广搜前迹，充溢异闻，在诸子传记中原有此等古字，惜大徐不全采附，徒摭拾后世俗体，强令鱼目混珠。钮氏不知，又一概俗之，乃据《周礼·笾人》注"寒具"，谓"具"与"巨"通，古"粔"本作"巨"；据《释名》、《广雅》"敉黏"之文，谓"敉"即《说文》训"禾属而黏"之"黍"，"籹"与"敉"同，即"黍"俗字。说最无理。凡两字成文，同从一偏旁者，分举一字即无义，何以判"粔"、"籹"为两事而各为之？求古字如是牵强乎？（302～303 页）

郑珍据“粔籹”见于《楚辞》，《仓颉篇》作“粔粲”，认为“籹”为“粲”之后世省书。二字出自周末，亦是古字，而许书不收。郑知同添加按语说明许慎不录之缘由。郑知同认为，许慎《说文解字》并不囊括所有的先秦以上之文，出自先秦的方言、异物许慎都不予收录。故“粔籹”因被许慎认为是南楚方言，所以虽《仓颉篇》载之而犹不收。钮氏认为古“粔”本作“巨”，“籹”与“敉”同，为“黍”之俗字，将一词分为二字分别求其古字，实属牵强。

另有“礎”、“瀛”、“潺”、“湲”、“飈”等新附字，均为先秦古字，由于见之《楚辞》等典籍，而被许慎视为南楚晚出之方言，故略之不录。

3. 不合于六书

还有少量说文新附字，见于先秦经典，非汉后俗体，又非方言异物，但由于不合于六书之声理，故许慎舍置不录。例如“寘”字：

> 寘：置也。从宀，真声。支义切。
>
> 知同谨按，……但据秦《诅楚文》“寘者（‘諸’之借）冥室椟棺之中”，楚惠王作《曾侯钟铭》“寘之于卤蔼（当是地名，‘蔼’从止，昜声，不详何字）”，此皆战国时金文之可信者。则“寘”系先秦时“值”之异文，非汉后俗体。故《毛诗·伐檀》“寘之河之干”、郑君《中庸》注云“示读如寘诸河干之‘寘’”，所称三家《诗》同作“寘”字……所疑者“寘”从真声，与“值”、“置”从直声不合。而《诅楚文》、《曾侯钟》篆体明从真，非传刻有误。许君或亦以真旁不合声理，故虽以《毛诗》古文，舍置不录欤？盖战国文字已有不合六书者矣。钮氏云，《说文》“迣，读若寘”，不应遗“寘”字，疑为“窴”之省文；《后魏怀令李超墓志铭》“化动阴窴”与“盖”、“带”为韵，则“窴”自有迣音。不知“窴”从真声，固可强合“值”、“置”从直之音，而“窴”字《说文》训“塞”，音义与“填”一同。何以变“穴”从“宀”而成措值之字，于义不可合也。段氏注《说文》“迣，读若寘”云：“寘者，窴之误。凡‘寘彼周行’、‘寘诸河干’皆当作窴。真声与世声合音。”说亦未允。《诗》两“寘”字皆训“置”，非窴塞义，必

不可作"寘"字。且"寊"明见古金石，义作置用，非出俗书讹体，"寘"字早矣。"迣读若寘"，许君注中不妨用之，止不可列正篆耳。（304~305页）

郑知同据秦《诅楚文》、楚惠王《曾侯钟铭》断定"寊"为先秦时"值"之异文，非汉后俗体。三家《诗》亦同作"寘"字，许慎或以"寘"从真声，与"值"、"置"从直声不合，故舍置不录。钮氏疑"寘"为"寊"之省文，于义不可合。段氏认为"寘"为"寊"之误，说亦未允。

4. 与古本字体不同

有的说文新附字，郑珍、郑知同父子见于先秦经典，认为确为先秦古字，而许慎《说文》未录，郑珍父子怀疑是由于许慎所见古本字体不同所致。例如"瀘"字：

> 瀘：水名。从水，卢声。洛乎切。
>
> 知同谨按，《水经》："若水出蜀郡旄牛徼外，东南至故关为若水；南过越隽邛都县西，直南至会无县，淹水东南流注之；又东北至僰为朱提县西，为瀘江水。""淹水出越隽遂久县徼外，东南至青蛉县，又东过姑复县南，东入于若水。"《说文》有"淹"，注"水出越隽徼外，东入若水"。瀘为若水与淹水下流。古既有"淹"，宜亦有"瀘"字。而许君不录者，或所见《水经》古本不从水欤？钮氏据《水经》"滤水"注云"水黑曰卢"，谓凡黑水古通名"卢水"，引夏文焘云：《汉·地理志》"牂柯句町"注云"又有卢唯水"，本无水旁。夏说非是。牂柯郡卢唯别为一水，何关瀘水事。唯水黑名卢，于瀘水有之。瀘水宋已来名大渡河，今犹旧称。知同尝道出清溪越隽，亲渡此水。非盛夏流潦泛涨，水色恒深碧黪黑，此所以名"卢"欤？（378页）

郑知同据《水经》之言，认为《说文》既有"淹"，且释文与《水经》同，瀘为若水与淹水下流，而许慎不录"瀘"字者，可能是因为所见《水

113

经》古本不从水。驳钮氏所引夏文焘"牂牁郡"之"盧"别为一水，非为清溪越嶲之"瀘"水。又受钮氏引《水经》"水黑曰盧"启发，结合自身游览经历，认为"瀘"古或以水黑名"盧"。

另有"惹"、"阢"、"瀼"等字亦是此类情况。郑珍父子见于《方言》、《尔雅》、《毛诗》等先秦经典，符合《说文》收字原则，而许慎未收，因疑许慎所见古本字形不同。

5. 非古而不录

此类字为汉世已有之字，虽在许书注文中有出现，但许慎以其非古而不录。例如"粻"字：

> 粻：食米也。从米，長声。陟良切。
> 按，《书·费誓》"峙乃糗粻"，《说文》"餱"下引作"餱粻"。《论语》"在陈绝粮"，《释文》："粮，郑本作'粻'。"《文选·思玄赋》"餐沆瀣以为粻"，《后汉书》"粻"作"糧"，注云"糧或作粻"。知"粻"系"糧"之异文。故《礼记》"五十异粻"、《大雅》"以峙其粻"，见于经者，义皆作粮解。《书》正义引郑君"糗粻"注云："糗，捣熬谷也。"郑所注者是《古文尚书》"糗粻"，与今伪孔经同。则许所引"餱粻"，乃欧阳、大小夏侯今文。"粻"为汉世别出字，故《说文》不录。《毛诗》古文宜亦不作"粻"。……（300~301页）

"粻"字见于《说文》"餱"下引文，郑本《论语》"粮"作"粻"，《后汉书》"粻"作"糧"，故郑珍认为"粻"系"糧"之异文。见于《礼记》、《大雅》之"粻"义皆作粮解。郑珍认为许慎所引"餱粻"非古文，"粻"为汉世别出字，故《说文》不录。郑知同补充按语，认为许慎训注中本不废汉世语，只不列正文耳。进一步证明"粻"虽见于许书注语，但许慎以其非古而不列正文。

又如"阡"字见于《说文》"田"下、"𤱳"下注文，郑珍认为汉时已有"阡陌"二字，但古止作"千百"，故许慎以非古不收。又认为大徐既附"阡"，当并出"陌"篆。流传本疑脱一字。

又如"侣"字见于《说文》"扶"下注语，郑知同认为汉世已有"侣"字，许以非古不收。

又如"粕"字见于许慎《淮南子》注文，郑珍认为古当作"魄"，《淮南》用汉时俗字，许慎随文解之。《说文》不录汉世字也。

(三) 其他许慎不录之字

郑珍、郑知同父子在对说文新附字的考证过程中还发现了一些大徐未附的许慎不录之先秦古字。例如"偯"字：

> 偯：问也。从人，贞声。丑郑切。
>
> 按，"偯"有偯伺、偯问两义。偯伺字古作"覢"。《说文》"覢，私出头视也，读若郴"是也。别作"偯"。《鹖冠子·王铁篇》"偯谍足以相止"，陆佃注"偯，探逴也"是也。"偯"系周末时异文，许君不录。"逴"亦"偯"之俗。偯问字古止作"贞"。《说文》："贞，卜问也。"《周礼·天府》"贞来岁之媺恶"，注云"问事之正曰贞。郑司农云：贞，问也。《易·师》'贞，丈人吉，问于丈人'。《国语》曰'贞于阳卜'。"是也。据《礼·坊记》引《易》曰"恒其德偯"，注："偯，问也，问正为偯。"《易》本作"贞"，知汉世加人。"覢"、"郴"、"偯"、"偯"四体，偏旁韵部并各异；而为一字者，古音读有正有变，有随方音造字之不同。(321~322 页)

在对大徐新附字"偯"的考证过程中，郑珍认为"偯"有偯伺、偯问两义。偯问义古止作"贞"；偯伺义之古字"覢"有异文"偯"，而"偯"字系周末时已有之先秦古字，许慎录"覢"字而不录"偯"字。

又如"髫"字：

> 髫：小儿垂结也。从髟，召声。徒聊切。
>
> 按，字本作"龆"，为小儿毁齿。《韩诗外传》："男子八月而生齿，八岁而龆齿。"庾信《齐王宪碑》本之，云"未逾龆龄，已议论天

115

下事"是也。后别其字从髟，义亦易为小儿垂髫，非古矣。潘乾《校官碑》已有"髫"，知汉新增。然《说文》亦无"齠"。《外传》文与《大戴记》、《说苑》同，彼两文俱作毁齿，"齠"当是秦汉间方言，故许君不录。或据《广韵》三萧"髫"音都聊切，训"小儿留发"，认"髫"即"髫"古字。不知"髫"训"发多"；俗"髫"有假借作"髫"者尔。（336~337 页）

在对新附字"髫"的考证过程中，郑珍认为"髫"字本作"齠"，为小儿毁齿。后别其字从髟，义亦易为小儿垂髫。"髫"为汉世新增，"齠"当是秦汉间方言，故许慎不录。

又如"黫"字，郑知同在新附字"䪒"下添加按语时，认为"䪒"乃汉后别出字，古亦通作"奄"。又引《方言》"黫，色也"，郭注"赤色貌，音奄"。许书收"奄"而不录"黫"字。郑知同认为"黫"字从黑形，与义相背，必不出于古。《方言》多汉代奇字，故许慎分别采之，不全录也。

三、汉后别出之字

汉后别出字指的是不见于先秦古籍、汉代及汉代以后才出现的新字，大徐新附字中绝大部分是此类字。对于此类字，郑珍、郑知同父子根据典籍、碑铭等文献材料，力图判断其出现的大致时代。对于有对应先秦本字或借字的新附字，追溯其先秦古字；对于没有对应先秦古字的新附字，则辨明其本义，厘清其产生发展的脉络，而不强求古字。

按照郑珍、郑知同父子对说文新附字的分析，本书将汉后别出字按照其产生的年代分为汉世字、魏晋字、六朝字、唐后字四类。个别新附字郑珍父子未作年代断定，从按语中又找不到年代断定的有效文献依据，本书就结合郑珍常用的字书、典籍来作一个大致的归类整理。

（一）汉世字

大徐新附字中，汉世字所占比例最大。郑珍、郑知同父子一般在按语中标注"汉世字"、"汉人增"、"出自汉代"等言，也有一部分字未作标识，但可以通过分析其按语判断其为汉世字。现整理列表如下：

表 2-4 《说文》新附字中的汉世字凡二百二十六文

桃	祚	珈	璖	瑃	璠	琲	珂	玘	琡	瑄	珙	蓮
葄	芉	薢	藏	蔵	嘃	嗛	咍	呀	邂	逞	逼	遧
遐	迊	逬	透	逍	遥	齢	躓	蹉	跎	躄	跱	譧
譜	詎	諓	訣	靮	轡	鞁	眭	眒	眸	睡	翻	翍
麼	臂	剈	剫	笏	筤	篙	麶	餰	薐	靭	榭	榻
櫂	椁	櫻	梵	貽	覘	瞗	賭	賺	旷	昉	晙	晟
量	晬	昳	曇	曆	昂	穦	馥	<u>粻</u>	<u>粕</u>	糖	寰	罳
罹	幢	幟	帢	幝	幒	帊	幞	<u>侣</u>	倅	傔	儻	佾
倒	低	債	停	價	儆	伺	僧	佇	偵	袨	衫	耗
毨	毢	毬	屢	舸	艇	覣	厤	髻	岝	嶠	嵌	嵩
崑	崒	廊	廂	庲	廖	礪	磳	磯	碌	砧	砌	
礀	硾	貓	駁	燅	狄	爐	煽	烙	爍	烾	椵	悱
恓	滭	懑	懇	忖	怊	慟	悌	懌	溥	汔	泯	瀍
潫	港	潴	潔	浹	溢	潠	涯	霞	霏	鰈	闌	閲
閼	闃	揩	揞	拗	捌	打	嬙	妲	嬌	嬋	嫠	姤
瓵	繳	綷	繡	綣	蛋	蟻	蟋	螳	颼	颭	塗	塤
場	境	坳	壋	坊	劭	勢	勘	钁	銘	鎖	釵	釛
輶	轔	轍	<u>阡</u>	醲								

以上 226 个说文新附字中的汉世字里面，包含见于许书注文而许慎以非古不录的四个字，分别为"粻"、"粕"、"侣"、"阡"（表中以下画线标注）。上文中已有解说，此不再赘述。

剩下的 222 个汉世字中，按照新附字之来源，有的字始见于汉代碑文，例如"祚"字：

祚：福也。从示，乍声。臣铉等曰：凡祭必受祚。祚即福也。此字后人所加。徂故切。

按，《左氏隐公八年传》"胙之土而命之士"、《周语》"天地之所胙"、《法言》"天胙先德"，此"福胙"古字之见经典者。他书皆改从俗作"祚"，汉《帝尧碑》、《华山亭碑》及孙根、夏承诸碑皆有"祚"，是汉世后出（后凡称汉晋人碑，并见《隶释》、《隶续》、《汉隶字原》）。（209 页）

大徐新附"祚"字，言此字为后人所加。郑珍引《左传》、《周语》等先秦经典之文，证"胙"为"祚"之先秦古字。又以"祚"字见于《帝尧碑》等汉代碑文为据，断定"祚"为汉世后出之字。

又如"瑻"字：

瑻：玉爵也。夏曰瑻，殷曰斝，周曰爵。从玉，戋声。或从皿。阻限切。

按毕氏沅云："古无'瑻'、'盏'、'醆'三字；惟汉《王君庙门碑》'束帛有瑻'，始以'瑻'代'戋'。此后更别'盏'、'醆'二字，以为'瑻'之异文。古止有'戋'字。"毕说是也。又《周礼》"量人"注引《明堂位》"夏后氏以瑻"，《经典释文》云："瑻，刘本作'湔'。作'湔'当是康成原本。"知《礼记》古文又借作"湔"。（210~211 页）

郑珍引毕沅之言，认为古止有"戋"字，汉《王君庙门碑》"束帛有瑻"，始以"瑻"代"戋"。

又如"藏"字见于汉《孔耽孙叔敖碑》、《祝睦后碑》；"龄"见于熹平二年《鲁峻碑》；"讄"字见于《西岳华山亭碑》；"梵"字见于汉《卫弹碑》；"曇"字见于汉《成阳灵台碑》；"昂"字见于《蒋君碑》、《衡方碑》；"岌"字见于《张公神碑》，等等。

有的字见于汉儒注笺之先秦经典，例如"薌"字：

薌：谷气也。从艸，鄉声。许良切。

按《曲礼》"黍曰薌合，梁曰薌萁"、郑注《周礼·大祝》引，

"薌"俱作"香"。此汉人别出"香"字，专用为谷气之馨香。

> 知同谨按，"薌"见汉《刘夫人碑》。郑君注《内则》"薌脯"云：
> "煮豚若羊，使之香美。"此以"香"解"薌"。而腥臊羶香字，《周
> 礼》作"香"，《礼记》作"薌"。又李注《文选·甘泉赋》云："薌亦
> '香'字。"俱可证。即以知"薌"可通为凡"香"字。(221页)

许慎《说文》有"香"无"薌"，大徐新附"薌"。郑珍通过汉儒郑玄注
《周礼》引《曲礼》之言，认为"香"为"薌"之古字。《说文》"香"本训"芳
也"，"从黍从甘"会意，汉人别出"从艸鄉声"之形声字"薌"，专用为
谷气之馨香。郑知同补充父说，认为经典中"薌"可通为凡"香"字。

又如"嗃"字见于《易经》郑玄注文；"遑"字见于《尔雅》、《毛诗》；
"訣"字见于《诗·邶风·古风》笺注；"幢"、"帟"、"倅"见于《周礼》
注文；"揪"字见于《左昭廿一年传》；"蔵"、"塡"见于《左氏传》；
"輚"字见于《左氏成二年传》；"眭"字见于《韩策》，等等。

有的字见于汉时的字书，例如"透"字：

> 透：跳也，过也。从辵，秀声。他候切。
> 知同谨按，《方言》："逴、狪、透，惊也。自关而西秦晋之间
> 凡寋者谓之逴，宋卫南楚凡相惊曰狪，或曰透。"此"透"之本义也。
> 古字作"倏"。《贾子·容经篇》"穆如惊倏"，即"透"字。《韵会》引
> 《说文》："倏，犬走疾也。"(今《说文》止注"疾也"，文脱。)"走
> 疾"，故有"惊"义。……《方言》"逴"训"惊"，而兼跳义，故云"寋
> 者谓之逴"。《说文》"逴"训"寋"。又有"踔"，训"踶"。踶，跳
> 也，寋者必跳踊而行，其义一也。故"透"训"惊"而亦得跳
> 义。……(233~235页)

大徐新附之"透"字见于西汉扬雄编撰的《方言》，郑知同根据《方
言》之记载，认为"透"之本义为"惊"，古字作"倏"。又通过比较《方
言》和《说文》之训解，推知"透"训"跳"义之逻辑演变过程。

又如"遥"、"麂"、"鮇"、"旷"等字亦见于《方言》；"鞁"、"赌"、"帊"、"幞"、"打"等字见于东汉服虔所撰之《通俗文》；"榻"、"欔"、"罳"、"帝"、"停"、"衫"等字见于东汉刘熙所撰之《释名》，等等。

有的字见于汉人创作的文学作品，例如"飐"字：

> 飐：风吹浪动也。从風，占声。隻冉切。

> 按，此汉世字。《古文苑·刘歆〈遂初赋〉》"飚风盲其飘忽兮，回飐飐之泠泠"已见此文。《搜神记》言："李进劼被溺，得风飐数竿竹至，因获济。"晋人亦用之。或以《玉篇》无"飐"，疑是六朝已来字，非也。其义，《正字通》云："凡风动物，与物受风摇曳，皆谓之'飐'。"得之。《唐韵》注："风吹落水。"大徐改云"风吹浪动"，未尽也。柳子厚诗"惊风乱飐芙蓉水"，是风吹浪；若韩退之诗"夜风一何喧，松桧屡磨飐"，则为风动树。最早如《遂初赋》言"飐飐"，本止状风战动耳。"飐"音义与"战"、"颤"相似而韵部不同，唯《汉·马融传》"仰视飞鸢跕跕堕水中"，正是摇动飘落貌。而《说文》亦无"跕"，未详何字之变也。（420~421 页）

"飐"字见于西汉经学家刘歆所作《遂初赋》，郑珍据此将其判断为汉世字，驳前人"以《玉篇》无'飐'，疑是六朝已来字"之说。郑珍认为大徐训"飐"为"风吹浪动"未尽其义，"凡风动物，与物受风摇曳，皆谓之'飐'"。又求"飐"之先秦本字而未得音义俱合之古字，未作强求。

又如"蹉跎"见于东汉张衡所作之《西京赋》；"閌"、"繂"见于西汉扬雄之《甘泉赋》；"墡"字见于东汉班固所作之《西都赋》；"驎"字见于西汉司马相如所作之《子虚赋》；"儻"字见于西汉司马迁所作之《史记·鲁仲连传》、《相如传》；"衿"、"艇"字见于西汉刘安之所作之《淮南·齐俗训》、《淮南·俶真训》等。

郑珍、郑知同父子在判断大徐新附字出现年代的同时，还十分注重对其先秦古字的探求。有的说文新附字在《说文》中有对应的本字，例如"寰"字：

> 寰：王者封畿内县也。从，景声。户关切。
>
> 按，《王制》"言天子之县内之国"，"天子之县内诸侯"，注云："县内，夏时天子所居州界名也。"即《穀梁·隐元年传》所言"寰内诸侯"。知"县"是古"寰"字。夏时谓邦畿千里之地为县，此本义也。厥后王畿内都邑亦名为县。《说文》云"周制，天子地方千里，分为百县"是也。春秋时诸侯之地亦称之，故《左传》赵简子云"上大夫受县"，此皆后义。缘古王畿名县，后世不封诸侯，并兼天下，遂统九州之地谓之"宇县"。见谢玄晖《和伏武昌登孙权故城诗》，义尤后出。汉时字乃别作"寰"，亦谓之"宇寰"，见王嘉《拾遗记》。他书又多言"寰宇"，六朝以来习用之，罕知"县"为"寰"本字者矣。"寰"训为"王者封畿内县"，又依"县"之后一义。……（305~306 页）

郑珍以《王制》和《穀梁传》之言推知"县"为"寰"之古字。夏时谓邦畿千里之地为县，此为"县"之本义。后王畿内都邑和诸侯之地亦名为县，《说文》中"县"即训为此义。后统称天下九州之地为"宇县"，汉时别作"寰"字，谓之"宇寰"。

有的先秦本字孳乳出了含新附字在内的不止一个后出字，例如"逼"字：

> 逼：近也。从辵，畐声。彼力切。
>
> 知同谨按，字又作"偪"，皆"畐"之俗。《说文》："畐，满也。"充满、逼迫止是一义。故木部"楅，以木有所逼束"，《韵会》引作"畐束"。《方言》"腹满曰偪"，《玉篇》引作"畐"。皆据古本。但考《秦诅楚文》已见"偪"字，知先秦有"偪"，许君未收。"逼"乃后出字耳。古亦可用"楅"，"楅"义与"畐"小异。亦通作"幅"。《广雅》"幅"训"满"，盖据《诗》"采菽邪幅"，毛传"幅，偪也。所

以自偪束也"为言，实字得虚义。《方言》"偪"一本作"幅"。《玉篇》有"餥，饱也"。又有"稫，稷满貌"。皆"畐"后出加偏旁字，各主一义。俗字之孳乳益多如此。(231~232 页)

郑知同认为《说文》之"畐"即为"逼"之先秦本字。本义"满也"之"畐"字孳乳出了"偪"、"逼"、"福"、"幅"、"幅"、"餥"、"稫"等诸多后出加偏旁字，各主一义。

有的新附字古无专字，只有借字，例如"槔"字：

槔：桔槔，汲水器也。从木，皋声。古牢切。

按，《曲礼》"奉席如桥衡"注"桥，井上挈皋"(依《释文》本)，《前汉·郊祀志》"通權火"张晏注"權火状若井挈皋"，《司马相如传》"烽举"孟康注"烽如覆米薁，县著契皋头"，《贾谊传》"烽燧"文颖注"边方备胡寇，作高土橹，橹上作桔皋"。《淮南·泛论训》同《墨子·备城门篇》，作"颉皋"。皆止借"皋"字。从木汉已后俗增。(280 页)

郑珍引《曲礼》、《前汉·郊祀志》等古籍文献资料，证明"槔"字古无专字，止借作"皋"，从木乃汉后所增。

有的字在先秦时有不止一个借字，例如"靭"字：

靭：柔而固也。从韋，刃声。而进切。

按，古无坚靭专字。《诗·皇皇者华》传"调忍"、《采薇》笺"坚忍"、《周官·山虞》注"柔忍"，皆借作"忍"；《诗》"荏染柔木"笺"柔刃"、《考工记》、《士虞礼》、《月令》注并言"坚刃"，皆借作"刃"；《楚辞·九叹》"情素洁于纫帛"、古《焦仲卿诗》"蒲苇纫如丝"，又借作"纫"；《易·革卦》王注"牛革坚仞"(依《释文》宋本，毕氏镜涛云"旧本《易》注皆作'仞'，今改作'靭'")，又借作"仞"；《吕氏春秋》："黄白杂则坚且牣，良剑也。"高注："《仲冬纪》云：'竹木调轫。'"亦借作"轫"。汉已后加刃从韋，以为坚刃专字。又从肉作"朒"。《众经音义》卷十四引《通俗文》"柔坚曰朒"。他书亦从革作"靭"。（275 页）

新附字"靭"古无专字，郑珍引众多先秦文献，证明坚韧之义在古时有"忍"、"刃"、"纫"、"仞"、"轫"等多个借字，汉以后才以从刃从韋之"靭"作为坚韧专字。

有的新附字没有对应的先秦本字或借字，例如"蔵"字：

> 蔵：《左氏传》"以蔵陈事"杜预注云："蔵，敕也。"从艸，未详。丑善切。
>
> 按，杜注本《方言》。《正义》引服、贾注同字。从茂从贝，无义可说，不知何字之讹变。
>
> 知同谨按，钮氏云："《晋语》'厚箴戒图以待之'，韦注：'箴，犹敕也。'是'箴'义与'蔵'同。《方言》：'蔵，敕戒备也。'又'备、该，咸也'。'箴'从咸，或声兼义，更与'蔵'合，又形声亦相类，疑古作'箴'。"今据"箴"与"蔵"义同、形相似；其音则"箴"从咸声，与"蔵"读丑善切，韵部绝不相通，未可定为一字。（221~222 页）

郑珍不知新附字"蔵"为何字之讹变，即没有找到其对应的先秦古字。郑知同驳钮氏"'蔵'字古作'箴'"之言，认为"蔵"、"箴"二字虽义同、形相似，但韵部绝不相通，故不可强定为一字。

有的新附字还反映了当时的生活风貌，例如"瑞"字：

> 瑞：华饰也。从玉，当声。都郎切。
>
> 按，《史记·司马相如传》"华榱璧瑞"，《索隐》引韦昭云："裁玉为璧，以当榱头。"司马彪云："以璧为瓦之当也。"（"瓦当"与《韩子·外储说》"玉卮无当，瓦卮有当"同作"底"解。）知古止作

"當"字。俗因以璧为之,增从玉。他书有"耳瑞"。《释名》云:"穿耳施珠,本出于蛮夷所为,今中国人效之。"又其后义。(212页)

"壁瑞"反映了汉时屋橡上以璧作为瓦当装饰之家居风貌,"耳瑞"反映了汉时人效法外族蛮夷穿耳施珠之妆容风貌。

(二)魏晋字

郑珍认为,凡经典中字不见于《说文》者,多是汉魏以来俗改。从本书的统计也可以看出,除了汉时经学家对先秦经典用字俗改颇多之外,魏晋时期也涌现出了不少俗字被大徐收录新附。以下71个魏晋新附字,有的是郑珍父子明言"至魏晋始"、"制于魏晋间"的,有的是本书根据郑珍父子按语材料推断得出的。现整理列表如下:

表2-5 《说文》新附字中的魏晋字凡七十一文

珋	瓘	璨	芙	蓉	蓁	蔬	犝	唊	些	售	嘲	蹭
蹬	韻	闉	瞼	眨	鴨	簇	箧	槊	櫃	椿	贍	瞳
曨	昶	映	曙	糭	寀	倀	儈	甒	甒	畬	艎	嶙
峋	嶼	嵐	稽	廈	駃	瀟	洺	淼	雯	霵	霭	鮋
聱	揪	摵	攤	抛	挎	琵	琶	瓷	緗	埏	塾	塘
墜	蟪	蚅	蜢	鈿	醒							

以上这些魏晋新附字,有的始见于魏晋碑文,例如"贍"字:

贍:给也。从贝,詹声。时艳切。

按,《荀子》"物不能澹则必争",《汉书》凡贍足字皆作"澹",《淮南子》亦然,汉《张纳碑》"卹澹冻馁"、《耿勋碑》"开仓振澹",知自汉已上例止借"澹"字。至晋《右将军郑烈碑》始见从贝之"贍",殆制于魏晋间。……(290页)

郑珍根据汉代文献、碑文材料，知汉以上只借"澹"字。从贝之"赡"始见于晋《右将军郑烈碑》，故判定"赡"字为魏晋间新制之字。

有的字见于魏晋字书，例如"嶙峋"：

> 嶙：嶙峋，深崖貌。从山，粦声。力珍切。
>
> 峋：嶙峋也。从山，旬声。相伦切。
>
> 按，古作"鳞眴"。《文选·西京赋》"坻崿鳞眴"，李注"鳞眴，无崖也"是也。《汉·扬雄传》作"嶙峋"。《刊误》云："据史馆本改'嶙峋'。"可知旧本不作"嶙峋"。李注《甘泉赋》，引《埤仓》"嶙峋，深无崖之貌"；而注《魏都赋》，则引《埤仓》作"嶙峋，山崖之貌"。盖其义为水边崖岸，高深无涯。言"山崖"，言"无涯"，各举其半耳。（339页）

汉时张衡所作《西京赋》作"鳞眴"，旧本《扬雄传》和《甘泉赋》亦不作"嶙峋"，惟李善引三国魏张揖《埤仓》之文见"嶙峋"二字，故本书判定"嶙峋"为魏晋新附字。

又如"韵"字始见于晋吕静所作《韵集》；"瞳曨"二字见于《文选》注引《埤仓》之言，等等。

有的字见于魏晋人之文学作品，例如"唳"字：

> 唳：鹤鸣也。从口，戾声。郎计切。
>
> 按，鹤鸣曰唳，不见秦汉人书。唯晋八王故事，陆机叹曰"欲闻华亭鹤唳，不可复得"（见《文选·舞鹤赋》注及谢朓《敬上亭诗》注），始见此字；已后词赋家多用之。是汉魏后语。……（226~227页）

"唳"字始见于李善所引西晋诗人陆机之言，故郑珍判断此字为汉魏后语。因不见于秦汉人书，我们将其归为魏晋新附字。

又如"蹭蹬"一词始见于西晋木玄虚之《海赋》；"昶"字见于曹魏嵇

康之《琴赋》和西晋成公绥之《啸赋》；"映"字见于西晋潘岳《射雉赋》等多家魏晋诗赋；"舿舼"二字始见于西晋郭璞之《江赋》，等等。

有的新附字与古字相比，只是形体发生了变化而意义未变，例如"芙蓉"：

> 芙：芙蓉也。从艸，夫声。防无切。
>
> 蓉：芙蓉也。从艸，容声。余封切。
>
> 按，《说文》"蕳"字、"荷"字注止作"夫容"，《汉书》凡"夫容"字皆不从艸。魏晋后俗加。（216页）

"芙蓉"本借字"夫容"，魏晋时添加义类部件"艸"而成专字，而意义不变，均指荷花。

有的新附字与古字相比，形体和意义都发生了变化，例如"璀璨"：

> 璀：璀璨，玉光也。从玉，崔声。七罪切。
>
> 璨：玉光也。从玉，粲声。仓案切。
>
> 按，《说文》有"裞"，训"新衣声"。汉世叠言之字作"萃蔡"（"裞"，《玉篇》音先鹆切。"萃"去声如"碎"，入声如"叔"，与"裞"音同）。《史记·司马相如传》"嗡呷萃蔡"，《集解》引《汉书音义》云"萃蔡，衣声"。《索隐》引郭璞云："萃蔡，犹璀璨是也。"通作"翠粲"，《文选·琴赋》"新衣翠粲"是也。《汉书·班婕妤〈自伤赋〉》"纷綷縩兮纨素声"、《文选·藉田赋》"绡纨綷縩"，则又加作二形。既乃作"璀粲"：《文选·洛神赋》"披罗衣之璀粲"，义似转为衣有光辉（李注云"衣声"）。至孙绰《天台山赋》"琪树璀璨而垂珠"，则俗并加"玉"，以状玉光。《灵光殿赋》"泪皑皑以璀璨"，又以状采色之鲜明矣。（214页）

郑珍认为"璀璨"在《说文》中有对应的本字"裞"，训"新衣声"。汉时叠言作"萃蔡"，通作"翠粲"，又作"綷縩"，仍训"衣声"。至三国魏曹植《洛神赋》作"璀粲"，义转为"衣有光辉"，至《索隐》引西晋郭璞言及东晋孙绰《天台山赋》作"璀璨"，以状"玉光"。字形和意义都发生了变化。

有的魏晋新附字无对应古字，反映的是新生事物，例如"琵琶"：

> 琵：琵琶，乐名。从珡，比声。房脂切。
>
> 琶：琵琶也。从珡，巴声。义当用"枇杷"。蒲巴切。
>
> 按，《初学记》卷十六引《风俗通》曰："琵琶，近世乐家所作，不知谁起。"引傅玄《琵琶赋序》曰："《世本》不载作者。故老云，汉送乌孙公主，念其行道思慕，使知音者于马上作之。"是琵琶出于汉世。其字《风俗通》本作"批把"。徐坚依俗用引《释名》作"枇杷"，云："推手前曰'枇'，引手却曰'杷'，象其鼓时，因以为名。"大徐注本此。《玉篇》引作"琵琶"，亦依俗。然则汉尚无"琵琶"字。且"枇杷"木名，无"推引"义，亦属假借，《说文》："㧓，反手击也。""㧖，㧓击也"鼓琵琶者钩拨似之，当作"㧓㧖"为正；作"批把"近之。亦疑《释名》"枇杷"本是从手字。(411~412 页)

郑珍认为"琵琶"这一乐器出于汉世，但汉无"琵琶"二字。据《说文》推断当作"㧓㧖"为正，以其推引鼓奏之法为名。据《风俗通》、《释名》，汉时亦借作"批把"、"枇杷"。魏晋傅玄《琵琶赋》始作"琵琶"，成为乐器专名。这一过程反映了新生事物名词固定化的过程。

有的魏晋新附字反映了当时的民风民俗，例如"糉"字：

> 糉：芦叶裹米也。从米，㚇声。作弄切。
>
> 按，角黍名糉，依《续齐谐记》所云，乃先时楚人哀屈原之死，至五月五日以竹筒贮米，投水祭之。汉建武间，长沙欧回始以楝叶塞上，缚以彩丝，使不为蛟龙所窃。乃秦汉间楚俗也。至晋，周处作《风土记》，始言俗以菰叶裹黍米，象阴阳相包裹未分散，一名糉，一名角黍(《初学记》、《太平御览》引)。是五日食糉，至魏晋

127

始盛行，本非古有其字。据《周官》"十笪曰稷"注"稷犹束也"，角黍束米为之，原当用"稷"，俗改从米。（303页）

郑珍据《续齐谐记》所云，认为楚人有以竹筒贮米，投水祭屈原之俗。汉时又塞楝叶、缚彩丝，使不为蚊龙窃。至西晋周处《风土记》，始以菰叶裹黍米。魏晋时始盛行"五日食稷"。"稷"字反映了魏晋时开始盛行的五月五日（即今端午节）民间食粽纪念屈原之风俗。

（三）南北朝字

南北朝时期是一个政权大分裂、文化大融合的时期，彼时玄学兴起、佛教盛行、外来文化羼入。有一些大徐新附字即是在这一特殊历史时期产生的，并打上了鲜明的时代烙印。

表2-6　《说文》新附字中的南北朝字凡四十五文

祆	蘸	哦	喫	唤	迢	謎	皴	翎	鶒	腔	胸	胲
罐	矮	㮡	貼	賽	昇	朦	朧	穩	罳	俗	倜	襆
氅	預	彩	鬢	魃	魔	嶺	駿	猘	猠	焕	憪	恰
捻	緋	練	塔	辦	醐							

以上这些新附字中，有的反映了南北朝时期外来宗教的发展兴盛，及外来文化与传统华夏文明的交汇融合，例如"祆"字：

祆：胡神也。从示，天声。火千切。

按，汉以后西人奉耶苏为天主，谓居极顶一重天，为诸天之主宰者。神名始于后代，《北魏书》止作"天"，俗加"示"，别读火千切。据《释名》云："天，豫司兖冀以舌腹言之：天，显也；青徐以舌头言之：天，坦也。""天"训"显"者，正读火千切。

知同谨按，韦述《两京新记》载："右金吾卫西南隅，有胡祆祠。说云西域胡天神，佛经所谓摩醢首罗也。"似其神本称胡天神，

六朝来为之立祠，加以题署，始增示旁作"祆"以神之。（208～209页）

郑珍认为"祆"为西方信奉之天主耶稣之神名，郑知同引《两京新记》之言，认为"祆"为西域胡天神即佛经中所谓摩醯首罗之神名。耶稣为基督教之神，摩醯首罗为佛教之神，不管此字初义为何神之名，它都实实在在地反映了南北朝时期外来宗教的兴盛发展和民间修祠拜神之风。

又如"塔"字：

塔：西域浮屠也。从土，荅声。土盍切。

知同谨按，塔名起自释氏。钮氏云，北魏《史敬君碑》"建七层之宝刹"，"宝刹"即"宝塔"，"刹"当为"刹"之俗字。东魏《天平三年碑》"造须弥塔一堀"，"塔"字见石刻始此。……"塔"字诸字书所无。唯葛洪《字苑》云："塔，佛堂也，音他合反。"……释氏之初本悬其舍利于竿头，厥后亦埋于土，仍于上立竿为表，或以柱代之。久之，变为积累砖石之制，因有层级至高之塔。……齐梁间乃有"塔"字。晋葛洪始收之。……（427～429页）

"塔"字始见东魏《天平三年碑》，郑知同认为"塔"名起自佛教，齐梁间乃有"塔"字。"塔"字的产生反映了南北朝时期佛教的盛行和外来宗教对华夏文化的深刻影响。

又如"魔"字：

魔：鬼也。从鬼，麻声。莫波切。

知同谨按，魔之名起于梵语。《正字通》引《译经论》曰："魔，古从石作'磨'，'礳'省也。梁武帝改从鬼。"据《众经音义》卷廿一云："魔，书无此字，译人意作。"则不始自梁武。钮氏云，后魏定武六年《造石像颂》云"群魔稽首"，时已有"魔"字。北齐天统三年

《造像记颂》云"摩王归轶"，隋仲思那等《造桥碑》云"敬法伏摩"，知"魔"为"摩"俗，若《逸周书》"世俘解魔"字，《容斋续笔》卷十三本引作"磨"。知同谓《周书》文云："武王遂征四方，凡憝国九十有九国，馘魔亿有十万七千七百七十有九，俘人三亿万有二百三十。"其语夸诞，"馘魔"不知何义。原文作"摩"，皆非释氏所言"魔"也。（338 页）

郑知同认为"魔"之名起于梵语，属于外来语。《周书》之"魔"原当作"摩"，非佛教所言之"魔"。"梁武帝改从鬼"之说虽不可信，但"魔"字产生于南北朝时期却是无疑的。后魏定武六年《造石像颂》云"群魔稽首"，已见"魔"字。"魔"字是佛教文化在汉语文字中打下的一个印记。

南北朝时期还产生了诸多俗体俗字，例如"喫"字：

喫：食也。从口，契声。苦击切。

按，《说文》："齧，噬也。"即"喫"本字。从口犹从齿；契声与㓞声一也。唐人诗始见此字，盖六朝已降俗体。或曰《新书·耳痹篇》"越王之穷，至乎吃山草"即"喫"字，非也。"吃"者"齕"之借。《说文》："齕，齧也。"两字叠韵。然《世说·言语篇》云"邓艾口喫"，用为"吃"字，知"喫"亦"吃"之俗。"喫"又作"嚃"，见《玉篇》。（227 页）

郑珍以《说文》"齧"为"喫"之本字，"喫"字始见于南朝刘义庆《世说新语·言语篇》中，为"吃"之俗体。我们认为，南北朝时期由于政权分裂、文化融合，文学逐渐从政治教化中摆脱出来，而偏向个人生活体验和情感的抒发，故南北朝以来出现了很多俗书俗字。"蘸"、"矮"、"醐"等俗字就是在这一历史背景下产生的。

有的南北朝新附字反映了人们衣食住行等方面的生活变化，例如"襖"字：

襖：裘属。从衣，奥声。乌皓切。

按，《旧唐书·舆服志》："襦服，古褒衣也。江南以巾褐裙襦，北朝杂以戎夷之制。至北齐有长帽短靴，合袴襖子。若非元正大会，一切通用。"是"襖子"始自北齐。古无此服。（327页）

郑珍据《旧唐书·舆服志》认为"襖子"始自北齐，古无此服。本为北方少数民族的御寒衣物，在南北朝民族大融合时期逐渐进入大众生活。此字反映了南北朝时期人们衣物服饰的变化。

又如"氅"字，不见汉魏人书，惟见于《世说新语》"鹤氅裘"。估计原为北人服饰，后于南北朝时期传入中原。

有的字反映了南北朝时期道家玄学对文学创作的影响，例如"谜"字：

谜：隐语也。从言迷，迷亦声。莫计切。

按《文心雕龙》云："自魏代已来，颇作俳优，而君子隐化为谜。谜也者，回互其辞，使昏迷也。"是"谜"亦《史记·滑稽传》"隐语"、《汉书·艺文志》"隐书"之例，义当作"迷"。俗作"谜"，亦如《吕览·重言篇》"讔"即"隐"字，俱加言旁。《演繁露》云："古无'谜'字，至《鲍照集》始有《井谜诗》。"是六朝人俗书。（249页）

玄学在南北朝时期成为很多文人的一种生活方式，体现在文学创作上就是刘勰《文心雕龙》所谓的"君子隐化为谜"。郑珍引《文心雕龙》之言和鲍照《井谜诗》证"谜"字为六朝人俗书，同时"谜"字也体现了南北朝时期道家玄学对文人文学创作方式的影响。

（四）唐后字

文字从产生之日起就一直处在不断的孳乳发展变化中，大徐新附字中有少量字是在唐代及以后才出现的，现整理列表如下：

表 2-7 《说文》新附字中的唐后字凡十四文

近	邐	鞘	鷉	鴰	刹	盇	魇	燦	滁	瀾	攙	酩
酊												

以上这些字中，有的字是在唐代产生的，例如"滁"字：

> 滁：水名。从水，除声。直鱼切。

> 按，顾氏炎武《金石文字记》云，《三国志·吴主传》"作棠邑涂塘以淹北道"，《晋书·宣帝纪》"王凌诈言吴人塞涂水"，《武帝纪》"琅邪王伷出涂中"，《海西公纪》"桓温自山阳及会稽王昱会于涂中"，《孝武纪》"遣征虏将军谢石帅舟师屯涂中"，《安帝纪》"谯王尚之众溃逃于涂中"，字并作"涂"。唐人加"阝"为"滁"，即今之滁州。珍谓《晋·宣纪》"涂水"即"滁水"。《唐六典》引《三国志》云："今滁州古曰涂中，涂中盖因涂水得名。"（379～380 页）

郑珍引顾炎武《金石文字记》之言，以多本古籍为证，认为"滁"古作"涂"，唐人加"阝"为"滁"，即今之滁州。郑珍又以《唐六典》引《三国志》之言"今滁州古曰涂中"作为补充证明。

有的字为唐后所增，例如"魇"字：

> 魇：梦惊也。从鬼，厌声。於琰切。

> 按，《说文》"寐"训"寐而厌也"（小徐本），是古止作"厌"。《众经音义》凡四引《仓颉篇》"伏合人心曰厌"，又引《字苑》："厌，眠内不祥也。"《广雅》："㩱，颠厌也。"《淮南·精神训》："楚人谓厌为眯。"《庄子·天运篇》"彼不得梦，必且数眯焉"，《释文》引司马云："眯，厌也。"《西山经》"翼望之山，鸟名鵸鵌，服之使人不眯"，郭注："不厌梦也。"六朝已前无不作"厌"者。《广韵》廿九叶"厌"注："一曰恶梦。"此孙恤原文也。下出"魇"，

训"恶梦"，此宋人所增。盖此字最晚出。许君"厌"训"一曰合也"，梦魇乃"合"义之一端。故《仓颉注》以"伏合人心"解之。（338~339 页）

郑珍引小徐本《说文》认为"魇"古止作"厌"，又以多种古籍文献证明六朝已前无不作"厌"者。《广韵》"厌"注"一曰恶梦"为承袭孙愐《唐韵》之文，而下出"魇"，训"恶梦"则为宋人所增。

有的字郑珍父子未作年代断定，本书根据郑珍注文推断为唐后所出，例如"鹧鸪"：

鹧：鹧鸪，鸟名。从鸟，庶声。之夜切。
鸪：鹧鸪也。从鸟，古声。古乎切。
按，《北户录》引郭义恭《广志》作"遮姑"，又引《古今注》云"其名自呼"。六朝人尚止用"遮姑"字，改从鸟晚出。（260 页）

郑珍认为六朝人尚止用"遮姑"字，改从鸟晚出。本书据此推知"鹧鸪"当为唐代或唐代以后所出，故归为唐后新附字。

在本书之前，山东师范大学盖金香学对说文新附字作了简要的今考（第三章），按照殷商（一期）、西周（二期）、春秋战国（三期）、秦（四期）、西汉（五期）、东汉魏晋（六期）六个历史时期，对其中少量字作了一个大致的年代断定，但是大多数字未作断定。首都师范大学杨瑞芳根据郑珍父子《说文新附考》中的按语给新附字作了一个初步的断代，但对于郑珍父子未明确指出年代之字未作归类，且未结合其中个字作进一步的深入分析。

上文在郑珍《说文新附考》的基础上，以郑珍、郑知同父子的按语为主要依据，结合按语中提及的相关字书和文献典籍，对《说文》中的大徐新附字重新作了一个细致的整理和归类，并从个字出发，探求郑珍《说文新附考》的内容特点、断代依据和时代意义。

第二节　《说文新附考》与钮树玉《说文新附考》

郑珍撰《说文新附考》之前，已有学者对"说文新附字"进行过专门的研究，如钱大昭的《徐氏说文新补新附考证》、毛际盛的《说文新附通谊》、钮树玉的《说文新附考》等。其中以钮树玉的成就最高、影响最大，钱大昕和严可均等都对钮书给予了很高的评价。然而也有学者指出，钮书中牵强谬误之处诸多。如王筠特作《说文新附考校正》纠钮氏书中不当之处。郑珍生前未曾得见钮书，其子郑知同后得见钮书，认为"钮氏于小学原未深造，不守偏旁声读以谈古今字，任意掎撦影射"，遂补充父说驳斥钮之谬误。本书选择钮树玉之《说文新附考》与郑珍之《说文新附考》进行比较研究，对比二书对402① 个大徐新附字的《说文》本字的探求和不同分析，以对此二书的学术水平作出一个科学、客观、全面的评价。

郑、钮二书的说解术语虽有差异，但其主旨却同为探求许书原貌，以免误字、伪字、俗字、新字混乱许学。故二者都努力断定每个大徐新附字的年代，辨别每个新附字的不同性质。新附字中有的为《说文》原有而逸脱之字，有的为许慎失收、不录之字，有的为伪误字、俗体字或后世字。对于有对应本字或借字的新附字，二者都尽力探寻其在许慎《说文》中所对应的古字。故笔者撇开二书说解术语上的差异，以二书对说文新附字的年代断定和古字探求为主要对象，结合字义、论据作一个比较研究。

一、郑钮观点基本一致之字

郑珍、郑知同父子合著之《说文新附考》与钮树玉《说文新附考》中有很多观点基本一致之字。主要体现在，郑钮二书对很多新附字的考证论据是大致相同的，很多新附字所对应的古字、本字是相同的，对很多

---

① 　钮树玉《说文新附考》收字401 字，遗日部"暦"字。

新附字的年代断定也是相同的。本书将二书观点基本一致之字整理列表如下：

表 2-8 郑氏钮氏《说文新附考》观点一致之字凡二百四十文

桃	袄	祚	璙	瑁	琲	珝	璀	璨	琡	瑄	珙	芺
蓉	薳	莋	芊	薇	藏	幢	哦	售	唤	嘲	呀	些
邂	逅	逞	逼	邋	迄	进	邅	迍	逍	遥	蹉	跎
蹩	蹻	詎	諓	谜	诀	鞘	韃	靮	鞁	暎	眸	翻
翎	鷗	鸹	脀	腔	胸	胭	剐	刹	篍	筊	笏	蔬
麂	盒	餕	餲	罐	矮	襄	韧	栀	榭	槊	榹	櫩
櫂	榉	椿	樱	梵	觍	媚	赛	赠	瞳	曨	昉	晙
晟	昶	量	昳	曇	昂	朦	胧	穄	粮	粕	糭	糖
寰	寀	畷	罳	罹	幢	帜	帼	懆	俗	把	樸	侣
伥	倅	倜	儻	俏	倒	僧	低	债	停	價	傲	伺
伫	袨	衫	氅	艇	艅	艎	觐	彩	魑	魔	魘	嶙
岣	嶠	嵼	嶺	嵐	嵩	崑	崟	稌	廈	廊	庼	庱
庼	廖	礦	磋	碌	碩	礎	砸	貓	駛	駄	駄	猡
猖	猕	爐	煽	烙	燦	艳	椴	慵	懇	忖	忉	慟
悌	懌	瀼	溥	瀂	潇	滁	泞	潴	灡	潔	浹	溢
滇	涯	霞	霸	鲽	鮴	閥	謷	摺	捻	搣	搞	打
姐	嫠	姤	瓷	瓶	綷	缱	绻	蟆	蟻	蟋	螳	場
境	塘	坳	壋	墜	坊	勢	辦	钁	鎖	釵	輆	鱗
轍	阡	醋	酪	酊	醒							

这些字中，有的字二书论证内容基本上一模一样，如"琡"字：

　　琡：玉也。从玉，叔声。昌六切。

　　按，《说文》"璹，玉器也。读若淑"。徐锴注云："《尔雅》'璋大八寸谓之琡'。"《说文》有"璹"无"琡"，宜同小徐认"璹"谓古"琡"字是也。钱氏大昕说亦然。（214~215 页）

琡：通作"璹"。《玉篇》"琡，齿育切"。引《尔雅》云："璋大八寸谓之琡也。"

按，《系传》"璹"下有"臣锴按，《尔雅》'璋大八寸谓之琡'。《说文》有'璹'无'琡'，宜同也"云云，盖以"璹"训玉器而读若"淑"，则音义并同耳。《韵会》"璹"或作"琡"，即本此。（卷第一·五上）

郑、钮二书皆引《尔雅》之言，认为"琡"之本义为"璋大八寸谓之琡"。《说文》有"璹"无"琡"，"璹"训玉器而读若"淑"，郑珍认为"璹"谓古"琡"字，钮树玉认为"璹"、"琡"音义并同，"琡"通作"璹"。可见二者都将"璹"字视为"琡"之本字。二书都未明言判定"琡"之年代，但《尔雅》有之，则当是汉初即有之字。

有的字郑书作了年代断定而钮书未明言论断，例如"芙蓉"：

芙：芙蓉也。从艸，夫声。防无切。

蓉：芙蓉也。从艸，容声。余封切。

按，《说文》"蕳"字、"荷"字注止作"夫容"，《汉书》凡"夫容"字皆不从艸。魏晋后俗加。（216页）

芙蓉：通作"夫容"。

按，《汉书》"司马相如"及"扬雄"传中，"夫容"并不加"艸"，《博雅》、《玉篇》已作"芙蓉"。（卷第一·六上）

二书均以"夫容"为"芙蓉"本字，并以《汉书》为证。郑书明言从艸为魏晋后俗加，钮书只言《博雅》、《玉篇》已作"芙蓉"。而《博雅》即《广雅》，为三国时魏张揖所撰，故钮书虽未明言进行年代断定，但也可据此推知魏晋时已作"芙蓉"。笔者认为二书的观点仍然是高度一致的。

有的字郑书作了性质论断而钮氏未对新附字的性质作出论断，例如

"餕"字：

> 餕：食之馀也。从食，夋声。子峻切。
>
> 知同谨按，……知"餕"与古"籑"、"馔"通。然《仪礼》古文已有"餕"字，则非汉儒所增。许君于《仪礼》有录古文而遗今文者，有录今文而遗古文者。其所遗之古文，虽不见《说文》，要是先秦所有古字，与诸经中汉儒增变之体当分别观之。(271~272 页)

> 餕：通作"籑"、"馔"。《玉篇》："餕，子殉切，熟食也。"
>
> 按，郑注"特牲馈食"，《礼》云："古文饎(即籑)皆作餕。"《论语·为政篇》"有酒食先生馔(即籑重文)"，《释文》"馔"引马云："饮食也。郑作'餕'，音俊。食馀曰餕。"盖陆氏不辨"馔"、"餕"实一字，故别作音义。《说文》"籑"训"具食"，与"熟食"、"饮食"、"食馀"义并通。(卷第二·十一上)

郑、钮二书皆认同"餕"与"籑"、"馔"通。但郑知同认为"餕"为许慎所遗录之先秦古字，而钮书未对"餕"字的性质作出明确论断。

有的字郑说较钮说更详尽，例如"筠"字：

> 筠：竹皮也。从竹，均声。王春切。
>
> 按，"筠"系汉时"筍"之别体。"筍"从旬声，"旬"、"均"古字通。……可见"筠"从均即是"筍"字。《书·顾命》"敷重筍席"，郑君注云："筍，析竹青皮也。《礼记》曰'如竹箭之有筠'(《礼记》正义引)《聘义》'孚尹旁达'注云'孚，读为浮；尹，读为竹箭之筍(今作"筠"，《释文》云："尹，依注音'筍'又作'筠'，于贫反。"知原是"筍")'。"康成谓"筠"即"筍"字。"筍"为竹胎，又为竹皮，原有两义。伪孔传"筍"训"箬竹"，"箬"即初生竹萌，安可为席？不可通。郑君知"筍"是"筠"，故训竹青皮，而引《礼记》之"筠"证之。《玉篇》云："琈，琈筍也，玉采色。"义本《礼》注，所见本亦

137

作"筼"。"珒"者，"浮"之俗字，竹青皮滑泽有光，谓之"浮筼"。《聘义》取以喻玉之采色，借作"孚尹"。俗因之改"浮"从玉作"珒"，"筍"亦别从均作"筼"，以别于竹胎之"筍"，而"筼"字较早。（267~268 页）

筼：通作"筍"。《玉篇》"筼，有旻切。如竹箭之有筼"。

按，《礼记·聘义》"孚尹旁达"，郑注"孚，读为浮；尹，读为竹箭之筼。浮筼为玉采色也"。《释文》"尹，依注音'筍'又作'筼'，于贫反"。据此，则郑注本是"筍"，别本或作"筼"也。《玉篇》"珒"注云"珒筍，玉采色"。亦作"筍"之证。盖"均"、"旬"音同，故得通。《礼器》"如竹箭之有筼"，《释文》引郑注云"竹之青皮也"，今郑注无，盖误引。（卷第二·八下）

二书均认为"旬"、"均"古字通，"筼"为"筍"之别体，并引《礼记》郑注和《释文》、《玉篇》之言为证。但郑书论证内容更为丰富，分析过程更为细致严谨。

也有的字，钮书比郑书更为详尽，例如"賵"字：

賵：赠死者。从贝从冒。冒者衣衾覆冒之意。抚凤切。

按，《公羊隐元年传》"车马曰賵"，何休注："賵，狄覆也。"《左传正义》引服虔注同。《御览》引《春秋说题辞》曰："賵之为言覆也。"皆就覆冒为说。疑古止作"冒"。读抚凤切者，汉已后别字别音尔。钱氏大昕说目部"瞀"即古"賵"字，形义皆非。（286 页）

賵：疑古作"冒"。《博雅》"賵"训"覆"，《玉篇》"賵"，孚凤切，赠死也。重文作"賵"。

按，《春秋·隐元年》"秋七月，天王使宰咺来归惠公、仲子之賵"。《左传》云"豫凶事，非礼也"。《公羊》云"賵者，盖以马以乘马束帛"。《穀梁》云"乘马曰賵"。《左传正义》引服虔云"賵，覆被也"。据此，疑古只作"冒"。《礼记·杂记》云："冒者，何也？所以揜形也。"与"覆被"义合，《礼记·少仪》"賵马入庙门"，郑注"以其主于死者"。然则所云车马者，恐是塗车刍灵。《檀弓》云："塗车刍灵，自古有之。"《周礼·校人》"大丧，饰遣车之马，及葬，埋之"。郑注："埋之，则是马、塗车之刍灵。"（卷第二·十八上）

郑、钮二书皆以"冒"为"賵"之古字，但郑书只言"覆冒"，读来有些不明所以。钮树玉则结合古代丧葬习俗和相关文献，对"冒"、"賵"之义作了详尽的解释，读来更加清晰明了。

有的字郑知同在考证过程中吸收了钮说，例如"翎"字：

翎：羽也。从羽，令声。郎丁切。

知同谨按，……今审钮说可信。盖"泠"本为兽毛结。汉已后作"毻"，亦通为鸟羽之称。"翎"尤晚出。佛书作"零"，假借字耳。然古本无兽毛结专字，《内则》"泠毛"亦借用，则作"泠"作"零"皆可。若《文选·舞鹤赋》注引《相鹤经》云："四翎亚膺则体轻。"《相鹤经》出秦汉间，本文盖不作"翎"，后人追改耳。（259 页）

翎：即"泠"之俗体，或作"零"。《玉篇》"翎，鲁丁切。箭羽也"。《广韵·下平十五青》"翎，郎丁切。鸟羽"。

按，《礼记·内则》"羊泠毛而毳，羶"。郑注："泠毛毳，毛别聚于不解者也。"《释文》"泠音零，结毛如毻也"。据《广韵》"毻"训"毛结不理"，又引《玉篇》云："长毛也"，则"毻"、"翎"并当是"泠"之俗体。《一切经音义·卷十九》"毻羽"注云："谓鸟羽也，经文作'零'，又作'翎'、'翎'二形，近字也。"（卷第二·三上）

郑知同在对新附字"翎"的考证中，认为钮说可信，引用钮说，以"泠"为"翎"之古字，佛书假借作"零"。郑知同的论证过程基本围绕钮说展开，故郑、钮二书观点基本一致。

有的字郑知同补葺父说之言与钮说相合，例如"暈"字：

> 暈：日月气也。从日，軍声。王问切。
>
> 按，《说文》："暉，光也。"即古"暈"字。段氏谓篆原当日在上；注原作"日光气也"，与大郑《周礼·眂祲》注同，后改作"暉"，训"光"，与火部"光辉"字不别。此说是也。然古日在上在旁亦无大别。
>
> 知同谨按，古亦作"煇"、作"運"。《眂祲》"掌十煇之法"、《淮南·览冥训》"画随灰而月運阙"，皆通用字。今"暈"读王问切，与"暉"许归切并异古音。……汉时有此两音。其名出于军，故字从军，形声兼会意。（294页）

> 暈：即"暉"之异体，亦作"煇"、"運"。《玉篇》"暈，有愠切。日月旁气也"。
>
> 按，"暈"即"暉"之异体。据《东魏高澄墓志铭》"日月在朗，六合更暈"。与"飞"、"归"为韵。钱先生云："《淮南·览冥训》'画随灰而月運阙'，高注'運者，军也。将有军事相围守，则月運出也'。'運'读连围之围也。"树玉谓《周礼·大卜》"掌三梦之法，其经運十"，郑注云："'運'当为'煇'，是视祲所掌十煇也。"据此则"煇"、"運"并通。（卷第三·二下）

郑珍按语只言"暈"即"暉"字，其子郑知同补充按语说"暈"古亦作"煇"、"運"，郑知同补充父说之内容与钮说类似，而未言此说源于钮氏，我们且将其视为郑知同自考的结果。将郑珍、郑知同父子二人之说结合起来即与钮说相合，故我们认为郑、钮二书对"暈"字的观点基本一致。

二、郑钮观点有同有异之字

除去上文约半数观点相同之字，郑、钮二书对约五分之一的新附字的观点是有同有异的，主要表现在对本字、借字的探寻，字义变化的分析，或年代的判定上。现将二书观点有同有异之字整理列表如下：

表 2-9　郑氏钮氏《说文新附考》观点有同有异之字凡八十一文

珈	瑑	玘	荀	蔬	茗	犍	嗃	喫	遐	齡	蹭	蹬
譧	譜	睅	鵠	麼	旒	篙	榻	賭	貼	貽	旷	晬
曙	昇	穩	馥	帗	偵	襖	耴	甒	餤	餲	甄	毬
屨	歆	髻	饕	炭	嵌	砧	砌	燊	爍	煥	汝	泯
瀘	瀛	淑	霂	靁	鰌	搣	攬	掠	抛	嫦	嬌	嬋
娟	琶	芭	緗	緋	練	蚔	蜢	塗	墾	塔	劬	鈿
釧	鈒	醒										

有的字二书论证内容基本相同而年代断定不同，例如"昇"字：

　　昇：日上也。从日，升声。古止用"升"。识蒸切。

　　按，《诗》"如日之升"止作"升"，后加"日"为专字，从不见经典。《易·释文》云"升，郑本作'昇'"。恐不唯非费氏古文，亦且非康成原本，六朝已来所改。（298 页）

　　昇：通作"升"。《玉篇》"昇，式陵切。或'升'字"。《广韵·下平十六蒸》"昇"注云："日上。本亦作'升'。《诗》曰'如日之升'，升，出也。俗加日。"徐氏曰："古只用'升'。"

　　按，《易》"升"卦，《释文》云："郑本作'昇'。"马云："高也。"则汉时已有此字。（卷第三·五上）

郑、钮二书均认同"升"为"昇"之本字，并同引《诗》、《易》为证。但郑珍认为"昇"字为六朝以来所改，而钮氏认为汉时已有此字。二者对新附字"昇"的年代断定不同。

饶宗颐认为甲骨卜辞"辛酉卜贞：衣，豕亡。壬戌卜，狄王父甲，昏其豐∅。(屯甲三九一八，侯家莊六)"中，"昏"字即今"昇"字，古与"升"同用。《仪礼·士冠礼》"若杀，则特豚载合升"，郑注"在鼎曰升，在俎曰载"。《觐礼》"祭山丘陵，升"是"昏"为"进品物之祭"。"昏"、"昇"二字均从日从升，只是部件位置不同而已。古文字中部件位置并不固定，如上文"暈"、"暉"二字。据此，则"昇"字古已有之，汉时当已有此字，而非六朝以来所改。钮说是。

有的字二书论证内容基本相同而性质判定不同，例如"祣"字：

> 祣：黑色也。从玄，旅省声。
>
> 此字大徐新附，云"义当用黸"。按，《左氏僖二十八年传》"彤弓"、"祣弓"注："彤，赤。""祣，黑。"正义云："《说文》'彤'从丹，'祣'从玄，是赤黑之别也。"知《说文》本有"祣"字。孔氏《古文尚书·文侯之命》本作"祣弓"、"祣矢"。正义云："'彤'字从丹，'祣'字从玄。"可见今作"盧"系卫包所改。《诗》"彤弓"注及《左传》"祣弓"，"祣"字本或作"旅"，盖假借。《三体石经·尚书》"祣"正作"旅"，《释文》以为讹，非。(49~50页)

> 祣：通作"旅"，亦作"盧"、"黸"。《玉篇》"祣，来乎切。黑也。或作'黸'"。徐氏曰："义当用'黸'。"
>
> 按，《尚书·文侯之命》及《晋语》并作"盧"，郑笺《诗》"彤弓"、"祣弓"，《释文》云："'祣'本或作'旅'字，讹。"《左僖二十八年传》"祣弓"，《释文》云："'祣'本或作'旅'，非也。"陆氏不明"祣"为"旅"之近字，反以为非，谬矣。(卷第二·五上)

郑、钮二书均以郑笺《诗》及《左传》为据，认为"祣"、"旅"为同一字，意为黑色，驳陆德明《释文》"以'祣'本或作'旅'为非"之误。但郑珍认为"祣"为《说文》原有而流传本逸脱之字，而钮树玉则认为"祣"为"旅"之近字。二书对新附字"祣"的性质判定不同。

有的字郑书求得《说文》本字而钮书未求得本字，例如"穩"字：

穩：蹂谷聚也；一曰安也。从禾，隱省声。古通用安隱。乌本切。

按，《说文》："晢，所依据也。从芨工，读与隱同。"《众经音义》卷九引作"有据也"，即安穩古字。大徐谓"古用安隱"，殆不识许书自有本字。《檀弓》"其高可隱也"，《孟子》"隱几而卧"等文，是徐所指，特假借耳。"蹂谷聚"之义见《玉篇》。《广韵》训"持谷聚"，未详所出。（299 页）

穩：通作隱。《玉篇》"穩，於本切。蹂谷聚"。《广韵·上声二十一混》"穩，持谷聚，亦安穩"。徐氏曰："古通用安隱。"

按，《晋书音义·卷十六窃》"隱"注云："於靳反，付也。本或作'穩'。"与徐说合，但"蹂谷聚"未详所出。（卷第三·五下）

新附字"穩"有二义，郑、钮二书均未详述"蹂谷聚"之义所出何处。郑珍认为《说文》中"晢"字为"安穩"义之本字，作"隱"乃假借。钮树玉只言"穩"通作"隱"，未求得其本字。

有的字本有二义，郑书分别讨论而钮书却混而不分，例如"偵"字：

偵：问也。从人，贞声。丑郑切。

按，"偵"有偵伺、偵问两义。偵伺字古作"覸"。《说文》"覸，私出头视也，读若郴"是也。别作"僄"。《鹖冠子·王铁篇》"僄谍足以相止"，陆佃注"僄，探遺也"是也。"僄"系周末时异文，许君不录。"遺"亦"偵"之俗。偵问字古止作"贞"。《说文》："贞，卜问也。"《周礼·天府》"贞来岁之媺恶"，注云："问事之正曰贞。郑司农云：贞，问也。《易·师》'贞，丈人吉，问于丈人'。《国语》曰'贞于阳卜'。"是也。据《礼·坊记》引《易》曰"恒其德偵"，注："偵，问也，问正为偵。"《易》本作"贞"，知汉世加人。"覸"、

"梛"、"僵"、"偵"四体，偏旁韵部并各异；而为一字者，古音读有正有变，有随方音造字之不同。（321~322 页）

偵：通作"贞"。

《博雅》"偵，问也"。《玉篇》"偵，耻庆切。《东观》'使先登偵之'"。按，《周礼·天府》"季冬，陈玉以贞来岁之媺恶"。郑注："问事之正曰贞。"郑司农云："贞，问也。"引《易》曰："师贞，丈人吉，问于丈人。"《国语》曰："贞于阳卜。"据此知古通作"贞"。《礼记·緇衣》引《易》"恒其德偵"，郑注："偵，问也，问正为偵。"（《释文》"偵"音"贞"，《周易》作"贞"。）据《周礼》注，则《礼记》亦当是"贞"。（卷第三·十八上）

郑珍认为"偵"有"偵伺"、"偵问"两义。偵伺字古作"舰"，别作"僵"。偵问字古止作"贞"。钮树玉只就偵问义而言之，认为"偵"古通作"贞"。但是钮氏论述中所引《东观》"使先登偵之"之"偵"似是偵伺义，钮氏不辨，混而言之，故与郑说有同有异。

有的字郑珍与钮树玉之说有异，而郑知同认为钮说亦可，以钮说补葺父说，例如"曙"字：

曙：晓也。从日，署声。常恕切。

按，《说文》："睹，旦明也。"《文选》、《魏都赋》、《七发》、谢灵运《越岭溪行诗》注并引作"曙"，则"睹"即古"曙"字。《夏小正》"二月陨麋角"，传云："盖阳气且睹也。谓阳气将发舒，如日之将晓。"此古字之仅见经典者。

知同谨按，瞿氏镜涛据《选》注所引，谓《说文》本作"曙"。钮氏证以《广雅》有"曙"无"睹"，《玉篇》"曙"适当《说文》"睹"字之次，其训"旦明"之"睹"别在后俗字中，以瞿说为是。此甚有理，但字从者声、署声亦无大别。唯徐氏不知"睹"即"曙"，音当古切，非也。《玉篇》"睹"作"曙"，此顾希冯原本。别有"旦明"之"睹"，

音丁古切，又陈彭年等依《说文》赘增也。（295~296页）

曙：疑"晇"之正文。

瞿镜涛云："李善《文选》注引《说文》'曙，旦明也'，凡屡见（《魏都赋》及谢灵运诗注引）。疑古本《说文》本是'曙'字，后烂脱作'晇'。"树玉按，《博雅》有"曙"无"晇"，《玉篇》"曙"适当《说文》"晇"字之次，其训"旦明"之"晇"，则在俗字中。瞿说当是。（卷第三·三下）

郑珍认为"晇"即古"曙"字，钮树玉认为古本《说文》本是"曙"字，后讹脱作"晇"，两人观点相左。而郑知同认为钮说"甚有理"，引钮树玉之言补葺父说，力驳大徐之误。郑知同未明驳其父之说，而是保留父说，婉言"从者声、署声亦无大别"。故本书将"曙"字归为二书观点有同有异之列。

有的字郑知同对钮说有取有舍，例如"襖"字：

襖：裘属。从衣，奥声。乌皓切。

按，《旧唐书·舆服志》："襕服，古裘衣也。江南以巾褐裙襦，北朝杂以戎夷之制。至北齐有长帽短靴，合袴襖子。若非元正大会，一切通用。"是"襖子"始自北齐。古无此服。

知同谨按，钮氏云，《说文》"燠"训"热在中"。《诗·唐风·无衣》"安且燠"，《传》云："燠，煖也。"疑"襖"义本此。是也。又疑衣部"襦"训"短衣，一曰襺衣"，音义相近，则无理。（327页）

襖：疑"燠"、"襦"之俗字。

《玉篇》"襖，乌老切。袍襖也"。《广韵》训同。按，高氏《事物纪元》"襖子"引《旧唐书·舆服志》曰："襕服，古裘服也。亦谓之'常服'。江南以巾褐裙襦，北朝杂以戎夷之制。至北齐有长帽短靴，合袴襖子。朱紫元黄，各任所好。若非元正大会，一切通用。盖取于便事。"则今代襦子之始自北齐起也。树玉据《说文》"燠"训"热在中"，《诗·唐风·无衣》"不如子之衣，安且燠兮"，《传》云："燠，煖也。"疑"襦"义本此。故新附训"襦"为"裘属"。又疑"襦"者，衣部"襦"训"短衣，一曰䙝衣"。肉部"臑"读若"襦"，是音义并近"襦"。（卷第三·十九上）

郑珍认为"襦子"始自北齐，古无此服。钮树玉认为《说文》"燠"为"襦"之本字，又疑"襦"为"襦"之俗字。郑知同取钮氏前一说，而驳后一说无理。

有的字郑知同自有一说，认为钮说或亦可，亦录钮说，例如"瀛"字：

> 瀛：水名。从水，嬴声。以成切。
>
> 知同谨按，钮氏云，"《史记·孟荀列传》邹衍云：'中国曰赤县神州，中国外如赤县神州者九，乃有大瀛海环其外，天地之际也。'"可知"瀛"者取环绕之义。据《淮南·要略训》云"俶真者，穷逐终始之化，嬴垺有无之间"，高注："嬴，绕币也。"是与"瀛"义合。古宜作"嬴"。此说得之。若《楚辞·招魂》"倚沼畦瀛兮，遥望博"，王注："瀛，池中也。楚人名泽中曰瀛。"此别一义。或战国时楚方言已制"瀛"字，而许君不录。（379 页）

> 瀛：疑古作"嬴"。
>
> 《玉篇》："瀛，与成切，瀛海也。"按，《史记·孟荀列传》："邹衍云：'中国曰赤县神州，中国外如赤县神州者九，乃有大瀛海环其外，天地之际也。'"然则"瀛"者盖取环绕之义。据《淮南·要略训》云"俶真者，穷逐终始之化，嬴垺有无之间"，高注："嬴，绕币也。"是与"瀛"义有合。故疑古作"嬴"。（卷第五·六下）

钮树玉认为"瀛"古作"嬴"，郑知同认可钮氏此说，故列入己文。

同时，郑知同另有一说，认为战国时楚方言已制"瀛"字，而许慎不录。

三、郑钮观点完全不同之字

经过比较郑珍、钮树玉之《说文新附考》，笔者发现有些字二书观点完全不同，对于此类字，本书将结合目前学界已取得的文字学成果，对二书的观点进行对比评判。现将这些观点几乎完全不同之字列表如下：

表 2-10　郑氏钮氏《说文新附考》观点完全不同之字凡八十文

襧	琛	珂	蔽	蘸	噞	喋	咍	透	躤	詢	誌	韻
韡	闒	敊	瞰	眨	眭	翁	鴨	胺	剓	劇	筐	叵
楝	賺	賵	映	曆	粗	粆	寔	幰	倷	僧	舸	預
臚	鬐	鬘	磯	駿	駬	狨	徘	怩	澯	瀅	惹	恰
潺	湲	濤	港	淼	霋	闤	闠	閲	閼	掐	拗	捌
攤	緻	繳	蟁	颸	颺	颮	鼀	塤	埏	塾	勘	銘
阺	酩											

在以上这些字中，有两个字是只有一书有涉及，另一书未作讨论，故无法进行比较。一为"曆"字，此字钮书遗录，郑书论证如下：

曆：曆象也。从日，麻声。《史记》通用"歷"。郎击切。
按，"歷"乃曆象本字，非通用也。《史记》而外，如《楚辞》"歷吉日乎吾将行"，尚见古字。歷，《说文》训"过"。古之造歷者据当时实测，歷推而上之，得起算之元。乃顺数凡歷几何岁月，得积年，因定岁实；而此一岁之中，算日月凡歷几何躔次，得一年；凡历几何交转，得一月；凡歷几何度分，得一节候。节候既定，乃授民时。故授时，《书》即谓之"歷其数"，谓之"歷数"，其法谓之"歷法"也。太史公云"考定星歷"，盖日月之所歷，舍星无由推步

也。（297 页）

郑珍认为"歷"乃曆象本字，这是符合历史文献实际的。先秦经典中有"歷"无"曆"，"歷"既表示经过、经历，也表示历法、日历。"曆"为后起区别字，专门承担"历法、日历"义。"曆"字最早见于东汉末年光和斛铭文，当为汉世字。郑说是。

另有"銘"字，郑书只言"说详《逸字》"，然《说文逸字》中查无此字，故无法作出比较。钮书考证如下：

> 銘：通作"名"。《玉篇》"銘，莫经切"。引《周礼》曰："凡有功者，銘于太常。"
>
> 按，《周礼·小祝》"设熬置銘"，郑注："今书或作'名'。"郑司农云："銘死者名于旌，今谓之柩，引《士丧礼》为'銘'（《释文》作'名'音'銘'）。各以其物。"又郑康成注《仪礼·既夕》云："今文'銘'皆作'名'。"据此，则"銘"通作"名"。其加金旁者，盖涉题勒钟鼎也（李注《文选·东京赋》引《字林》曰："銘，题勒也。"）汉碑有銘。（卷第六·十六上）

钮树玉认为"銘"通作"名"，因涉题勒钟鼎而加金旁。今考出土的战国铜器"鳳羌钟"和"中山王礜鼎"上均有此字，可见，"銘"字实属先秦古字，当属于《说文》逸字。

有的字郑书归入《说文》逸字，而钮氏却在《说文》中寻通作之本字。例如"詢"字：

> 詢：谋也。从言，旬声。
>
> 此字大徐新附。按经典用"询谋"者绝无他字可代，且是汉宣帝名，许君必无遗漏之理，知是写脱。
>
> 知同谨按，部中有"訇"，从言，匀省声。古文"訇"，不省。近钱氏坫谓即"詢"字，"旬"乃"匀"之变体。考"旬"、"匀"两旁固

多相通，但"訇"训"駭言"，声义俱别，不可强合之。（39页）

询：通作"恂"，或作"洵"。

《玉篇》："询，息遵切。咨也。"臧在东（镛堂）云："心部'恂，信心也'是本字，作'洵'是通借。"……树玉按，汉宣帝讳"询"之字曰"谋"，则许君不应遗"询"字。盖"言"、"心"二部古多通，如"誖"或作"悖"、"謏"或作"愬"、"訧"与"忧"、"諴"与"惑"、"譣"与"憸"义并同，因此推之，则"恂"即"询"矣。汉碑有"询"。（卷第一·十八下）

郑珍认为经典用"询谋"者绝无他字可代，且"询"为汉宣帝名，许慎必无遗漏之理，视"询"为《说文》逸字。而钮树玉认为"言"、"心"二部古多通，故"恂"即"询"。本书认为，即使"恂"、"询"二字相通，许慎亦不应取"恂"而遗宣帝名"询"，故视"询"为逸字更为妥当。

有的字，郑珍、钮树玉作了完全不同的考证。例如"港"字：

港：水派也。从水，巷声。古项切。

按，《说文》："汓，沟水行也。从水从行。"即"沟港"本字。"行"读户刚切。行者，道也，沟水所流之道也。小徐本"汓"训"沟行水也"，以沟行水，义亦通。"汓"本读户刚切，去声则胡绛切，故俗改从巷声。大徐"汓"依《唐韵》户庚切，今音也。或据《水经》"谷水"注引晋惠帝《造石梁文》所称"石巷"、"左右巷"，谓即古"港"字，殆非。"石巷"乃梁之水门，两旁石岸如村巷然，故上可以刻文，纪列造梁事，并不指水。"汓"自是沟溪水道，后人不识，别作"港"。非增"巷"从水也。（383~384页）

港：通作"巷"。

《玉篇》："港，古项切。水派也。"《广韵·上声三讲》"港"音义同去声一送"港"，训"港洞开通，胡贡切"。按，《水经注》"谷水"下引晋惠帝《造石梁文》云："晋元康二年十一月二十日，改治石巷水门。"据此知古通作"巷"。《文选·长笛赋》"港洞坑谷"，李注"港洞，相通也"。据注亦当是"巷"，盖后人涉洞并加水旁。（卷第五·九上）

郑珍认为"洚"为"港"之本字，音义俱通。钮树玉认为古通作"巷"，后人加水成"港"。郑珍认为"石巷"乃梁之水门，并不指水，故"'港'古作'巷'"之说不通。本书认为，"石巷"水门打开通水即成有水之"港"，郑驳理据不够。郑、钮二说俱可通。

大多数观点不同之字，郑氏父子在书中都进行了反驳。有的字郑氏认为钮氏求古字有误，例如"髫"字：

髫：小儿垂结也。从髟，召声。徒聊切。

按，字本作"龆"，为小儿毁齿。《韩诗外传》："男子八月而生齿，八岁而龆齿。"庾信《齐王宪碑》本之，云"未逾龆龄，已议论天下事"是也。后别其字从髟，义亦易为小儿垂髫，非古矣。潘乾《校官碑》已有"髫"，知汉新增。然《说文》亦无"龆"。《外传》文与《大戴记》、《说苑》同，彼两文俱作毁齿，"龆"当是秦汉间方言，故许君不录。……（336~337 页）

髫：即"髫"之别体。

《玉篇》："髫，徒聊切。小儿发。"按，汉《校官碑》有"髫"，《后汉书·伏湛传》"髫发厉志"，注引《埤仓》"髫，髦也"。据《广韵·下平三萧》"髫"音都聊切，训小儿留发。音义与"髫"合，则"髫"即"髫"之别体矣。（卷第四·三下）

郑珍认为"髫"字本作"龆"，本指小孩换牙，后别从髟作"髫"，义为小儿留髫，都是指小孩子八岁左右。钮树玉认为"髫"即"髫"之别体，郑珍认为俗"髫"有假借作"髫"者，"髫"为借字，而非本字。

有的字郑知同认为没有对应的古字，钮氏强求古字，例如"粔籹"：

粔：粔籹，膏环也。从米，巨声。其吕切。

籹：粔籹也。从米，女声。人渚切。

按，《楚辞·招魂》"粔籹蜜饵"，《众经音义》卷五引《仓颉篇》："粔䬫，饼饵也。"二字殆出自周末，亦是古字，而许君不收。《仓颉》字体"䬫"本从如声，作"籹"则后世省书。

知同谨按，……今读许君之书，不必执先秦已上之文尽归囊括，遂断古籍之字不见《说文》者，辄由后人用俗书改易。即如"粔籹"，明是南楚方言，虽《仓颉篇》载之，许君犹不登录。若欲广搜前迹，充溢异闻，在诸子传记中原有此等古字，惜大徐不全采附，徒撦拾后世俗体，强令鱼目混珠。钮氏不知，又一概俗之，乃据《周礼·笾人》注"寒具"，谓"具"与"巨"通，古"粔"本作"巨"；据《释名》、《广雅》"糗黏"之文，谓"糗"即《说文》训"禾属而黏"之"黍"，"籹"与"糗"同，即"黍"俗字。说最无理。凡两字成文，同从一偏旁者，分举一字即无义，何以判"粔"、"籹"为两事而各为之？求古字如是牵强乎？（302~303页）

粔籹：疑古作"巨黍"。

据《周礼·笾人职》"朝事之笾"，郑司农云："朝事，谓清朝未食，先进寒具口食之笾。"《预览·八百六十》引《通俗文》曰："寒食谓之'餲'"，是于"粔"义有合。古"具"与"巨"通（《水经注》云："巨洋水，《国语》所谓'具水'。"）故疑古作"巨"，后人加米旁。疑"籹"即"黍"者，《说文》"黍"训"禾属而黏"，《方言》、《博雅》并作"糗黏"也。《释名·释饮食》云："糁糗也，犹糗黏也。"是"糗"当即"黍"俗，又作"籹"也。《广韵·上声八语》"粔"引《新字解训》曰："粔籹，膏环。"其非古字可知。（卷第三·七上）

郑珍、郑知同父子认为"粔籹"为周末古字、南楚方言，《仓颉篇》

载之而许慎不收。钮树玉则认为"粔籹"古作"巨黍"。郑知同认为"凡两字成文，同从一偏旁者，分举一字即无义"，钮氏却分"粔"、"籹"为两事而各求古字，驳钮氏如此求古字实属牵强。郑说是也。

有的字郑知同认为钮氏疏于古音义，任意牵附，将形、音、义不同之字视为一字。例如"鼇"字：

　　鼇：海大鳖也。从黽，敖声。五牢切。

　　知同谨按，高诱注《淮南·览冥训》、王逸注《楚辞·天问》、张湛注《列子·汤问》，并云："鼇，巨龟也。"古凡物大者谓之敖。……巨龟名"鼇"，造言者加之名耳。初时不过以"敖"称之，本无专字。即已有"鼇"，许君于殊方异物素不经见者，例不采载，矧此乌有子虚之说乎？钮氏乃据《艺文类聚》引《列子》"鼇"作"龟"，谓"龟"与"敖"声相近。《周颂·丝衣》"敖"与"休"为韵，《白虎通》"龟，久也"，《说文》"龟，旧也"，是其证。"鼇"即"龟"别字。不知张氏所注晋时《列子》已是"鼇"字，初唐何自有作"龟"之本？（唐卢重玄注本亦作"鼇"）苟非欧阳子钞集时臆改，即是传本写误。盖论属辞之理，鼇与龟止一物，改"鼇"作"龟"无妨；若求名实以定文字，"鼇"别为巨龟之名，非即"龟"字，形、音、义皆殊，何容牵合为一？其义，《众经音义》引《字林》云："鼇，海中大龟。"吕忱尚仍古说。徐氏不知何本，改为"海大鳖"，后遂承讹。失考殊甚。（421~422 页）

　　鼇：或作"龟"。

　　顾千里云："《列子》'使巨鼇十五'又'一钓而连六鼇'。"殷敬顺《释文》引《元中记》云："即巨龟也。"按，《艺文类聚·九十六卷》"龟"引《列子》此文，"鼇"俱作"龟"。知《列子》本是"龟"字，其作"鼇"者，乃后人改也。……树玉谓"龟"与"敖"声本相近（《周颂·丝衣》"敖"与"休"为韵，《白虎通》云"龟之言久也"，《说文》"龟，旧也"，是其证）。故"鼇"或作"龟"。据《楚辞·天问》"鼇戴山扞",《后汉书·张衡传》"鼇虽扞而不倾",则"鼇"字当出于《天问》。盖义涉怪诞,亦如《山海经》之"鱦",许君或不尽采矣。高诱注《淮南子》"鼇"亦训"大龟",唯《字林》训"海中大龟"(见《一切经音义·卷十九》引),徐氏因改为"海中大鳖"也。(卷第六·九上)

郑知同认为古凡物大者谓之"敖","鼇"本无专字。钮氏认为"鼇"或作"龟",郑知同驳曰"龟"、"鼇"形、音、义皆殊,不可牵合为一。"鼇"为巨龟之名,虽属龟类,但与"龟"不可视为同一字,郑说是。

有的字郑知同认为钮氏考古制有疏,例如"幰"字:

幰:车幔也。从巾,憲声。虚偃切。

按,《众经音义》卷十四及《广韵》并引《仓颉篇》"布帛张车上为幰",恐是古字。许君偶遗之。

知同谨按,钮氏云,《说文》"轩"训"曲輈藩车",古"幰"通作"轩"。非也。"轩"是车名,"幰"是车幔。《左氏闵二年传》"卫鹤有乘轩者"、《僖二十八年传》"曹乘轩者二百人",杜注:"轩,大夫车。"盖大夫车皆有藩蔽,故许释"轩"为"藩车"。其藩有用布帛为幔者,乃名"幰"。若用他物,如《诗》"簟茀",《尔雅》释之云"舆革,前谓之鞎,后谓之茀",又云"竹,前谓之御,后谓之蔽"。李巡注:"编竹当车前以拥蔽名御。"郭注:"蔽,以簟衣后户。"此皆藩也。轩之藩如用革与竹,则非幰矣。钮氏考古制之疏,任意牵傅有如此者。(313~314 页)

幰:通作"轩"。

《释名》:"幰,憲也,禦热也。"《博雅》"幨"谓之"幰",《玉篇》"幰,许偃切。车幰也"。《广韵·上声二十阮》"幰"引《仓颉篇》云:"帛张车上为幰。"按,《说文》"轩"训"曲輈藩车",《左闵二年传》"鹤有乘轩者",杜注"轩"为"大夫车",据此知古通作

"轩"。或借作"宪",后人加巾旁。(卷第三·十二上)

郑珍认为"幰"为许慎偶遗之古字,钮树玉认为"幰"古通作"轩"。郑知同认为"轩"是车名,"幰"是车幔;用布帛为幔者名"幰",用他物则非"幰"。驳钮氏考古制有疏,任意牵傅。

第三节　《说文新附考》评析

人们对钮树玉的《说文新附考》褒贬不一,有的对它极为推崇,例如钱大昭为钮书作序,称赞钮书对大徐新附字"一一疏通证明之,而其字之不必附不当附,了然如视诸掌,岂非羽翼六书而为骑省之净友者乎!"有的人对钮书颇多微词,如郑知同言"钮氏于小学原未深造,不守偏旁声读以谈古今字,任意挦撦影射"。本书认为,钮树玉《说文新附考》中对大徐新附字的考证有很多是有可取之处的,钮书是有其存在价值的,主要体现在:有的新附字,钮氏考出了不少可信的异文,对一些大徐新附字的产生年代作出了比较合理的断定,对有些新附字有自己独到的见解等。虽然钮书有诸多可取之处,但也确实客观存在古音知识欠缺、论证不够严谨、术语笼统、引书考证有误、结论牵强等一些问题。

从郑珍《说文新附考》姚序中可以得知,郑珍生前只闻钮书而未见其作,因担心自己赶不上钮氏,故不愿将己作传世。而姚觐元认为钮氏所撰"未尽祥确,说多牵就",而郑珍之书"引据切恰"、"缕析条贯"、"无支蔓赘辞"。经过上文对二书的比较,本书认为,郑氏父子所撰《说文新附考》的总体学术成就是高于钮书的。

一、学术成就

(一)相对客观的新附字性质认识

关于402个说文新附字,清代之前的文人在引用或辩驳时,大多未与许书原有之字进行区分。至清代，文人笔下才屡屡出现"新附"二字，而很少将新附字引为《说文》了。郑珍之前的清代学者对大徐新附字大多颇为不屑。段玉裁在《说文解字注》正篆中只录入"脞"一个新附字，其他新附字均被视为俗字；钱大昕认为"新附四百余文，大半委巷浅俗，实乖《仓》、《雅》之正"。钮树玉《说文新附考》虽对说文新附字作了一个专门的研究，但却削除大徐本注，舍本书音义而别求古字。① 惟郑氏《说文新附考》是完全为研究新附字而研究新附字，对说文新附字的性质有了一个相对客观的认识。

就新附字来源来说，郑书认为新附字既有汉后字，也有许慎失收、不收之先秦古字。例如，郑珍认为"襽"、"詾"、"誌"、"莸"、"脞"、"劇"、"叵"、"歔"、"鬐"、"髻"、"驔"、"濤"、"闤"、"緅"等十四个新附字为许书原有而流传逸脱之字；新附字"栀"字为许书原有而流传本讹误为"栀"；"琛"、"疎"、"餕"、"棟"、"賻"、"懤"、"騃"、"掠"、"娟"、"墾"、"釧"、"酪"等十二个新附字为先秦经典有之而许慎失收之字；"苟"、"犍"、"韢"、"粗"、"粅"、"寔"、"礎"、"獿"、"惹"等新附字为先秦有之而许慎主观不录之字；剩下的字才为汉后别出之字。

郑珍认为，文字本身是不断孳乳的，故不能一概以俗论之。郑珍在对新附字的考证过程中虽然有时也用到了"正字"、"俗字"这样的术语，但他不囿于"古正后俗"之见，并不一味以古字为正而以后起字为俗。例如"嫠"字：

> 嫠：无夫也。从女，嫠声。里之切。
>
> 按，《左昭十六年传》"已为嫠妇"，《廿四年传》"嫠不恤其纬"，《释文》并作"釐"。《襄廿五年传》"嫠也何害"，《释文》："嫠，本又作'釐'。"《毛诗·巷伯》传，《韩诗外传》并言"釐妇"。知古无嫠妇专字，止借作"釐"，与孀妇字止作"霜"同。后乃别加

---

① 见郑珍《说文新附考》姚序。

从女。(411 页)

郑珍认为,古无"嫠妇"专字,止借作"釐",后别加从女。显然,后起之"嫠"字比古借字"釐"更具正字资格,不应将"嫠"字俗之而不屑道。

郑珍还用隶定和隶变来解释新附字的产生。例如"莋"字:

> 莋:越嶲县名,见《史记》。从艸,作声。在各切。
>
> 按,今《史记·司马相如传》"邛莋之君长"、"邛莋冉駹"皆作"笮"。《汉书·地理志》"越嶲郡"中"定莋"、"莋秦"、"大莋"及《相如、张骞传》皆作"莋",至《武五子传》"五柞宫"字亦作"莋";止《司马迁传略》"邛莋昆明"一处字同《史记》。大徐云"莋"见《史记》,实出《汉书》。或宋初《史记》本作"莋"。"莋"者,"笮"之隶体。凡隶法,"竹"多作"艹",非别一字。若"五柞宫"作"莋",必原本借"莋"为之。又《文选·相如难蜀父老文》"莋"作"筰",亦属假借。(217~218 页)

郑珍认为,凡隶法,"竹"多作"艹"。新附字"莋"为"笮"之隶体,非别为一字。又如,新附字"售"为"讐"之隶省;新附字"呰"或为"呰"下"口"隶变为"二"而成,等等。

(二) 新附字年代的科学判定

郑珍将说文新附字主要分为先秦已有之字和汉后别出之字两大类,对于汉后别出之字,郑氏父子结合各种材料,对它们进行年代断定。例如:

> 赡:给也。从贝,詹声。时艳切。
>
> 按,《荀子》"物不能澹则必争",《汉书》凡赡足字皆作"澹",《淮南子》亦然,汉《张纳碑》"卹澹冻绥"、《耿勋碑》"开仓振澹",

知自汉已上例止借"澹"字。至晋《右将军郑烈碑》始见从贝之"赡"，殆制于魏晋间。（290 页）

郑珍根据《荀子》、《汉书》、《淮南子》、汉碑、晋碑等材料，知汉以上皆只借作"澹"，从贝之"赡"制于魏晋间。

又如"氅"字：

氅：析鸟羽为旗纛之属。从毛，敞声。昌两切。

按，注义未详。所出《篇》、《韵》并云："氅，鹙毛。"其字不见汉魏人书，唯《世说》始有"鹤氅裘"，是六朝名称。（330～331 页）

郑珍根据汉魏人书均不见"氅"字，唯南朝时期笔记小说《世说新语》始有"鹤氅裘"，而推知"氅"为六朝名称。

(三) 厘清新附字孳乳脉络

郑珍著《说文新附考》之目的就是"匡正许学"，使《说文》正字"犁然显出"。故郑氏父子尽力探求新附字所对应的先秦古字即本字，并列出诸多假借、分化之不同形体，厘清文字孳乳脉络。例如"狘"字：

狘：兽走貌。从犬，戉声。许月切。

知同谨按，《礼记·礼运》："凤以为畜，故鸟不狘；麟以为畜，故兽不狘。"注："獝、狘，飞走之貌。"《正义》："獝，惊飞也；狘，惊走也。"二字并非古。獝，《说文》作"趫"，"狂走也"；狘，《说文》作"疢"，亦"狂走也"，读若欻。……"趫"、"疢"义本为走，而《记》文分贴鸟、兽。故《正义》以"獝"训"惊飞"。《释文》本"獝"作"矞"，古字省也。"疢"之别体又作"恑"。……合诸字观之，"疢"训为"狂"，则改从心，戉声；用为兽之狂走，则改从犬、从马，戉声。"趫"、"疢"本皆狂走，自《礼记》分"獝"字指鸟，于

157

是两字例得通"飞"、"走"为言。而主兽言者，字作"獝"、"狖"；主鸟言者，字作"翻"、"鴥"。亦即可统指鸟、兽。俗字之孳乳寖多如此。古术声之字有别从戌声者。《说文》训"小风"之"颲"，《玉篇》作"飍"，正此"疢"、"狖"字之例。（357～358 页）

在对新附字"狖"的考证过程中，郑知同认为《礼记正义》中的"獝"、"狖"均非古字。"趫"、"疢"为此二字在《说文》中的本字，本训"狂走"。后分化主兽言字作"獝"、"狖"；主鸟言字作"翻"、"鴥"。"獝"另有省体作"裔"，"疢"另有别体作"忕"。如此，郑书将新附字"狖"之本字及文字孳乳演变之脉络过程分析得条析缕清。

但也存在没有对应古字的情况，对于此种情况，郑珍父子并不强求古字。

> 曈：曈曨，日欲明也。从日，童声。徒红切。
> 曨：曈曨也。从日，龍声。卢红切。
> 按，《文选》陆士衡《文赋》"情曈曨而弥鲜"注引《埤苍》："曈曨，欲明也。"潘安仁《秋兴赋》"月朣朧以含光"注亦引《埤苍》"朣朧，欲明也"。此汉以来辞赋家形容叠字，主日言者加从日，主月言者加从月，非古所有。或言古宜作"童龍"。先秦本无此语，不必强求古字。（290～291 页）

新附字"曈曨"，或作"朣朧"，均为汉以来辞赋家形容叠字。有的人认为古作"童龍"，而郑珍认为先秦本无此语，不必强求古字。

(四)驳正前人之失

郑氏父子《说文新附考》吸取了很多前人成果，如大小徐、钱大昕、段玉裁、钮树玉、毕氏沅等。同时，郑氏父子又非常注意驳正前人之失。

> 栀：木实，可染。从木，卮声。章移切。

按，今《说文》"桅"字即"栀"篆之误。大徐不察，乃别附此文。《韵会》所引小徐本"栀"篆不误。段氏注《说文》已据改正。（276 页）

大徐不察流传本《说文》之"桅"即"栀"篆之误，乃别附"栀"篆，段氏据小徐本改正。郑珍对新附字"栀"的考证既吸取了徐锴、段玉裁之成果，又驳斥了徐铉之失。

磯：大石激水也。从石，幾声。居衣切。

按，"磯"字经典中唯《孟子》"不可磯"一见。宋氏翔凤《四书释地辨证》云："依义当作'機'。《说文》：'主发谓之機。'赵注云：'磯，激也。'激即激发之义。"此说得之。自《孟子》改从石作"磯"，因生"石激水"之解。……

知同谨按，钱氏大昕云，《通典》"吴以牛渚圻为重镇"，即"牛渚磯"；古"圻"与"畿"通，知"圻"即"磯"字。今审"牛渚磯"之名起于后世，"圻"乃同音通用字，"圻"无石激水义。钮氏据《论语》"言不可若是其幾"何注"幾，近也"，即是《孟子》之"磯"，"幾近"与"激摩"义合。尤强解，不足辨。（350 页）

郑珍取宋翔凤引《孟子》赵①注之言，以"機"为"磯"之古字。郑知同驳钱大昕"'圻'即'磯'字"之误，又驳钮树玉以"幾"为古字之误。

二、历史局限

(一)年代判定失误

郑氏父子对大多数新附字的年代断定都是可信的，但也有少数字，

---

① 东汉赵岐《孟子注》。

郑氏年代断定有误。

> 焕：火光也。从火，奂声。呼贯切。
>
> 按，《说文》"奂"注"一曰大也"，引申其义为光明文采。《卷阿》"伴奂"，《传》云："广大有文章也。"兼存两义，即古"焕"字。《众经音义》云："焕，字书亦'奂'字。"盖六朝俗体。
>
> 知同谨按，古经本皆作"奂"。……作"焕"俗改。《思玄赋》"文章奂以粲烂"，《琴赋》"斐䞾奂烂"，注引《风赋》"眴奂粲烂"，并是本字。（366页）

郑珍父子认为新附字"焕"为六朝俗体，钮树玉说"汉碑已有'焕'"。今考东汉碑刻家孙兴石刻《汉故谷城长荡阴令张君表颂》（即《张迁碑》）已见"焕"字，故郑氏父子对"焕"字的年代断定有误。

（二）新附字对应本字有待商榷

郑氏父子对大部分新附字所对应的先秦本字的探求都是可信的，但仍有少量新附字的本字还有待商榷。

> 瓷：瓦器也。从瓦，次声。疾资切。
>
> 按，古未必有此名。其字亦初不作"瓷"。《说文系传》土部"坴"下释云："字书即今'瓷'字。"所谓字书，不知何氏，必有所受，则本作"坴"字也。（412页）

郑珍以《说文系传》之言为据，认为"坴"字为"瓷"之本字。而《说文·土部》"坴"训"以土增大道上"，与"瓦器"之义并不相涉。以"坴"为"瓷"之古字似乎不妥。姚权贵、史光辉认为《玉篇》"瓷，又作'甆'"。从"缶"之字俗多变从"土"，故俗书"甆"改从土旁，故正好与"坴"字同形。因"坴"字已见于《说文》，故《系传》所引之字书以"坴"为古正而以"瓷"为今俗。姚说较郑说更具说服力。

(三)考证疏略

郑珍对说文新附字的考证基本上是细致详尽的,有的新附字郑知同还作了进一步的补充说明。有的新附字郑珍虽未加按语,但是郑知同却添加了极为详尽的按语。但仍然有少量新附字的考证不够详尽。

> 螳:螳螂也。从虫,堂声。徒朗切。
>
> 按,《说文》"蜋"、"蛸"字注皆作"堂蜋"。古本不从虫,后人所加。(419 页)

郑珍对新附字"螳"的考证过程寥寥数语,其子郑知同亦未对此字进行补充说明,只言"古本不从虫,后人所加",却未说明加虫成"螳"的确切年代,不够详尽。今查,《尔雅》和扬雄《方言》已俱作"螳",可见汉时已有此字。

(四)结论牵强

郑氏父子《说文新附考》对大多数新附字的本字考证和年代断定是比较合理可信的,但也有少量字的考证和结论有牵强之处,说服力不及钮书。

> 傔:从也。从人,兼声。苦念切。
>
> 按,《吕氏春秋》"揆吾家苟可以傔剧貌辨者",高注:"傔,足也。"《齐策》此文"傔"作"慊",则"傔"本"慊"之俗别字。训"足"之"慊",古无正文,如《齐策》与《庄子·天运篇》"尽去而后慊",则借作"慊";《大学》"此之谓自谦"借作"谦";《荀子·荣辱篇》"臭之而无嗛于鼻"、《史记·文帝纪》"天下之民未有嗛志"又借作"嗛"。俗"傔"字当出汉已来。若傔从之义,始见《唐书·封常清传》,名尤晚出。(315~316 页)

傔：通作"兼"。

《玉篇》"傔，去念切，侍从也"。《广韵·去声五十六桥》"傔"训"傔从"。按，《汉书·苏武传》"武与副中郎将张胜及假吏、常惠等，募士斥候百余人俱"，师古曰："假吏，犹言兼吏也。时权为使之吏，若今之差人充使典矣。"《王莽传》"县宰缺者，数年守兼。"师古曰："不拜正官，权令人守兼"。据此，则古止作"兼"。《广韵·去声》亦收"兼"，音古念切。（卷第三·十三下）

郑珍以"慊"为"傔"之古借字，且训为"足"，认为傔从之义，始见《唐书》，名尤晚出。钮树玉引《汉书·苏武传》、《王莽传》师古注语，认为"傔"古作"兼"。本书认为郑珍之考证及结论稍显牵强，钮说更具说服力。《说文》秝部有"兼"，训"并也"，段注"并，从也"，与"傔"训"从也"甚合。

综上所述，郑珍、郑知同竭两世精能、积数十年心血所撰之《说文新附考》对 402 个大徐新附字一一进行详细考证，对《说文》新附字的性质有了一个相对客观的认识。大徐新附字中既有许慎客观失收、主观不录的先秦古字，也有不属于许书原文的汉后字。郑氏父子综合比较各种内外部材料和前人成果，判定新附字年代和对应本字，探求文字孳乳之过程，虽有少量不尽完美之处，但对绝大多数新附字的考证是有理有据、逻辑严谨的。张之洞认为郑书"考著特善"，姚谨元认为"引据切洽"、"缕析条贯"、"尤为中綮"。对郑书持批评意见的黄焯也多次引用郑珍的说法。今人王力先生所撰《同源字典》亦多次采用郑珍的说法。可以说，郑氏父子之《说文新附考》代表了清代对《说文》新附字研究的最高水平。

第三章　郑珍文字学研究方法

汉字是形、音、义的结合体，中国传统的文字学研究包括文字、音韵、训诂三个方面，分别对应字形、字音、字义。郑珍的文字学研究主要是围绕许慎的《说文解字》来进行的，许慎的《说文解字》本身就综合探讨了汉字的形、音、义。本书对郑珍进行文字学研究时，根据主要参照资料和考察重点的不同，以及其得出结论的主要依据，将郑珍研究文字学的方法分为三类：据形考证、据音考证和据义考证。

第一节　据 形 考 证

字形是文字存在的客观基础，是文字最直观可感的部分，也是大量信息的浓缩载体。汉字虽然经历了从甲骨文到金文、从篆书到隶书再到楷书的历史变迁，形体上发生了很多变化，但是时至今日，我们仍然可以通过一个字的字形窥探到其造字之初的本义。许慎的《说文解字》收录了汉字早期的一些不同形体，郑珍根据这些字形进行形体分析、推求字义的方法，本书称之为"据形考证"。

一、形体分析

形体分析是研究汉字最基础也是最有效的方法之一。古文字研究者大多将形体分析作为他们考释古文字的出发点和切入点，从汉字形体特征推求所考之字可能从属或相关的音群和义类，进而考察一个生字正确的音义系统。许慎的《说文解字》就是从汉字形体出发分析汉字形音义的，之后研究《说文》的段玉裁、郑珍、孙诒让等文字学家也都沿袭并发扬了这一研究方法。

（一）偏旁分析

偏旁作为构成文字的一个重要部件，不仅反映了文字形体的构成，而且也在一定程度上反映了其意义类属。如：从“扌”之字多与手上动作相关，从“彳”之字多与道路相关。东汉许慎就是用540个偏旁将9300余字头系联起来并加以分析的。晚清孙诒让通过辨析不同时期的古文偏旁，追寻古文字历史演变规律，是系统、科学地运用偏旁分析法考释甲骨文、金文的第一人。而偏旁分析法古已有之，在孙诒让之前，郑珍就在其文字学研究中有意识地采用了偏旁分析方法，并取得了一些成果。

1. 据偏旁增补逸字

许慎《说文》体例为先列小篆字头，再释本义，接着根据偏旁进行析形。例如，“珍，宝也。从玉㐱声”。研究《说文》的学者发现《说文》中有很多字所从之偏旁不见于《说文》各部，据此将其补为“逸字”，此亦属于传统的“以许补许”之法。大小徐、段玉裁等人均做过这方面的工作，郑珍在《说文逸字》一书中增补逸字时，较前人更加熟练、细致地运用了偏旁分析法。郑珍《说文逸字·序》中说“偏旁逸者凡三十有七（㢊鬲岦卌𠱾䕭由睆魋𠬶𦍌𡚕𡗜屮𡊁𢍏𡧍尗爿𡨄廿𥝢𠬡免𢉶騂斉𡲡志𧻓晶妥𧵨𥝙𧃖劉畬）”，可见，郑珍根据偏旁分析法增补了37个逸字，包括古文逸字、或体逸字和正篆逸字。

（1）据偏旁增补古文逸字

> 岦：古文“步”。
>
> 古文“遠”作“遗”，“陟”作“偞”，并从此。本书宜有此字。中从日，或以行之有常者莫先于日欤。《汗简》“步”作“岦”，所见许书似尚未脱。（《郑珍集·小学》（下同），36页）

郑珍以《说文》"遠"、"陟"之古文并从"訾"，而补"訾"为古文逸字。

（2）据偏旁增补或体逸字

> 戻："戻"或从又。
>
> 今铉本"戻"注云："柔皮也。从中尸之后，尸或从又。"《系传》"戻"注云："柔皮也。从又中尸之后也。或从又。"按，二本各有误脱。当是："柔皮也。从尸又，又中尸之后。戻，或从又。"末四字乃重文篆解，传写误并上注。大徐"戻"误"尸"，小徐并"戻"脱去。本书車部"輄"从戻，疒部"痕"籀文"痕"、赤部"根"并从戻，可证必有"戻"字。《玉篇》作"戻"，《广韵》作"戻"，各收一体。……（84页）

郑珍据大小徐本"戻"、"或从又"之言，又《说文》車部"輄"、赤部"根"、疒部"痕"之籀文"痕"并从戻，而补"戻"为或体逸字。

（3）据偏旁增补正篆逸字

> 妥：安也。从女爪，与安同意。
>
> 本书"餧"、"桜"、"挼"、"綏"皆从妥声（今"餧"、"挼"讹从委，段氏已改），段氏据补如此。说详彼注。（112页）

郑珍根据《说文》多字从"妥"声，而将"妥"字补为正篆逸字。

2. 据偏旁形体分析考辨逸字真伪

郑珍之子郑知同奉父命撰《说文逸字附录》于《说文逸字》之后，辑录郑珍认为"概非逸文"之字。其中涉及《说文》本书偏旁的非逸字有十五文。例如：

> 佐：齿部"齹"云"佐声"。铉谓《说文》无"佐"字，此字当从佐，传写之误。按，"佐"字古止作"左"。"𠂇"遗一笔即成"𠂊"，大

徐说确。（128 页）

《说文》齿部"齼"从"佐声"，但郑珍父子认同大徐之说，认为"佐"非《说文》逸字，而当是"𪗱"字之误。"𪗱"之篆体偏旁"𦫵"在传写过程中遗落一笔，遂成从"𦨶"之"佐"。又如：

> 杂：水部"染"云"杂"声。小徐引裴光远云："从木者所以染，栀、茜之属也。从九者，染之数也。"则《说文》当云"从木从九"。（129 页）

《说文》"染"云"杂声"，但郑知同认同小徐引裴光远之言，认为"从杂"不可解，当拆分为"从木从九"。"木"为染之原料，"九"为染之数。"杂"字非为《说文》逸字。

3. 据偏旁辨别新附字属性

郑珍、郑知同父子认为，探求新附字之古字必须要综合考虑字形、字音、字义三方面的统一，驳斥钮树玉"不守偏旁声读以谈古今字"之弊。在对大徐新附字的考证过程中，郑珍父子非常善于运用偏旁分析法来判断新附字的属性。

（1）变易偏旁位置产生的新附字

> 蜒：南方夷也。从虫，延声。徒旱切。
>
> 按，《华阳志·巴志》称"奴獽夷蜑之蛮"，又云"汉发县有獽蜑"，始见此名。盖汉已来乃有此种夷称号。其文作"蜑"，止是古蜿蜒字易置偏旁耳。
>
> 知同谨按，《隋书·地理志》："长沙郡杂有夷蜓。"字直作"蜓"。又云："蜀郡有獽狿。"则俗改从犬配"獽"。"蛋"又"蜑"省体。据《晋书音义》，"蜑"见《文字集略》，至梁阮孝绪始收之。……（417 页）

郑珍认为，新附字"蜑"字为"蜓"字易置偏旁位置产生的。郑知同补充另一异体字"狿"，为俗改"蜓"偏旁从犬配"獽"而产生。

（2）偏旁隶变产生的新附字

势：盛力权也。从力，埶声。经典通用"埶"。舒制切。

按，经典本皆借作"埶"。古无"势"字，今例改从俗书。《史》、《汉》尚多作"埶"。《外黄令高彪碑》、《先生郭辅碑》并有"势"，是汉世字。据二碑从力在丸下不在埶下，盖"埶"之右篆形作𡎐，隶变作势，非从力也。俗因正书作"势"耳。（431页）

郑珍认为，"埶"之右侧偏旁篆形作𡎐，隶变作势。因此，汉碑中"力"在丸下而不在"埶"下。后俗书移"力"于下而成新附字"势"字。

（3）置换偏旁产生的新附字

煽：炽盛也。从火，扇声。

按，《说文》："偏，炽盛也。"引《诗》"艳妻偏方处"。许君《诗》本毛氏。知今《诗》原是"偏"字。后人见毛训"炽"，辄改从火。《汉书·谷永传》注引《鲁诗》"阎妻扇方处"，作"扇"，古省文。（362页）

《说文》有"偏"训"炽盛"，引《诗》"艳妻偏方处"。因"偏"字改左侧偏旁从火，遂成新附之"煽"字。

（4）增加偏旁产生的新附字

逼：近也。从辵，畐声。彼力切。

知同谨按，字又作"偪"，皆"畐"之俗。《说文》："畐，满也。"充满、逼迫止是一义。……"逼"乃后出字耳。古亦可用"福"，"福"义与"畐"小异，亦通作"幅"。《广雅》"幅"训"满"，盖据《诗》"采菽邪幅"毛传"幅，偪也。所以自偪束也"为言，实字得虚义。《方言》"偪"一本作"愊"。《玉篇》有"皀,饱也"。又有"稫,稷满貌"。皆"畐"后出加偏旁字,各主一义。俗字之孳乳益多如此。(231页)

郑知同认为,新附字"逼"之本字作"畐"训"满也","逼"、"偪"、"福"、"幅"、"愊"、"皀"、"稫"皆为"畐"后出加偏旁字,各主一义。

(5)叠词因意义关涉、相互影响而产生的新附字

偁:偁儻,不羁也。从人,从周,未详。他历切。

儻:偁儻也。从人,黨声。他朗切。

按,《汉·司马相如传》"俶黨穷变",《广雅》:"俶黨,卓异也。"是古止作"俶黨"。《史记·鲁仲连传》"奇伟俶儻"、《相如传》"俶儻穷变",又"俶儻瑰伟","儻"俗加人以配"俶"。……"儻"既从人,"俶"又别从周声,六朝已来所作。"叔"之平声如"收",故"俶"可改周声。"偁"原读与"俶"同,后讹变为他历切。大徐因不敢定周为声矣。(316页)

"偁儻"古止作"俶黨",后"黨"字加"人"作偏旁以配"俶"而成"俶儻",后"俶"又改右侧表声之偏旁"叔"为"周"而成"偁儻","偁"之声读亦受"儻"影响而变为他历切。

(二)形符通用通作

在几千年的汉字使用过程中,汉字的形体是在不断改进的。我们一般把小篆、隶书以前的文字,主要包括甲骨文、金文、大篆,统称为古汉字。古汉字象形性强、书写随意性大、定型性差,意义相近的形旁、声读相近的声旁常常可以替换通用。唐兰先生说:"在文字的形式没有十分固定以前,同时的文字,会有好多样写法……有许多通用的写法,是当时人所公认的。""凡义相近的字,在偏旁里可以通转。"杨树达先生将这种辨识古字的方法总结为"义近形旁任作"。使用义近形旁替换后,

原字音义不发生变化，我们统称之为"形符通用通作"。

高明先生认为，在唐兰先生提出以前，"义近形旁通用"是"以前学者所不知道的"。程邦雄先生认为，唐兰先生以前的孙诒让就在考释、研究古文字形体的实践过程中利用了这一规律。郑珍在对《说文》逸字、新附字的考证过程中也利用了文字"形符通用通作"的规律。现列举九组例子如下：

1. "口"与"言"

　　(1)哦：吟也。从口，我声。五何切。

　　按，"吟哦"后世语。《说文》"吟"或从言作"訡"，则"哦"亦可用"誐"字作之。(223 页)

　　(2)售：卖去手也。从口，雔省声。《诗》曰："贾用不售。"承臭切。

　　按，《诗·谷风》"售"字，《唐石经》磨改。……知字本作"讐"。《释文》作"售"，云："一本作'讐'。作'讐'是也。"今诸《诗》疏本经作"讐"、《笺》作"售"，依《释文》，误也。《史记》："历书以理，星度未能讐也，徐广云：讐，一作'售'。"《索隐》云："《汉书》作'讐'。'讐'即'售'也。"是"讐"为古"售"字，"售"盖隶省。(224 页)

　　(1)中郑珍通过《说文》"吟"或从言作"訡"，推知"哦"亦可用"誐"字作之；(2)中"讐"为古"售"字，"售"盖隶省，郑珍认为从言之"讐"与从口之"售"实为一字。郑珍对此二字的考证利用了"'口'与'言'通用通作"这一规律。

2. "口"与"齿"

　　(3)喫：食也。从口，契声。苦击切。

　　按，《说文》："齧，噬也。"即"喫"本字。从口犹从齿；契声与韧声一也。唐人诗始见此字，盖六朝已降俗体。或曰《新书·耳

169

瘏篇》"越王之穷，至乎吃山草"即"喫"字，非也。"吃"者"齕"之借。《说文》："齕，齧也。"两字叠韵。然《世说·言语篇》云"邓艾口喫"，用为"吃"字，知"喫"亦"吃"之俗。"喫"又作"嚃"，见《玉篇》。(227 页)

(4) 呀：张口貌。从口，牙声。许加切。

按，《御览》卷三百六十八引《通俗文》"唇不覆齿谓之齵"，韩昌黎《月蚀》诗用之曰"汝口开齵"(依注称古本，俗本作"呀")，又《太玄·争上九》云"两虎相牙"，皆是"呀"字。"齵"即《说文》"牙"之古文"🦷"(今作🦷，少一画)。古文于"牙"下加"🦷"。"🦷"者，古文"齿"字；隶书之，则作"齵"矣。然则"呀"古本作"牙"、"🦷"，后易从口作"呀"，又别从谷作"谺"，而"齵"乃转为齟齵之"齵"。(229 页)

(3)中郑珍以从口犹从齿，契声与韧声一，认为"齧"即"喫"之本字，"吃"为"齕"之借；(4)中郑珍认为"呀"即"牙"之古文"齵"。郑珍对此二字的考证利用了"'口'与'齿'通用通作"这一规律。

3. "艸"与"竹"

(5) 笭：长节竹也。从竹，公声。

段公路《北户录》称《说文》有"长节竹"，谓之"笭"，自注"音锺"，谓即罗浮山之龙钟竹。按，《玉篇》、《广韵》训同。《集韵》引《字林》："笭，无节筒竹。"考《南越志》说龙钟竹节长一二丈(见《齐民要术》引)，云"无节"，即长节也。(55 页)

(6) 莋：越嶲县名，见《史记》。从艸，作声。在各切。

按，今《史记·司马相如传》"邛莋之君长"、"邛莋冄駹"皆作"筰"。《汉书·地理志》"越嶲郡"、"定莋"、"莋秦"、"大莋"及《相如、张骞传》皆作"莋"……"莋"者，"筰"之隶体。凡隶法，"竹"多作"艹"，非别一字。若"五柞宫"作"莋"，必原本借"莋"为之。又《文选·相如难蜀父老文》"莋"作"筰"，亦属假借。(217 页)

（5）中郑珍认为《北户录》、《玉篇》、《广韵》训"长节竹"之"筄"即罗浮山之龙钟竹，补"筄"为《说文》逸字；（6）中郑珍引多种古籍资料，证"莋"为"筰"之隶体，二者实为一字。又云"凡隶法，'竹'多作'艹'，非别一字"。郑珍对此二字的考证利用了"'竹'与'艸'通用通作"这一规律。

4."辵"与"彳"

（7）遑：急也。从辵，皇声。或从彳。胡光切。

按，经典"遑"训"暇"。"急"义见《玉篇》，与"暇"相反，而书传罕见。《尔雅》"遑，暇也"，《释文》作"遑"，邢疏本作"偟"，皆"皇"之俗。他书或作"徨"。古经字如《书》"无皇曰"、"则皇自敬德"、《表记》"皇恤我后"、《左氏襄二十五年传》同《昭七年传》"社稷之不皇"、《襄二十六年》及《哀五年传》"不敢怠皇"，皆原本之未改者。其他如《毛诗》多从俗作"遑"矣。（231 页）

（8）遐：远也。从辵，叚声。臣铉等曰，或通用"假"字。胡加切。

按，《说文》"騢，大远也"。即"遐"本字。……《前汉·礼乐志》"假狄合处"，小颜注"假"即"遐"字。此大徐所指《说文》"假"，本训"至也"，史借"假"作之。（232 页）

（7）中"遑"大徐曰"从辵，皇声。或从彳"。郑珍认为作"遑"、作"偟"皆"皇"之俗，他书或作"徨"，"遑"、"徨"为一字。（8）中"遐"字徐铉说"或通用'假'字"，郑珍认为"騢"即"遐"本字，"假"即"遐"字。郑珍在对此二字的考证过程利用了"'辵'与'彳'通用通作"这一规律。

5."土"与"㫃"

（9）塘：堤也。从土，唐声。徒郎切。

按，《国语》"陂唐汙痹"，韦注："畜水曰陂唐。"《前汉·扬雄传》"醴泉流其唐"、"践兰唐"，又"超唐陂"；《吕览·尊师篇》"治唐圜疾灌浸"；《淮南·主术训》"若发城决唐"，高注"唐，陂也"，并止作"唐"。后加土。亦从皀。《说文》毛氏刻初从宋本作"堤唐也"，不误。毛斧季剸，改作"塘"。非。（426页）

（10）坊：邑里之名。从土，方声。古通用"墢"。府良切。

按，《说文》"防"或从土作"墢"，本训"堤也"。先秦书如《吕览·季春纪》"修刊堤墢"见其文。字从皀，又加土，本赘。《礼记》多作"坊"。《坊记》注云："坊，同'防'。"知汉人去皀移土，成"坊"字。后人乃以为邑里专名。《文选·景福殿赋》"屯坊列署"，注："坊，与'方'古字通。"……（429页）

（9）中郑珍认为"塘"古止作"唐"，后加土，亦从皀。（10）中郑珍认为"防"之或体"墢"，字从皀，又加土，本赘。汉人去皀移土，成"坊"字。郑珍对此二字的考证过程利用了"'皀'与'土'通用通作"这一规律。

6. "巾"与"糸"与"衤"

（11）幧：敛发也。从巾，喿声。七遥切。

按，《释名》："绡头，绡钞也，钞发使上从也。"知古止作"绡"。《后汉·向栩传》"好被发，著绛绡头"、《周党传》"谷皮绡头"，并用古字。李贤注谓"绡"当作"幧"，意取依俗。非也。

知同谨按，此字数体。《方言》、《玉藻》注作"幧头"，《丧服》、《士丧》注作"幓头"（《释文》本），《吴越春秋》、《八臣外传》作"樵头"，《古陌上桑诗》作"帩头"，盖皆汉时字。（312页）

（12）幞：帊也。从巾，菐声。房玉切。

按，《御览》、《广韵》并引《通俗文》："帊曰衣幞。"《玉篇》："幞，巾幞也。"此亦后世名。"帊"、"幞"一声之转。依《广韵》"幞"重文作"襆"，《集韵》"幞"或作"襆"、"襆"、"纀"，知其初借"裳削幅"之"纀"作之，"纀"、"襆"乃"纀"之省变，俗又专作"幞"字。若"幞头"则后周武帝所造。因裁幅巾、出四脚以幞头，故名（见《广韵》及《唐书·舆服志》），义当用"撲"。（313页）

（11）中郑珍认为"幧"古止作"绡"，郑知同补充"幨"、"帩"、"襩"三个异体字，左侧偏旁有"巾"、"糸"、"衤"三形；（12）中郑珍认为"帊"、"幞"一声之转，"幞"重文作"襥"，"幞"或作"襥"、"纀"、"襥"。郑珍对此二字的考证利用了"'巾'与'糸'与'衤'通用通作"的规律。

7. "犭"与"豸"与"豕"

（13）獟：獟獢，兽名。从犬，契声。乌黠切。

按，《说文》"獢"注，大徐作"獟獢"，小徐作"獩獢"。豸部亦无"獩"字。《尔雅》"獟獢"，《释文》云："或作'奊窳'。"与《山海经》、《淮南子》、扬雄《长杨赋》同。郭注《山经》亦引《尔雅》作"奊窳"。知古二字并不从豸。《说文》"獢"字恐是后人掇人。"獟獢"从犬，又其俗者。……（359 页）

（14）懇：悃也。从心，狠声。康很切。

按，古无专字，止借作"狠"。《汉·刘向传》"狠狠数奸死亡之诛"，颜注："狠狠，款诚之意。"《司马迁传》："勤勤狠狠。"《吕览·下贤篇》："狠乎其诚。"亦借作"顅"。《檀弓》："顅乎其至也。"俗"狠"作"狠"，后加心，俗亦作"懇"。（370 页）

（13）中大徐作"獟獢"，小徐作"獩獢"，又有从犬作"獟獢"者；（14）中俗"狠"作"狠"，"懇"俗亦作"懇"。在对此二字的考证中，郑珍利用了"'犭'与'豸'与'豕'通用通作"这一规律。

8. "广"与"尸"

（15）屡：数也。按今之"娄"字本是屡空字。此字后人所加。从尸未详。丘羽切。

……

知同谨按，《说文》："娄，空也。"段氏注云："凡中空曰'娄'；凡一实一虚层见叠出曰'娄'。人曰'离娄'，窗牖曰'丽

'瘦',是其意也。故娄之义又为数,正如窗牖丽瘦之多孔也。俗乃加尸旁。"今审"屦"字正仿"丽瘦",变"广"为"尸"。古居处字或从广,或从尸。(331页)

(16)庱:祭山曰庱县。从广,技声。过委切。

知同谨按,《尔雅·释天》:"祭山曰庱县,祭川曰浮沉。"《释文》:"庱,或作'庹'。又作'庪'。"三字皆不见《说文》宋本。《御览》卷三十八云:"祭山曰屐悬。"注:"出《尔雅》。"此盖抄袭故籍,所据舍人、李、樊、孙、沈各本。知原作"屐"。《释名》云:"几,屐也,所以屐物也(毕氏沅改作'庱',非)。"是庱阁义古亦作"屐"。"庱"当为"庪"之俗讹,"庹"又其省体。……(347页)

(15)中郑知同补充父说,认为"屦"字正仿丽瘦,变广为尸。古居处字或从广,或从尸。(16)中郑知同认为"庱"原作"屐","庱"当为"庪"之俗讹,"庹"又其省体。郑知同在对此二字的考证中利用了"'广'与'尸'通用通作"这一规律。

9."石"与"金"

(17)碌:石貌,从石泉声。卢谷切。

按,《玉篇》"碌"训"碌礦,多沙石";《广韵》训"多石貌"。大徐删"多"字,非也。此后世语,古籍无之。亦用作庸碌字。《史记·酷吏传赞》"九卿碌碌"、《论语》注"碌碌庸人"等文恒见。古通作"錄"。《史记·平原君传》"公等錄錄"、《汉·萧何传》"当时錄錄"、《灌夫传》"此时帝在即錄錄"皆是。……(350页)

(18)硾:捣也。从石,垂声。直类切。

按,《说文》:"捶,以杖击也。"即古"硾"字,俗别从石。《篇》、《韵》训"镇",则称锤字之俗。故《吕览·四月纪》云"硾之以石",《邓析子·无厚篇》作"锤之以石"。(353页)

(17)中郑珍根据多种文献认为"碌"古通作"錄";(18)中《吕览·

四月纪》"硾之以石",《邓析子·无厚篇》作"锤之以石",郑珍以"锤"为"硾"之俗别字。郑珍对此二字的考证利用了"'石'与'金'通作通用"这一规律。

郑珍在《说文逸字》、《说文新附字》二部著述中,利用"形符通用通作"这一规律进行古文字考证的例子还有很多,笔者仅选取以上九组作一个简要的分析讨论,主要是对郑珍文字学研究的方法作一个总结归纳。

二、历史比较

由于汉字的产生、发展和演变经历了漫长的时间跨度,其间形体发生了极大的变化,故在研究古文字时通过对比甲骨文、金文、籀文、小篆、隶书等不同历史时期的文字形体,往往能发现文字发展演变的过程和其中规律所在。这里所说的历史比较,就是通过比较不同历史时期的文字形体来研究古文字的方法。郑珍在研究《说文》逸字和新附字的过程中就运用了这一方法。

(一)利用历史比较法增补逸字

1. 比较《说文》所录古文字形体增补逸字

许慎《说文解字》以小篆为字头,同时载录了诸多籀文、古文、或体等古文字形体,是文字学家们据以考释古文字的重要参考资料。罗振玉总结自己的考释方法为"由许书以溯金文,由金文以窥书契"①。郑珍在《说文逸字》一书中,通过比较《说文》所录之古文字形体,增补了不少逸字。

(1)比较《说文》所录古文字形体增补逸字

　　囡:惊声也。从乃,卤省声。或曰:囡,往也。读若仍。
　　卤:籀文"囡"不省。

---

① 罗振玉:《增订殷虚书契考释·序》,东方学会石印增订本,1927年。

今本篆作🔲，注云："从乃省，卤声。籀文'卥'不省。按，乚与乃是一，并无所省。🔲与🔲从乚形同。'卥'注止云'从乃'，而'卥'云'从乃省'，上下不应。《系传》本作'从乃'，卤省声。"盖得许君之旧（段氏非之，误）。以知🔲篆原是从卤，省作🔲。"籀文'卥'不省"五字，盖重文之注。篆省卤，籀不省卤，则今之正篆🔲字原是籀文。从卤，亦正是籀文🔲字。此缘初误🔲作🔲，即篆籀两文是一。浅者谓是复写，因删下字，而合二注为一，遂成今本。今补正。（57页）

郑珍通过比较《说文》本篆形体"🔲"与注文"从乃省，卤声。籀文'卥'不省"发现矛盾之处，知"🔲"篆原是从卤，省作"🔲"。今之正篆"🔲"字原是籀文，而补"卥"为正篆逸字。

（2）比较他书引《说文》所载古文字形体增补逸字

🔲：古文"言"。

言部古文偏旁皆作此。许书古文与篆异者，其偏旁或不正载。此文据《六书故》卷十一"言"下称："《说文》曰'辛声。🔲，古文'。"凡戴氏所载古文，俱十四篇之体。非如《玉篇》、《广韵》诸书，古文或从别采也。则所见铉本原有。小徐于"🔲"下、"🔲"下并云"🔲，古文'言'"，知《系传》本无，故注明之。（39页）

郑珍通过比较言部古文偏旁和戴侗《六书故》引《说文》所载之古文形体，以及小徐《系传》所载古文形体，补"🔲"为"言"之古文逸字。

2. 比较其他古籍所载文字形体增补逸字

除了许慎《说文解字》，其他古籍如《汗简》、《玉篇》等书中也辑录了一些古文字形体，郑珍通过比较《说文》之外的其他古籍所载古文字形体资料，也增补出了一些《说文》逸字。

　　宀：古文"覆"。

　　见《汗简·宀部》，《汉隶字原·四十七寝》引。按，今本有籀文"寰"，省"僵"旁"人"，古更省"又"。木部"㭒"重文"楀"从此，其注"或从寰省。寰，籀文覆"当作"或从宀。宀，古文覆"。后以本书无"宀"改。（72 页）

　　郑珍通过比较《汗简》所载古文形体和《说文》木部"㭒"下重文"楀"之注语，认为《说文》有籀文"寰"，省"僵"旁"人"，古有更省"又"之"宀"，而补"宀"为古文逸字。

　　匚：棺也。从匚，久声。

　　柩："匚"或从木。

　　今本有"柩"无"匚"，段氏据《玉篇》"匚，棺也，亦作'柩'"补正如此。说详彼注。（114 页）

　　郑珍认同段玉裁之观点，比较《说文》与《玉篇》所载古文形体，补"匚"为"柩"之正篆逸字。

　　3. 比较鼎彝碑刻材料所载古文字形体增补逸字

　　很多钟鼎彝器和碑刻上保留了先秦时期的一些古文字资料，通过比较这些材料也能考出一些《说文》逸字。

　　蘄：古文"祈"。

　　艸部"薪"从艸，斳声。大徐谓《说文》无"斳"字，他字书亦无，疑与"萚"相承，误重一文。段氏注云：当从艸，斤声；以不立堇部，故附艸部，与"蠲"附虫部同。今考古鼎彝文"用蘄眉寿"、"用蘄匄百禄"、"用蘄绾绰"等"蘄"字，并从单，旂声，即"祈"之古文。"祈"下当原有此字。……（33 页）

　　郑珍通过比较古鼎彝文所载古文字形体与《说文》"薪"字注语，补

"𥙆"为"祈"之古文逸字。

　　𡝤：籀文"妻"。从人中女，白声。
　　见《系传》，段氏已据补。按，《集韵·十九侯》、《类篇·女部》"妻"下并载此籀文，知铉本原有。秦《绎山碑》《诅楚文》"敄"字作"𡝤"，左旁即此，惟中稍变。今部末有"𡝤"，毛房增。（113页）

郑珍通过比较秦《绎山碑》、《诅楚文》碑文所载古文字形体与《系传》、《集韵》、《类篇》所载之籀文，补"𡝤"字为"妻"之籀文逸字。

（二）利用历史比较法考证新附字

大徐新附字中本就包含了不同时代、不同性质的一些文字形体，因此郑珍、郑知同父子在《说文新附考》一书中对新附字进行年代断定、古字考察、本义追溯等研究时都必须要借助历史比较法。

1. 利用历史比较法考证新附字之性质

　　虣：虐也。急也。从虎从武。见《周礼》。薄报切。
　　按，《周礼》"暴"皆作"虣"，唯《秋官》"禁暴氏"作"暴"。郎瑛云："刘歆尝从扬子云学作奇字，故用以入经。"可知古经原皆作"暴"。"禁暴氏"特改所未尽者耳。然"虣"实先秦所传奇字。《易·系辞》"以待暴客"，《释文》云："暴，郑作'虣'。"郑君易即费氏古文也。
　　知同谨按，秦《诅楚文》石刻已有"虣"字，樊毅《修华岳庙碑》用其文，许君未收耳。其形当左武右虎，此体误书。今《诅楚文》传刻左旁作"戒"，亦出临摹之过。（270页）

郑珍通过比较《周礼》、《秋官》之古文字形体，古经原皆作"暴"。又通过比较《易·系辞》与《释文》引郑玄之言，认为新附字"虣"实为先秦古文。郑知同又通过比较石刻碑文之形体，支持父说。

　　刹：柱也。从刀未详，殺省声。初辖切。

　　按，字出梵书。《众经音义》云："按'刹'书无此字，即'刴'字略也。'刴'音初一反。浮图名'刹'者，讹也。"是玄应认"刹"为"刴"之俗。或俗书"㮚"讹为"柒"，又省作"朿"，因讹为"杀"。《类编·刀部》亦有"刹"字。大徐附此等讹谬俗书，以古篆偏旁作之，亦太不伦矣。（266 页）

郑珍通过比较《众经音义》玄应"'刹'为'刴'之俗"之言与《类编》"刹"字形体，认为俗书"㮚"讹为"柒"，又省作"朿"，因讹为"杀"。

2. 利用历史比较法考证新附字之年代

　　芙：芙蓉也。从艸，夫声。防无切。
　　蓉：芙蓉也。从艸，容声。余封切。

　　按，《说文》"蘭"字、"荷"字注止作"夫容"，《汉书》凡"夫容"字皆不从艸。魏晋后俗加。（216 页）

郑珍通过比较《说文》中"蘭"、"荷"二字注语与古籍《汉书》中"夫容"字形，认为古止作"夫容"，从艸之"芙蓉"为魏晋后所加。

　　藏：匿也。臣铉等按，《汉书》通用"臧"字，从艸后人所加。昨郎切。

　　按，汉《孔耽孙叔教碑》、《祝睦后碑》已有"藏"字。从艸汉人所加。（221 页）

郑珍通过比较徐铉"《汉书》通用'臧'字"之言与汉代碑文所载"藏"之形体，断定"藏"从艸为汉人所加。

氅：析鸟羽为旗纛之属。从毛，敞声。昌两切。

按，注义未详。所出《篇》、《韵》并云："氅，鹙毛。"其字不见汉魏人书，唯《世说》始有"鹤氅裘"，是六朝名称。（330 页）

郑珍通过比较汉魏人书与《世说新语》，断定"氅"为六朝名称。

3. 利用历史比较法考证新附字之古字

馱：负物也。从馬，大声。此俗语也。唐佐切。

按，《说文》："佗，负何也。"即"馱"古字。《前汉·赵充国传》"以一马自佗负"，《方言》"凡以驴马馲驼负物者谓之负佗（今本作'他'，俗改）"皆是。俗因马佗造此。本读平声，唐人诗所用韵尚然；别读去声。（356 页）

郑珍通过比较《说文》、《前汉·赵充国传》与《方言》之言，认为"佗"即"馱"之古字，俗因马佗造此新附字。

槔：桔槔，汲水器也。从木，皋声。古牢切。

按，《曲礼》"奉席如桥衡"注"桥，井上挈皋"（依《释文》本），《前汉·郊祀志》"通權火"张晏注"權火状若井挈皋"，《司马相如传》"烽举"孟康注"烽如覆米薁，县著契皋头"，《贾谊传》"烽燧"文颖注"边方备胡寇，作高土橹，橹上作桔皋"。《淮南·泛论训》同《墨子·备城门篇》，作"颉皋"。皆止借"皋"字。从木汉已后俗增。（280 页）

郑珍通过比较《曲礼》注、《前汉·郊祀志》"通權火"张晏注等多家古籍注文，认为"桔槔"之"槔"古皆只借"皋"字。

4. 利用历史比较法考证文字孳乳之过程

躃：蹁躃，旋行。从足，署声。酥前切。

按，《说文》止有"蹁，足不正也"。叠言之曰"蹁躚"，本为行不正之貌。《广韵》训"旋行"，亦行不正也。而"躚"古无专字。《庄子·大宗师》"骈躚"，《释文》云："崔本作'邊鲜'。'邊鲜'即'跰躚'也"，止借二字作之。

知同谨按，《史记·平原君传》"有躄者槃散行汲"，《集解》云："散亦作'珊'。"亦借用二字。又《司马相如传》"媻珊勃窣"，《汉书》"珊"作"姗"；又云"便姗媻屑"。皆假借，无正字。《众经音义》卷十一引《广雅》又作"盤姍"。"蹁躚"始见张平子《南都赋》云"蹩躠蹁躚"，即《相如传》"媻屑便姗"之异文，汉世字也。《庄子》则俗改作"跰躚"；而《玉篇》又有"蹒跚，旋行貌"，《广韵》"蹒跚，跛行貌"。俗又作两形。后世文字之孳乳寖多，半由词赋家递加偏旁。"躚"又作"躚"，更省文也。（237页）

郑珍、郑知同父子通过比较"蹁躚"在古代文献中的不同形体，认为"躚"古无专字，并发现了"蹁躚"一词的诸多借字，从而在一定程度上反映了文字孳乳的历史过程。

总的来说，郑珍、郑知同父子在文字学研究实践中充分利用形体分析法和历史比较法等方法，通过偏旁分析增补逸字、考辨逸字真伪、辨别新附字属性，通过"形符通用通作"特点来考证《说文》逸字、新附字，通过比较不同历史时期的古文字形体来增补逸字，通过历史比较法对新附字的性质、年代、对应古字、孳乳过程等进行考证，取得了十分丰硕的成果。

第二节　据　音　考　证

文字作为记录语言的符号，本是形、音、义三方面的统一。但是由于汉字形体本身的特殊性，一般认为汉字是表意文字而非表音文字。古文字研究者们在对古汉字进行考释时，也多是据形、据义考释，而少有据音考释。例如，高明先生、张秉权先生在论及古文字考释方法时，都没有论及据音考释;① 杨树达则明言只有在形、义均行不通的情况下,才会"乞灵于声韵"②。

郑知同在《说文新附考》一书中大力驳斥钮树玉"不守偏旁声读以谈古今字"、"舍音韵而求文字"之弊。郑珍、郑知同父子在对《说文》逸字、《说文》新附字的考证过程中,十分注意据音考证。

一、据文字谐声关系

郑珍、郑知同在对《说文解字》进行研究时多次利用文字谐声来增补《说文》逸字、考证《说文》新附字之古字。主要分为以下三类:

(一)"读"、"读为"、"读若"例

> 希:疏也。从巾,从爻,与"爽"同意。
>
> ……钱氏大昕以《周礼》"希冕"注读"希"为"絺",谓"希"即古文"絺"。段氏以郑本《虞书》"絺绣"作"希绣",注云:"希读为黹",疑"希"为古文"黹"。按,凡郑注言"读为"者,例是经用假借、改从本字。"希"若即古文"絺"、"黹",何待改读?……(76页)

郑珍认为,凡郑注言"读为"者,例是经用假借、改从本字。"希"若即古文"絺"、"黹",何待改读?驳钱氏、段氏二说皆误。补"希"为

---

① 高明先生《中国古文字学通论》中列举了"因袭比较法"、"辞例推勘法"、"偏旁分析法"、"据礼俗释字"四种主要古文字考释方法(第167~171页);张秉权先生《甲骨文与甲骨学》中列举了"直接指认法"、"偏旁分析法"、"比较对照法"、"寻绎推勘法"、"历史考证法"、"类比研究法"六种考释甲骨文的方法(第135~146页)。

② 杨树达先生在《积微居金文说·自序》中说:"每释一器,首求字形之无牾,终期文义之大安。初因字以求义,继复因义而定字。义有不合,则活用其字形,借助于文法,乞灵于声韵,以假读通之。"(第1页)

《说文》逸字。

> 腔：肉空也（今本"肉"误"内"，依《韵会》引）。从肉从空，空亦声。苦江切。
>
> 按，《庄子·养生主》"导大窾"，《释文》引司马云："窾，空也。""空"即古"腔"字，俗增肉。吴才老《韵补》"空"有"祜江切"，引徐干《室思赋》"空"与"伤"韵，正合"腔"读。……（263页）

郑珍根据吴才老《韵补》"空"有"祜江切"，引徐干《室思赋》"空"与"伤"韵，正合"腔"读，而认为"空"即为新附字"腔"之古字。

> 懰：大哭也。从心，動声。徒弄切。
>
> 按，《周礼·大祝》"九拜：……四曰震動"。杜子春："動，读为哀動。"（据叶抄本）知古字作"動"。《论语》"颜渊死，子哭之懰"，《释文》引郑云"变动容貌"。郑君注者为鲁《论》，而文义兼考之齐、古。盖古《论语》是"動"字，故以"動容"解之。鲁《论语》作"懰"，汉世字也。（371页）

郑珍根据《周礼》杜子春注"動，读为哀動"及郑玄《论语》注文，推知新附字"懰"古字作"動"。

> 壾：耕也。从土，狠声。康很切。
>
> 知同谨按，《说文》："艰，土难治也。"段氏云，许书无"壾"，疑古"艰"即"壾"字。"壾"从狠，"狠"与"艰"同从艮声也。钮氏云，《说文》攴部"敱，有所治也。读若狠"。盖"壾"古作"狠"，而"狠"又"敱"之通假字。两说皆可通。（425页）

郑知同以"狠"与"艰"同从艮声，"敱，读若狠"，认为段玉裁"古'艰'即'壾'字"、钮树玉"'壾'古作'狠'"二说皆可。

(二)"通"、"通用"、"同"例

餕：食之馀也。从食，夋声。子峻切。

知同谨按，《礼经》"特性馈食"、"少牢馈食"、"有司彻"皆以"𩜁"作"餕"字。注云："古文'𩜁'为'餕'。""𩜁"者，"籑"之隶体省变……《说文》"籑"与"馔"同。《论语》"先生馔"，《释文》云："馔，郑作'餕'。"知"餕"与古"籑"、"馔"通。(271页)

郑知同根据古文"𩜁"为"餕"、《说文》"籑"与"馔"同，知"餕"与古"籑"、"馔"通。

砧：石拊也。从石，占声。知林切。

按，……据《周礼》"王弓、弧弓以射甲革椹质"，《说文》"弓"字注引作"甚质"，知古止借"甚"字。后人以斫木质用木，加木作"椹"；捣衣质用石，加石作"碪"。《玉篇》："碪，捣石也。""砧"为重文。则从占者又出"碪"后。或据《广韵》"椹"重文作"枮"，谓《说文》"枮"即"砧"字，未然。枮木名，同音得通用耳。(351页)

郑珍认为新附字"砧"古止借"甚"字，后人以斫木质用木，加木作"椹"；捣衣质用石，加石作"碪"，后又改从占作"砧"。"枮"为木名，非"砧"之本字，只是因同音而得通用。

酩：酩酊，醉也。从酉，名声。莫迥切。

酊：酩酊也。从酉，丁声。都挺切。

知同谨按，《晋书·山简传》："茗艼无所知。"原借作"茗艼"字。此本后世语，作"酩酊"更后出。钮氏据《庄子·则阳篇》"颠冥乎富贵之地"，《释文》引司马云："颠冥，犹迷惑也。"疑"茗艼"即"冥颠"。今审"丁"与"颠"古音有通转者，"茗艼"作"冥颠"，于义

亦通，可备一说。（438 页）

郑知同在考证新附字“酩”、“酊”时，认为“丁”与“颠”古音有通转，“茗艼”作“冥颠”于义亦通，故认为钮氏“‘茗艼’即‘冥颠’”可备一说。

（三）“假”、“借”、“假借”例

譝：誉也。从言，蝇省声。

按《左氏庄十四年传》“绳息妫”，《音义》“绳，《说文》作‘譝’”。是唐本有此字。“绳”无“誉”义。《传》假同声，“譝”其正也。“绳”从蝇省声，此当同。（41 页）

郑珍认为《左传》中“绳息妫”，“绳”无“誉”义。《左传》是假同声，“譝”为其正字，补“譝”为《说文》逸字。

榭：台有屋也。从木，躲声。词夜切。

按，……盖“榭”在天子诸侯为讲武所居，在六乡为州学。讲习武事，以射为先。州长春秋会民，射以观德，故即名其屋曰“射”。惠氏栋云：“‘宣榭’，《左氏》古文当本作‘射’。”……经典通借作“谢”，故郑君云“宜从谢”。……作“谢”皆古本也。今经文凡作“榭”如《尔雅》“无室曰榭”、“台有木者谓之榭”等，皆后人所改。古读“躲”、“謝”与“豫”、“序”同，故《礼经》或借二字用之。“榭”从木，是汉以后字。（276 页）

郑珍认为新附字“榭”古本当作“射”，经典通借作“谢”，因古读“躲”、“謝”与“豫”、“序”同，故《礼经》借二字用之。

罹：心忧也。从网，未详。古多通用“離”。吕支切。

知同谨按，"罹"训"遭"，亦训"忧"，古本作"羅"。《书·汤诰》"罹其凶害"《释文》云："罹本亦作'羅'。"……亦通作"離"。《诗·四月》"乱離瘼矣"毛《传》："離，忧也。"……汉碑多作"罹"，是汉时俗改，而《马江碑》犹作"遭離"。……作"離"则同声假借。故《方言》云"羅谓之離"、"離谓之羅"。"羅"声本在歌戈韵，而与"離"通者，盖"離"由支脂韵转入歌戈。《兔爰》、《斯干》之"離"，并与歌戈韵内字叶。此古音之正变也。自汉以来，"羅"与"離"异韵，而经典"羅"、"離"互见，世遂改"羅"之从维会意者别从惟声，与"離"同入支脂韵，使音读划一。大徐言"从网，未详"，不知"罹"即"羅"之变也。（308页）

郑知同认为新附字"罹"即"羅"之变，作"離"为同声假借。"羅"声本在歌戈韵，而与"離"通者，盖"離"由支脂韵转入歌戈。自汉以来，"羅"与"離"异韵，而经典"羅"、"離"互见，世遂改"羅"之从维会意者别从惟声，与"離"同入支脂韵，使音读划一。

二、据相关古音知识

需要指出的是，上一部分的"据文字谐声关系"也是利用古音知识考证逸字、新附字的一种。只是由于汉字形体上的特殊性，本书把形体上具有相关性的谐声字拿出来单独进行讨论，而把利用古音知识考证形体上没有相关性的逸字、新附字的部分放在这里进行讨论。

郑珍、郑知同父子除了通过文字直接、外在的谐声关系来判定通用、假借之关系，还非常善于利用其他古音知识来判断没有直接谐声关系的古字间的关系。主要包括以下三个方面：

(一)音同音近声符通作

所谓"音同音近声符通作"，指的是几个不同声符在古文字系统中的等量替换现象。即一个形声字有几种不同的写法，区别仅在于声符形体上的差异。

> 筠：竹皮也。从竹，均声。王春切。
>
> 按，"筠"系汉时"筍"之别体。"筍"从旬声，"旬"、"均"古字通。《易·丰卦》"虽旬无咎"注云："旬，均也。"《释文》云："旬，荀作'均'。"《周礼·均人》"公旬"，注云"旬，均也"，称"《易》'坤为均'，今书亦有作'旬'者"。《礼·内则》"旬而见"，注云："旬当为均声之误也。"可见"筠"从均即是"筍"字。……（267 页）

郑珍通过多种文献注语，"旬"、"均"古字通，"筠"从均即是"筍"字。因而认为新附字"筠"系汉时"筍"之别体。

> 珝：玉也。从玉，羽声。况主切。
>
> 按，当即"璭"之别。《左氏春秋·昭三十年》"徐子章禹"，《榖梁经》作"羽"。古"禹"、"羽"通，故"璭"或作"珝"，但未见出何书。（214 页）

郑珍因古"禹"、"羽"通，而推断"璭"或作"珝"。虽无书证，但却可信。今考《三国志·吴志》记载薛综有子名珝，官至威南大将军。始见此字。

(二) 含音同音近声符字的通用

含有音同音近声符的字，在古文字系统中常可通用，郑珍、郑知同也利用这一规律对《说文》逸字、新附字进行研究。

> 桑：籀文"桑"。
>
> 《集韵·十一唐》、《类编·叒部》"桑"下并称《说文》"籀作'桑'"，是据铉校原本。"桑"字从兆，绝无意义。考《魏石经遗字》及《碧落碑》，其"若"字并作桑，上体即"叒"，下与"襄"古文桑下

体同。又《古易音训》"出涕沱𤕸"下引陆氏曰："𤕸，古文'若'皆如此。"……知此籀文乃从叒、从古文襄省声也。"桑"从叒，"叒"与"若"通，故《易》得假用。《石经》、《碧落》中多一横，当以《易》体为正。《集韵》、《类篇》从兆者，或铉本脱一笔作𤔇，故沿之。（63页）

郑珍根据《魏石经遗字》、《碧落碑》及《古易音训》所录古文字形体，补"𤔇"为"桑"之籀文逸字，此籀文乃从叒、从古文襄省声。又认为"桑"从叒，"叒"与"若"通，故《易》得假用"若"作"桑"。

　　祧：迁庙也。从示，兆声。他彫切。
　　……知同谨按，古兆声、翟声之字多相通。《书·顾命》"王乃洮颒水"，郑君注云："洮，澣衣成事。"意以"洮"即"濯"字。……《方言》"佻疾"，郭璞注云：佻音耀，此皆"祧"古作"濯"之证。依《玉篇》"祧"重文作"𥚃"，注"古文"。疑"濯"先变为"𥚃"，后乃改作"祧"也。……（207页）

郑知同据古"兆"声、"翟"声之字多相通，列举多条相关证据，并推知"濯"先变为"𥚃"后乃改作"祧"这一文字演变过程。

　　帒：囊也。从巾，代声。或从衣。徒耐切。
　　按，《说文》："幐，囊也。从巾，朕声。"即古"帒"字。《广雅》"帗谓之幐"，尚止作"幐"，知改作"帒"在魏晋后。古朕、代两声多通，如"幐"之别体作"黱"（今《说文》脱"黱"篆，见《六书故》称唐本），螣蝰字经典亦作"螣"，可证。或借"縢"为之。《汉·儒林传序》云"小乃制为縢囊"是也。（312页）

郑珍认为古朕、代两声多通，故推知"幐"即古"帒"字。运用"含音同音近声符字的通用"这一规律考求新附字古字，令人信服。

(三)一声之转

所谓"一声之转",指的是在声母相通相类的情况下,由韵部的转变而造成的字词的孳乳、分化、通假等现象。这种方法可以突破文字形体的限制,通过语音的联系来探求字词意义。郑珍、郑知同在对《说文》逸字、新附字的考证过程中也运用了这一方法。

> 卌:四十并也。古文,省。
> ……
> 知同谨按,本书林部"爽"下云:"卌,数之积也。"则字偏旁有之。又耒部"桂"下云:"卌又(依《集韵》宋本作'册又',毛本作'桂又',皆误),可以划麦。"即注义亦有"卌又",即《释名》所谓"四齿耙为櫂"。以其上下排竹木四齿,形似指叉而肖"卌"字,故名。省称即名"卌"。《广韵》"卌"下引《字统》云"插粪耙"是也(插粪者,抹摋粪除之谓)。后因别制"桂"字。"桂"、"卌"一声之转。(38页)

郑知同以"桂"、"卌"一声之转,证划麦之"桂"形似指叉而肖"卌"字,故古省称名为"卌又"。以此作为郑珍补"卌"为《说文》逸字之证据。

> 幞:帊也。从巾,菐声。房玉切。
> 按,《御览》、《广韵》并引《通俗文》:"帊曰衣幞。"《玉篇》:"幞,巾幞也。"此亦后世名。"帊"、"幞"一声之转。依《广韵》"幞"重文作"襆",《集韵》"幞"或作"襆"、"纀"、"襮",知其初借"裳削幅"之"纀"作之,"纀"、"襮"乃"纀"之省变,俗又专作"幞"字。若"幞头"则后周武帝所造。因裁幅巾、出四脚以幞头,故名(见《广韵》及《唐书·舆服志》),义当用"撲"。(313页)

郑珍根据《御览》、《广韵》并引《通俗文》"帊曰衣幞",认为"帊"、

"幞"一声之转，因此意义相同。

> 毬：鞠丸也。从毛，求声。巨鸠切。
>
> 按，《说文》："鞠，蹋鞠也。"重言之曰"蘜鞠"，见《国策别录》、《汉·艺文志》。说者谓"毬"、"鞠"一声之转，即"鞠"俗字。"打毬"始见《西京杂记》，是汉已来俗加。……（330 页）

郑珍因"毬"、"鞠"一声之转，而认为"毬"即"鞠"之俗字。

> 透：跳也，过也。从辵，秀声。他候切。
>
> 知同谨按，《方言》："逴、狢、透，惊也。自关而西秦晋之间凡蹇者谓之逴，宋卫南楚凡相惊曰狢，或曰透。"此"透"之本义也。古字作"倏"。《贾子·容经篇》"穆如惊倏"，即"透"字。《韵会》引《说文》："倏，犬走疾也。"（今《说文》止注"疾也"，文脱。）"走疾"，故有"惊"义。《说文》"狢，读若愬"，"倏，读若叔"，"愬"古音入声如"朔"，"狢"、"倏"一声之转。"倏"之去声则如"秀"，故别从秀声作"透"，古仍读叔，见曹宪《广雅音》、《篇》、《韵》。透音"他候切"，亦有"式六切"之读，则古今音两存之。……（233 页）

郑知同以"狢，读若愬"，"倏，读若叔"，"愬"古音入声如"朔"，"狢"、"倏"一声之转，"倏"之去声则如"秀"，故别从秀声作"透"，古仍读叔，证"透"之古字作"倏"。

总的来说，郑珍利用文字谐声、音同音近声符通作、一声之转等古音知识来进行《说文》逸字、新附字考证，取得了很多成果。用音韵知识来解释一些语义相通现象，在训诂学上是很有用的。但是单纯用音韵知识来说明语义相通相近现象却是很不够的，还必须要有字书佐证或前人的明确用例，否则容易犯错。例如，章太炎的《文始》运用"一声之转"对汉语同源字作了一个全面探讨，但由于其对古声韵通转的条件设置过于宽泛，受到了很多质疑和批判。郑珍、郑知同父子在运用音韵知识进行《说文》逸字、新附字考证时，十分注意结合其他字书、韵书、文献用例来进行分析论证，故而得出的结论较为令人信服。

第三节 据 义 考 证

文字是形音义的统一体，字形、字音都是其意义的外在载体。进行古文字研究的根本目的还是为了通过字形、字音来求得其意义。"义"是在文字的实际使用过程中体现出来的，因此更多地不在于一个字本身而在于其所处的整个文字系统。作古文字研究时必须要进行据义考证，只有文意通畅，才能算是合格的考证。

郑珍、郑知同父子在进行逸字搜求、非逸字断定和新附字考证等工作时，常利用意义要素来进行论证。

一、据训释注义

《说文》等字书、韵书中的文字训释注义，是研究古文字的重要参考材料。郑珍父子在进行逸字搜求、新附字考证时，常常根据古书中的文字训释注义来进行研究。

(一)据训释注义增补逸字

1. 据《说文》释义增补逸字

姒：夏禹吞薏苡生目，因以为姓。从女，目声。

按，"鄩"下云："姒姓国。""咸"下引《诗》："褒姒灭之。"已见注义，不应录"姚"、"妫"、"姬"而遗有夏国姓也。古"薏苡"字止作"薏目"("目"下贾侍中说"目，薏目实，象形")。禹因其母吞薏目而生，故其姓加女作"姒"。……(112页)

郑珍根据《说文》"鄗"字、"威"字注义，认为许书不应录"姚"、"妡"、"姬"而遗有夏国姓，补"姐"为《说文》逸字。

2. 据他书释义增补逸字

> 蹳：蹪蹳也。从足，發声。
>
> 跋：跋蘷行貌。从足，发声。

> 今铉本有"跋"无"蹳"，"跋"训"蹪跋也"。《系传》乃是"蹳"字训"蹪蹳也"。其近部末乃有"跋"，训"蹪跋也"。考《韵会》所据《说文》是用《系传》本，其《七曷》"蹳"下引《说文》："蹪蹳也，从足，發声。""跋"下引《说文》"跋蘷行貌。从足，发声"。证以《玉篇》、《广韵》，"跋"上云"跋蘷行貌"，并无"蹪跋"之义。玄应《音义》卷十四引《说文》："蹪蹳也。"可见"蹪蹳"字从發，"跋蘷"字从发，二文形、声、义俱异。《系传》确是许君旧文。……（37页）

郑珍根据《系传》、《韵会》、《玉篇》、《广韵》等书"蹳"、"跋"下之注语，认为"蹪蹳"字从發，"跋蘷"字从发，二文形、声、义俱异。铉本以"跋"当"蹳"，解又作"蹪跋"，失"蹳"字并失"跋"义。补"蹳"为《说文》逸字。

3. 比较释义内容增补逸字

> 惄：" 忥"或从韧。
>
> 疒部"癒"从惄声。大徐以本书无"惄"，疑"从心，契省声"，非也。按"忥"训"忽也"，引《孟子》曰"孝子之心，不若是忥"。据赵注本"忥"作"惄"，云"惄，无愁之貌"。"无愁"与"忽"义同，则"惄"当为"忥"之或体。"韧"从丰声，"丰"读若"介"，从"介"从"韧"一也。（102页）

郑珍通过比较《说文》"忥"之释义与赵注本《孟子》"惄"之注语，认为"无愁"与"忽"义同，认为"惄"为"忥"之或体。补"惄"字为或体逸字。

(二) 据训释注义考证新附字

1. 据释义考证新附字之古字

　　毗：琵琶，乐名。从珡，比声。房脂切。

　　琶：琵琶也。从珡，巴声。义当用"枇杷"。蒲巴切。

　　按，《初学记》卷十六引《风俗通》曰："琵琶，近世乐家所作，不知谁起。"……是琵琶出于汉世。其字《风俗通》本作"批把"。徐坚依俗用引《释名》作"枇杷"，云："推手前曰'枇'，引手却曰'杷'，象其鼓时，因以为名。"大徐注本此。《玉篇》引作"琵琶"，亦依俗。然则汉尚无"琵琶"字。且"枇杷"木名，无"推引"义，亦属假借，《说文》："批，反手击也。""批，批击也"鼓琵琶者钩拨似之，当作"批把"为正；作"批把"近之。亦疑《释名》"枇杷"本是从手字。(411~412 页)

　　郑珍认为"琵琶"这一乐器出于汉世，但汉无"琵琶"二字。据《说文》之释义，以其推引鼓奏之法，推断"批把"为"琵琶"之古字，后作"批把"，又借作"枇杷"。

2. 据释义推断新附字意义引申过程

　　昂：举也。从日，印声。五冈切。

　　按，《说文》："印，望也，欲有所庶及也。"此俯仰古字。"仰，举也。"此低昂古字，角部"觲"注"用角低仰便"、马部"骧"注"马之低仰"用之。自印望字通作"仰"，俗因别低仰字作"昂"。据《蒋君碑》、《衡方碑》已有"昂"，汉世所制，从日乃无谓。《汉书》则凡俯印与仰举例作"印"字。《文选·长门赋》"意慷慨而自印"，"印"谓激仰，亦是"仰"本义。盖低仰最初且只作"印"，加"人"犹继出。仰举与印望，本一义之小别，《诗》"印印"训"盛貌"，为仰

举引伸之义，皆最古字之未经俗改者。又《说文》"䭴"训"䭴䭴，马怒貌"，与仰举义近，而专属马言之。（297 页）

郑珍根据《说文》"卬"、"䠟"、"䠱"等字之释义，认为"卬"为俯仰本字，"仰"为低昂古字，因后卬望字通作"仰"，故俗别低仰字作"昂"。

3. 据释义驳前人考证之失

賺：重买也；错也。从贝，廉声。亻陷切。

知同谨按，"买"当作"卖"，见《广雅》、《玉篇》。"错"义亦见《玉篇》。此注本《广韵》作"买"，误也。"賺"系汉已来俗语，古书传无之。钮氏据《众经音义》卷十六引《通俗文》"市买先入曰賒"，谓"賒"义近"賺"，"賒"为"敛"俗，"敛"即古"賺"。是又皮傅，强求古字也。"重卖"者，卖物得价倍于常值，"重"读如字；犹买物出多资谓之"重资"、"重价"。今人犹谓市利多得为"賺钱"，南北皆有此语，俗间通用"赚"为之。"賒"训"市买先入物"，谓善居积者买物常早于人，此聚敛之巧术，故谓之"賒"，文义相去远矣。钮氏殆不瞭"重卖"之注。且"賺"音亻陷切，与"賒"叠韵，尤不可合。（288 页）

郑知同根据比较"賺"、"賒"二字之释义，认为二字文义相去甚远，驳钮树玉"'敛'即古'賺'"之说强求古字，音义皆不可合。

二、据文例句式

凡书都是有一些特定的文例句式的，通过分析《说文》之文例句式有助于发现其中讹误之处，郑珍、郑知同在增补逸字、考证新附字的过程中就使用了据文例句式分析的方法。

（一）据文例句式增补逸字

癘：族癘，皮肥也。从疒，纍声。

《左氏桓六年传》"癘蠡"，《音义》云："蠡，《说文》作'癘'（今本作'癘'，俗省；《说文》无'纍'字），云'族癘，皮肥也'。"知原有"癘"。其"族"字今本亦无。据许君注义，二字一事者，则详注上字。若有"族"，则"族癘，皮肥"语当在"族"下。而陆引此语在"癘"下，是本无"族"，于古当作"族"。陆氏自用俗增字。今《说文》"痤"下云"一曰族絫"。本当作"癘"字。（76 页）

郑珍据许慎注义之文例句式特点，二字一事者，详注上字。推知"族"于古当作"族"，而仅补"癘"为逸字。

黺：绣文如聚细米也。从黹从米，米亦声。《虞书》曰："藻、火、粉黺。"

《书·益稷》"粉米"，《音义》云："《说文》作'黺黺'，徐本作'絿'（徐仙民本）。"按，今《说文》有"黺"无"黺"。而《韵会·八荠》"絿"下称："《说文》：'绣文如聚细米。从糸从米，米亦声。'《说文》或作'黺'，引《书》'藻、火、粉黺'。"检《韵会》引《说文》之例，凡两部两文音义同者，多合于一字下引之，不尽是重文。又所据《说文》是《系传》本。……（77 页）

郑珍根据《韵会》引《说文》之例，凡两部两文音义同者，多合于一字下引之，不尽是重文，而补"黺"为《说文》逸字。

緅：帛雀头色。一曰微黑色，如绀。从糸，取声。

纔：浅也。读若谗。从糸，毚声。

今本止有"纔"，注云："帛雀头色。一曰微黑色，如绀。纔，

浅也。读若谋。从糸，纔声。"无"缋"字。说者以"帛雀头色"与
《考工记》"五入为缋"注"今《礼》俗文作'爵'，言如爵头色也"合，
"微黑色，如绀"与《士冠礼》"爵弁服"注"爵弁，其色赤而微黑，
如爵头然，或谓之缋"合，遂谓"缋"字许君止作"纔"。按，此注属
文可疑。"一曰微黑色"是一义；"纔，浅也"又一义，不应不加"一
曰"字，且止当云"一曰浅也"，不应另提"纔"字曰"纔，浅也"。
又，纔声在侵覃部，更不应取鱼虞部中之"取"字为声，别造"缋"
字。……（117页）

郑珍根据许慎《说文解字》之文例句式，认为《说文》"纔"注属文可
疑。"一曰微黑色"是一义；"纔，浅也"又一义，不应不加"一曰"字，
且止当云"一曰浅也"，不应另提"纔"字曰"纔，浅也"。故补"缋"字为
《说文》逸字，对应"微黑色"之义。

（二）据文例句式考证新附字

　　醒：醉解也。从酉，星声。按，"醒"字注云："一曰醉而觉
也。"则"醒"古亦音醒也。桑经切。
　　按，醉未觉曰"醒"，醉觉亦曰"醒"。犹不治曰"乱"，乱又训
"治"；不今曰"故"，"故"又训"今"；不存曰"徂"，徂又训"存"；
不劳曰"愉"，愉又训"劳"。古字反覆见义，似此不少；非如后世
有一义尚不止一字也。《众经音义》引《字林》云："醒，醉解也。"
吕忱已收之。……（439页）

郑珍根据古书释义之文例句式，认为古字常反覆见义，故醉未觉曰
"醒"，醉觉亦曰"醒"。因此认为"醒"为新附字"醒"之古字。

　　䮝：马行徐而疾也。从马，與声。《诗》曰："四牡䮝䮝。"
　　𩢲：马腹下声。从马，學省声。

今本无"騾"，其"驉"下云"马行徐而疾也，从马，學省声"。按，《集韵·九鱼》、《四觉》、《类篇·马部》"騾"下并称："《说文》'马行徐而疾'，引《诗》'四牡騾騾'"（凡《说文》所引经，二书俱加"引"字）；"驉"下并称："《说文》'马行徐而疾也；一曰马腹下声'。"是所据铉校初本如此。推初本两文义同，次必联属，当"騾"上"驉"下。自传写以形近误"騾"为"驉"，即上下成两"驉"篆。后校刻者见上"驉"篆之注"从马，與声"于篆不应，"四牡騾騾"又无出处，而下"驉"篆之注"马行徐而疾"与上注同，"马腹下声"又义不经见，以为写者复乱，因删"从马與声诗曰四牡騾騾某某切驉马行徐而疾也一曰马腹下声"凡二十六字，遂成今本。……（93 页）

郑珍根据许书文例句式，两文义同，次必联属，推断许书原貌初本当"騾"上"驉"下。自传写以形近误"騾"为"驉"，即上下成两"驉"篆，后校刻者删"騾"之注文而成今本。故补"騾"为《说文》逸字。

三、据文献资料

除了《说文解字》等专门的字书之外，其他古代典籍和传世文献中保存了大量的古文字形体、音韵、训诂和应用资料，是古文字的重要载体。郑珍在《说文逸字》、《说文新附考》中引用了大量的古代文献资料来作为参证。

（一）据文献增补逸字

1. 据经典用字补逸字

玈：黑色也。从玄，旅省声。

此字大徐新附，云"义当用黸"。按，《左氏僖二十八年传》"彤弓"、"玈弓"注："彤，赤。""玈，黑。"正义云："《说文》'彤'从丹，'䵾'从玄，是赤黑之别也。"知《说文》本有"䵾"字。孔氏《古文尚书·文侯之命》本作"䵾弓"、"䵾矢"。正义云："'彤'字从丹，'䵾'字从玄。"可见今作"盧"系卫包所改。……(49页)

郑珍根据《左传》、《古文尚书》中的用例，对比从"丹"之"彤"，补从"玄'黑'义"之"䵾"为《说文》逸字。

2. 据经典注疏补逸字

　　斑，多也。从多，辛声。
　　《诗·螽斯》，《音义》云："詵，《说文》作'斑'。"知所据本有"斑"字。《玉篇》、《广韵》并云"多也"，当本许义。(68页)

郑珍根据《音义》中对《诗·螽斯》的注疏，认为"斑"字为《说文》逸字，又据《玉篇》、《广韵》之注语认为"斑"字义为"多也"。

3. 据文献记载的社会用字补逸字

　　磾：染缯黑石，出琅邪山。从石，单声。
　　见《广韵·十二齐》引。按，汉武时已有金日磾用此为名，是《仓颉正字》亦可见。(92页)

郑珍根据汉武时有"金日磾"之名，《仓颉正字》中亦有记载，而补"磾"字为《说文》逸字。

(二)据文献考证新附字

1. 据文献用字断定新附字年代

　　鷓：鷓鴣，鸟名。从鸟，庶声。之夜切。
　　鴣：鷓鴣也。从鸟，古声。古乎切。
　　按，《北户录》引郭义恭《广志》作"遮姑"，又引《古今注》云

"其名自呼"。六朝人尚止用"遮姑"字，改从鸟晚出。（260 页）

郑珍根据《北户录》（唐·段公路撰）引《广志》（晋·郭义恭撰）、《古今注》（晋·崔豹撰）中"鷓鴣"字尚止作"遮姑"，断定改从鸟当在六朝之后。

2. 据文献记载考证新附字

> 髫：小儿垂结也。从髟，召声。徒聊切。
>
> 按，字本作"齠"，为小儿毁齿。《韩诗外传》："男子八月而生齿，八岁而齠齿。"庾信《齐王宪碑》本之，云"未逾齠龄，已议论天下事"是也。后别其字从髟，义亦易为小儿垂髫，非古矣。潘乾《校官碑》已有"髫"，知汉新增。……（336~337 页）

郑珍据《韩诗外传》和《齐王宪碑》之记载，认为新附字"髫"字古本作"齠"，为小儿"八岁毁齿"之义。又据《校官碑》之记载推知汉代改从髟。

> 闼：门也。从门，达声。他达切。
>
> 按，《说文》："闼，楼上户也。从门，羍声。"即古"闼"字。《西京赋》说神明台曰"上飞闼而仰眺"，《西都赋》说井干楼曰"排飞闼而上出"，义并"楼上户"，而"闼"字作"闼"，可证（薛注《西京》"飞闼"为"突出方木"，义无所见）。亦通称门曰"闼"。《史记·樊哙传》："排闼直入。"《广雅》："闼谓之门。"《诗·齐风》"在我闼兮"毛《传》云："闼，门内。"与《韩诗》说门屏之间曰"闼"同。盖据诸侯内屏为言，门内是门屏之间也。（392~393 页）

郑珍据《西京赋》、《西都赋》所载"闼"义并"楼上户"，同《说文》"闼"注，证新附字"闼"古作"闼"。又据《广雅》、《韩诗》等古籍之记载，认为古亦通称门曰"闼"。

3. 据典章制度考证新附字

　　珈：妇人首饰。从玉，加声。《诗》曰："副笄六珈。"古牙切。

　　按，《毛诗》"副笄六珈"，传云："珈笄（句），饰之最盛者。所以别尊卑。"笺云："珈之言加也。副既笄而加饰，如今步摇上饰。"正义云："珈者，以玉加于笄为饰。"依文义求之，知经传本皆作"加"。盖后夫人惟祭服有衡笄垂于副之两旁，已是盛饰；又以六物加于笄上，故传谓"加笄，饰之最盛者"。非"加"即是首饰，乃加于笄之六物方为首饰也。……（209 页）

　　郑珍据古代服饰"别尊卑"之特点，祭服有衡笄垂于副之两旁，已是盛饰，又以六物加于笄上，故谓"加笄，饰之最盛者"。证新附字"珈"古作"加"。

　　笏：公及士所搢也。从竹，勿声。按，籀文作𥬔，象形，义云"佩也"，古笏佩之。此字后人所加。呼骨切。

　　按，徐说是也。见《说文》"𥬔"字下。《礼记》："笏，天子以球玉，诸侯以象，大夫以鱼须文竹，士竹本，象可也。"是唯大夫、士笏乃用竹。今以竹形之字施于天子诸侯所用玉象，名实不符。汉已来俗书多似此。（268~269 页）

　　郑珍根据《礼记》所载礼俗制度，认为古代唯大夫、士笏乃用竹，今以竹形之字施于天子诸侯所用玉象，名实不符。因此断定新附字"笏"为汉以来俗书。

4. 据古代风俗考证新附字

　　榻：床也。从木，弱声。土盍切。

　　按，《释名》云："长狭而卑曰榻，言其榻然近地也。"又云："榻登，施之大床前小榻上，登以上床也。"又云："蹋，榻也。榻著地也。"推此数义，知古人床制：前设一木榻，形狭而长，如今坐凳，但足卑，去地近耳。榻上施毡綖之属，坐卧皆蹋此而上。故即名木所作曰"蹋"，名上所施毡綖曰"蹋登"。俗别改木榻字从木，又改蹋登字从毛。大徐亦附"𣯶"、"𣰆"于毛部，皆非也。刘成国以"蹋"、"榻"互训，知从木汉人所为。（278 页）

郑珍据《释名》之记载，推知古人床制。进而推知新附字"榻"古作"蹋"，后汉人俗改木榻字从木，又改蹋登字从毛。

> 襖：裘属。从衣，奥声。乌皓切。
>
> 按，《旧唐书·舆服志》："褾服，古裘衣也。江南以巾褐裙襦，北朝杂以戎夷之制。至北齐有长帽短靴，合袴襖子。若非元正大会，一切通用。"是"襖子"始自北齐。古无此服。（327 页）

郑珍据《旧唐书·舆服志》所载古人服饰，认为北朝服饰杂以戎夷之制，北齐时才有"襖子"这一服饰。

总的来说，郑珍利用意义要素进行文字学研究，分析和比较《说文》及他书对文字的训释注义来增补逸字、考证新附字的对应古字、推断新附字意义引申过程、驳前人考证之失，通过分析和总结《说文》等古书的文例句式来帮助《说文》逸字和新附字的研究，利用传世经典的用字情况、注疏材料和文献记载的典章制度、社会风俗等来增补逸字、考证新附字。其中的很多考证实例体现了郑珍对"说文学"研究传统"以许补许"（"内证法"）的超越，郑珍尝试结合"外证法"来进行《说文》逸字、新附字研究，并取得了很好的效果。

本章从形、音、义三个方面对郑珍文字学研究的方法进行分析和探讨。郑珍在对《说文》逸字、新附字的考证过程中，不仅能根据《说文》记载的文字自身的形、音、义特点进行细致的分析解释，而且非常善于利用《说文》之外的其他材料记载的文字形、音、义特点进行支撑论证，并常常将"内证法"与"外证法"相结合进行文字考证工作。郑珍以前的学者基本上是墨守"以许补许"、"以许证许"的传统考证方法，对于《说文》之外的其他文字材料常常持怀疑态度，故而郑珍通过"外证法"考证的《说文》逸字、新附字在当时也受到了很多质疑和批判。但是，郑珍的很多考证还是可信的。郑珍之后的学者，逐渐开始接受"外证法"这一文字学研究方法。郑珍拓展了对《说文》逸字、新附字的研究方法，可以说，郑珍的文字学研究方法是文字学研究方法变革史上承上启下、不可或缺的重要一环。

第四章　郑珍文字学思想

郑珍阐述自己文字学思想的专著有《说文大旨》、《转注本义》等，但皆已散佚。本书只能从散见于《说文逸字》、《说文新附考》等传世文字学专著中的相关注语来探知郑珍的文字学思想，包括汉字形音义之间的关系、汉字的结构体系、汉字的发展演变等。

第一节　郑珍的字词观

一、"字"、"词"有别观

传统训诂学往往字、词不分，体现在古文字研究上，常常就会把某字形的出现与其所记录的某语词的出现混为一谈。郑珍却非常注意把"语"和"字"区分开来，在搜求《说文》逸字和考证《说文》新附字的过程中均有所体现。

> 詔：告也。从言召，召亦声。
>
> 此大徐所增十九文之一。段氏删，谓秦造"詔"字，惟天子独称之。《文选》注引《独断》云："詔，犹诰也。三代无其文，秦汉有之。"可证秦以前无"詔"字，至《仓颉篇》乃有"幼子承詔"之语，故许书不录。珍谓经典"詔"俱训"告"，则其字不始于秦。至秦惟天子称"詔"，犹"朕"在古为凡我之称，至秦独天子专之耳。邕书专明事物缘起，无解说文字之言。所谓"无其文"者，此自说三代无

天子称制詔之文，非谓无其字也。……（39~40 页）

郑珍驳段氏"秦造'詔'字"之说，认为经典中"詔"俱训"告"，"詔"字当为先秦古字，只是至秦时变为天子独称，就像"朕"在古为凡我之称，至秦变为天子专称。蔡邕所谓的"三代无其文"，指的是天子专称之"詔"始于秦，并不是说"詔"这个字始于秦造，故补"詔"为《说文》逸字。由此可见郑珍明于字、词的科学的语言文字观，郑珍能够清晰地将文字和文字所记录的语词区别开来。

芙：芙蓉也。从艸，夫声。防无切。

蓉：芙蓉也。从艸，容声。余封切。

按，《说文》"蘭"字、"荷"字注止作"夫容"，《汉书》凡"夫容"字皆不从艸。魏晋后俗加。（216 页）

"芙蓉"这一事物古已有之，记录这一事物的词也早已有之，但至汉时尚只借字拟音写作"夫容"，魏晋后才加"艸"而成"芙蓉"，作为记录这一事物的专用字。可见，郑珍对于文字和文字所记录的语词分辨得十分清楚。

秬：秬秠，膏环也。从米，巨声。其吕切。

秠：秬秠也。从米，女声。人渚切。

按，《楚辞·招魂》"秬秠蜜饵"，《众经音义》卷五引《仓颉篇》："秬秠，饼饵也。"二字殆出自周末，亦是古字，而许君不收。《仓颉》字体"秠"本从如声，作"秠"则后世省书。

知同谨按，……钮氏不知，又一概俗之，乃据《周礼·笾人》注"寒具"，谓"具"与"巨"通，古"秬"本作"巨"；据《释名》、《广雅》"穀黏"之文，谓"穀"即《说文》训"禾属而黏"之"黍"，"秠"与"穀"同，即"黍"俗字说最无理。凡两字成文，同从一偏旁者，分举一字即无义，何以判"秬"、"秠"为两事而各为之？求古字如是

牵强乎？（302 页）

郑珍认为"粔籹"出自周末，是许慎不收之古字，作"籹"为后世省书；而钮树玉却认为古"粔"本作"巨"、"籹"即"黍"俗字。郑知同认为凡二字成文，同从一偏旁者，分举一字即无义，驳钮氏判"粔"、"籹"为两事而各求古字实属牵强。可见，郑氏父子对双字成词的现象认识颇为正确，对"字"与"词"的区分十分明确。

二、文字正俗观

正字、俗字是相对而言的。正字是占据权威主导地位的官方字体，而俗字一般是指汉字史上各个时期流行于民间的通俗字体。正俗字之间的关系不是一成不变的，有些俗字甚至会在后期取代正字的权威主导地位。例如，我们如今常用的"吃"曾经是被视为俗字的，如今却被作为正字流通使用。

传统文字学家常常"以古为正"而对俗字不屑一顾。郑珍在对《说文》逸字、新附字的考证过程中，虽然也使用了"正字"、"俗字"之概念，却不囿于"古正后俗"之见，以及一味地鄙夷俗字、追寻正字，而是致力于这些字的年代断定以及古字与后出字的关系考察。

> 琛：宝也。从玉，深省声。丑林切。
>
> 按，"琛"系古字，《说文》未收。凡经典中字不见《说文》者，多汉魏以来俗改，求之许书必有本字；而亦偶有古文，许君搜罗未尽，十四篇中阙如者。故大徐所附，十九例是俗书，其采自经典者不无一二，为三代正文如此。"琛"字见《诗》是也。庄氏述祖说"琛"古无正体，当依《说文》作"珍"。郝氏懿行则云《诗》用"琛"与"金"韵，若作"珍"则失韵；"琛"与"珍"同训"宝"而音则不同，古必"琛"、"珍"各字。郝说是也。……（211 页）

郑珍认为，凡经典中字不见《说文》者，多汉魏以来俗改，求之许书必有本字；而亦偶有古文，许慎搜罗未尽。大徐新附字不尽是俗字，也有采自经典之古字。"琛"字见于《诗》而不见于《说文》，但却并非后世俗改之字，而是《说文》未尽收之古字。

> 祧：迁庙也。从示，兆声。他彫切。
>
> 按古无"祧庙"正字。《周礼》"守祧"注云："故《书》'祧'作'濯'。"郑司农读"濯"为"祧"。是古止借"濯"字。汉人加作"祧"，盖本读敕宵切，故《礼记·祭法》注云："祧之言超也。"为因声见义也。他彫切乃后世音变。
>
> 知同谨按，古兆声、翟声之字多相通。……依《玉篇》"祧"重文作"禋"，注"古文"。疑"濯"先变为"禋"，后乃改作"祧"也。凡《玉篇》、《广韵》及《众经音义》等书，所载古文最夥，大半不见《说文》，盖皆采自卫宏《古文字书》、郭训《古文奇字》、张揖《古今字诂》等书。观其形体，大抵奇僻，为世所不用。其出自先秦以上六国异文、为李斯所罢不合秦文者，在汉时犹或传之；其即出秦汉已来方俗所制，俱不可定。甚至有因古籍文体假借，世传笔迹讹变，亦指为古文者，更属不经，不可与《说文》所列古文六百余文出自壁中经者相提并论也。（207 页）

郑珍认为古无"祧庙"正字，止借"濯"字，汉人加作"祧"。但显然于"迁庙"义而言，后起之"祧"字比古用之"濯"字更具正字资格。

郑知同补充父说，认为"濯"先变为"禋"，后乃改作"祧"。又认为《玉篇》、《广韵》等书所载之古文大多形体奇僻、为世所不用，有的为六国异文，有的为秦汉俗制，甚至有的是假借、讹变之文，不可与《说文》所列壁中经古文相提并论。可见，郑知同仍是以《说文》所载古文为正的，对于《说文》之外的古文则要注意分辨其正俗真伪，不可一味采信。

第二节　郑珍的汉字结构观

古人对汉字形体构造进行分析与归纳，提出了"六书"理论。"六书"之名最早见于《周礼·地官·保氏》中，东汉许慎在《说文解字·叙》中将其定为象形、指事、会意、形声、转注、假借，并解释说明曰："象形者，画成其物，随体诘诎，日月是也"；"指事者，视而可识，察而见意，上下是也"；"会意者，比类合谊，以见指撝，武信是也"；"形声者，以事为名，取譬相成，江河是也"；"转注者，建类一首，同意相受，考老是也"；"假借者，本无其字，依声托事，令长是也"。一般认为，"象形"、"指事"、"会意"、"形声"属于造字之法，而"转注"、"假借"则属于用字之法。

自汉代以后，小学家们对于汉字结构的分析一般从"六书"的角度去解释，再造新字时，都以该系统为依据。郑珍的汉字结构观主要体现在其对《说文》逸字、新附字的"六书"结构分析上。

一、郑珍的"六书"观

(一) 象形

享："亶"或但从口。

"亶"字注云："从回，象城亶之重，两亭相对也。或但从口。"按，末四字盖重文之注，传写脱并。回，象城亶之重；口，则专象亶。（59~60页）

郑珍认为"回"象城亶之重，"口"则专象亶，故补从"口"之"享"为从"回"之"亶"的或体逸字。郑珍对于"象形"的理解与许慎是一致的。

晶：古文"霝"。

……知同谨按，鼎臣及段氏谓无"晶"，皆未悉许君注例也。考本书凡云"从某，某象形"者，其象形之某必别一古文；古文即其篆之最初字，而许君并先在篆下说之。如"𠨌"云"从卜，兆象形"，下有古文"兆"；"箕"云"从竹，其象形"，下有古文"𠤬"；"雲"云"从雨，云象回转形"，下有古文"云"；"裘"云"从衣，求象形"（今本误作"从衣，求声，一曰象形"），下有古文"求"；"淵"云"从水，𣶒（铉无，锴有）象形：左右，岸；中，象水貌"，下有古文"𣶒"；"五"云"从二，乂（今脱此字）象阴阳在天地之间交午也"，下有古文"乂"。全书凡此等篆注并是一例。"霝"下云："晶象回转形"，正是先为"晶"作解，其必有"晶"字无疑。又诸古文下俱注"省"字，此亦当云"省"。非从篆文省，谓其形减省于篆文也。锴于"𠤬"下云："此直象形。"于"求"下曰："象衣形，'裘'则加衣。"小徐精识，能发此旨，是胜大徐处。（104页）

郑知同认为，许书中凡云"从某，某象形"者，其象形之某必别一古文；古文即其篆之最初字，而许慎并先在篆下说之。并举许书中诸多例子为证，其对"裘"、"淵"二字的文本勘误和对大小徐的不同评价，说明郑知同深谙最初之象形古字在后期逐渐增加义类形符的文字演变过程，故能根据许书条例增补"晶"为"霝"之象形古文逸字。

(二) 指事

叵：不可也。从反可。

此字大徐新附。按，《说文·叙》中有"叵"字。玄应《音义》卷二十四亦引《三仓》："叵，不可也。"许君断无不收。此与"反爪为𠬶"、"反厹为厾"之类，皆古文指事之最简者，必非俗所能造也。（58页）

郑珍认为，《说文》中"从反某"之字是古文里构形最简的指事字，非俗所能造也，故补从反可之"叵"为《说文》逸字。郑珍对"叵"字的分析体现了其对"视而可识，察而见意"之"指事"造字的理解。

事实上，在早期古文字中，形体相反的两个字有时意义却是相同的。例如，"司"从反"后"，甲骨文卜辞中"龚司"与"龚后"为同一人。①

(三) 会意

郑珍著述中涉及的会意字有"正反两文会意"和"从某从某"会意两类，具体如下：

> 屮：从反屮。
>
> 此为屮之反形部首。"艸"字注云："从屮屮相背。"通考本书，"屮"从止屮、"步"从止屮相背、"行"从彳亍、"臼"从爪爪、"嬰"从邑邑、"哭"从卩卩之类，皆合反正两文会意，与"门"、"臼"等象形不同。而"屮"、"亍"等皆见各部。则"艸"从屮屮，绝不得阙"屮"字，但其义不可知矣。（60页）

郑珍认为，许慎《说文》中"艸"、"屮"、"步"、"行"、"臼"等皆为反正两文会意字，与"门"、"臼"等象形不同，因补反"屮"之"屮"为《说文》逸字。郑珍将同为正反两文合体之字分为"象形"和"会意"两类，而非混为一谈，体现了其对"会意"、"象形"造字法的不同理解。然而，郑珍认为从正反两文会意的两文许慎均必收，则过于武断。

> 吴：日西也。从日矢，矢亦声。
>
> 见《系传》。按，古日西字本有"昃"、"吴"二文，皆会意兼谐声。"吴"从日、矢者，盖头偏左望日，必日在西方时。《韵会》引

作"从日矢，矢亦声"是也。锴注云："今《易》'日昃之离'作此
字。"……（100 页）

郑珍认为"昃"从曰、矢者，盖头偏左望日，必日在西方时。"昗"、
"昃"二文会意兼谐声。就郑珍对"昃"字形体的分析来看，当是从曰从
矢会意。

　　顪："顑"或从页黄。
　　……凡许书重文与正篆偏旁异者，《玉篇》并各归部属而两引
其训，此其例也。"色"作"急"、"兒"作"也"，亦与今本异。"面
急"者枯槁不和柔之意，面醮顪则色黄，"顑"下所谓"饭不饱，面
黄起行也"。故字从页黄会意。《广韵》以下不载。（88 页）

郑珍补"顪"为"顑"之或体逸字。认为"面急"者枯槁不和柔之意，
面醮顪则色黄，"顪"字从页黄会意，其说可通。

（四）形声

郑珍增补的逸字里以形声字居多，其说解体例同许慎，一般以"从
某，某声"、"从某，某亦声"等来说解。

　　禣：祭豕先也。从示，曹声。
　　祽：月祭也。从示，卒声。
　　《艺文类聚》卷三十八、《初学记》卷十三并引《说文》"祭豕先
曰禣"、"月祭曰祽"，是唐本原有。惟二书以意属文，今从训语通
例。（33~34 页）

郑珍补"禣"、"祽"为《说文》逸字，"祭豕先曰禣"、"月祭曰祽"。
从"示"之字多与祭祀相关，为表意形符，"曹"、"卒"为表音声符。

　　䢁，多也。从多，辛声。

　　《诗·螽斯》，《音义》云："诜，《说文》作'䢁'。"知所据本有
"䢁"字。《玉篇》、《广韵》并云"多也"，当本许义。(68 页)

　　"䢁"训"多也"。从多，辛声。左侧形符偏旁"多"承担了其全部意
义，右侧偏旁"辛"字仅表音。

(五) 转注

　　按照许慎"转注"之定义，转注的两字要求同一部首，二字声音相
近，可以互相解释。但是一直以来，学界对于"转注"的定义有颇多分
歧和争议，有人认为是引申，有人认为是假借，还有音转、形转等说
法。裘锡圭先生认为，不讲转注也完全能够把汉字的构造讲清楚，不需
要卷入"转注"的定义之争中。①

　　郑珍《说文逸字》、《说文新附考》二书中没有关于"转注"的直接论
述。本书认为郑珍涉及转注的例子如下：

　　　忥："忿"或从韧。
　　　疒部"癋"从忥声。大徐以本书无"忥"，疑"从心，契省声"，
　　　非也。按"忿"训"忽也"，引《孟子》曰"孝子之心，不若是忿"。据
　　　赵注本"忿"作"忥"，云"忥，无愁之貌"。"无愁"与"忽"义同，则
　　　"忥"当为"忿"之或体。"韧"从丰声，"丰"读若"介"，从"介"从
　　　"韧"一也。(102 页)

　　"忿"训"忽也"，赵注本"忿"作"忥"，云"无愁之貌"。而"无愁"
与"忽"义同，又"韧"从丰声，"丰"读若"介"，从"介"从"韧"一也。郑
珍据此判定"忥"为"忿"之或体逸字，其判断条件完全合于"转注"的
要求。

---

　　① 裘锡圭：《文字学概要》(修订本)，商务印书馆 2013 年版，第 107 页。

鞠：足坼也。从皮。軍声。矩云切。

知同谨按，《众经音义》卷十一云："鞠，居云、去云二反。经文或作'龟'。《庄子》有'不龟手之药'，注云'其药能令人手不龟坼'。"玄应意以"龟"即古"鞠"字。钮氏云："《说文》'鞹，攻皮治鼓工也'，重文作'鞜'。郑注《礼记·祭统》云：'鞹谓鞹磔皮革之官。''鞹'义与'鞠'合、从革、韦、皮义同，知'鞠'为'鞹'别体。"今审钮说为当。若《庄子》"不龟手"，司马彪注云"文坼如龟文"，义与"鞠"同，其音古读"龟"如鸠，故《说文》"龟"训"旧"（古音平声"鸠"之本字），以同音为义，并不同"鞠"。汉已后音转为居伦切（见《庄子·释文》称徐氏音），适与"鞠"合，故释氏书用之，玄应因认"龟"为"鞠"耳。大徐训"足坼"，义见《玉篇》。《众经音义》引《通俗文》云："手足坼裂曰鞠。"当兼手言之乃备。（254 页）

郑知同认同钮树玉"'鞹'义与'鞠'合，从革、韦、皮义同，'鞠'为'鞹'别体"之说，认为玄应《众经音义》中认"龟"为"鞠"是因为汉已后"龟"音由古读"旧"转为居伦切，适与"鞠"合，故释氏书用之。郑知同对玄应注文的分析体现了其对"转注"用字的理解和认识。

(六)假借

假借分为本无其字和本有其字两类，郑珍对于"假借"的认识主要体现在对《说文》新附字的古之本字、古之借字的探求上。

祧：迁庙也。从示，兆声。他彫切。

按，古无"祧庙"正字。《周礼》"守祧"注云："故《书》'祧'作'濯'。"郑司农读"濯"为"祧"。是古止借"濯"字。（207 页）

郑珍认为古无"祧庙"正字，止借"濯"字。此为古无本字之假借。

潴：水所亭也。从水，豬声。陟鱼切。

按，《尚书·禹贡》作"豬"。《史记·夏本纪》作"都"，《索隐》云："都，《古文尚书》作'豬'。"引伪孔传"水所止曰豬"，引郑注"南方谓'都'为'豬'"。《书·释文》引马融注："水所亭止，深者曰豬。"盖今文作"都"正字，是水聚会之义；古文作"豬"，同音假借。《周官》、《左传》亦作"豬"字。俗因加水。（384 页）

郑珍认为，今文作"都"正字，是水聚会之义；古文作"豬"，是同音假借，后俗又加水成"潴"字。此为古有本字之假借。

二、汉字结构之变化

郑珍以"六书"理论分析汉字结构方式，但并不囿于"六书"之框架。郑珍认为汉字的结构方式并不是一成不变的，而是可以发生变化的。主要体现在以下几个方面：

（一）偏旁位置不固定造成异体

暈：日月气也。从日，軍声。王问切。

按，《说文》："暉，光也。"即古"暈"字。段氏谓篆原当日在上；注原作"日光气也"，与大郑《周礼·眡祲》注同，后改作"暉"，训"光"，与火部"光煇"字不别。此说是也。然古日在上在旁亦无大别。（294 页）

郑珍认为，《说文》中的"暉"即为"暈"字，二字均从日从军，古日在上在旁无大别。古文字偏旁位置的不固定造成了"暈"、"暉"同音同义的异体现象。

晟：明也。从日，成声。承正切。

按，《尔雅·释诂》注"美盛之貌"，《释文》："盛或作'晠'，同。""晠"即"晟"字，系"盛"之俗。《玉篇》、《广韵》之"晟"皆与"盛"同。（292 页）

"晟"、"晠"二字亦属于异体字关系。二字均从日从成，只是其构成偏旁的相对位置发生了变化。

（二）象形变形声

个："箇"或作"个"，半竹也。

《六书故》卷二十三称《说文》唐本曰："箇，竹枚也。或作个，半竹也。"徐本阙"个"字。段氏已据补，云："并则为竹，单则为个。竹象林立之形，一茎则一个也……'支'下云：'从手持半竹。'即'个'从半竹之证。"珍按，"个"为最先象形字，"箇"乃以后形声字，原注似当云"古文'箇'"。（55 页）

郑珍认为"个"为最先象形字，象"半竹"之形，"竹"象林立之形，一茎则一"个"。"箇"乃以后形声字。

（三）象形变会意

免：子脱胞也。从二儿：上儿，母也；下儿，子也。从㐬省。

此盖生免正字。子之生，脱胞而出。以其脱免，故曰免。造脱免字因取象焉。小徐谓《说文》无"免"，疑"㝮"从魐省，以免身之义通用为解免；"晚"、"冕"之类皆当从㝮省。而其《疑义篇》则谓《说文》有"㝮"、"晚"等字而无"免"，脱误。是不以前说为定也。今按，《玉篇》"免"在儿部，当依许君部属之旧，乃由偏旁推其义如此，然后凡从免者可得而说。"鞔"、"睌"、"晚"、"冕"、"絻"、"浼"、"鮸"、"勉"、"輓"九字从免声，属形声字。"頩"

或从人、免。"頮"训"氏头"，人生时头向下，故从免。"鬼"从女从生免(今本讹作"免声")，一生一免，是孪生也，故训"生子齐均"。"挽"从子免，子免是子已生也，故训"生子免身"。此三文皆会意。……(85页)

生娩正字本作"免"，取"子之生，脱胞而出"之象，本为象形字。后之"挽"从子免，子免是子已生也，故训"生子免身"，为会意字。

(四)会意变形声

瘫：心忧也。从网，未详。古多通用"離"。吕支切。

知同谨按，"瘫"训"遭"，亦训"忧"，古本作"羅"。……亦通作"離"。《诗·四月》"乱離瘼矣"，毛《传》："離，忧也。"……《楚辞》凡遭瘫字十数见，皆作"離"，并古字也。汉碑多作"瘫"，是汉时俗改，而《马江碑》犹作"遭離"。……作"離"则同声假借。故《方言》云"羅谓之離"、"離谓之羅"。"羅"声本在歌戈韵，而与"離"通者，盖"離"由支脂韵转入歌戈。《兔爰》、《斯干》之"離"，并与歌戈韵内字叶。此古音之正变也。自汉已来，"羅"与"離"异韵，而经典"羅"、"離"互见，世遂改"羅"之从维会意者别从惟声，与"離"同入支脂韵，使音读划一。大徐言"从网，未详"，不知"瘫"即"羅"之变也。(308页)

郑知同认为"瘫"古本作"羅"，亦通作"離"，作"離"则同声假借。自汉已来，"羅"与"離"异韵，而经典"羅"、"離"互见，世遂改"羅"之从维会意者别从惟声，与"離"同入支脂韵，使音读划一。至此，会意字"羅"变为形声字"瘫"。

从以上诸例可以看出，汉字的形体结构方式在历史演变过程中形声化趋向明显，这也是符合汉字发展演变实际的。

第三节　郑珍的汉字演变观

　　文字自产生之日起就在不断地发展演变，许慎在《说文解字·叙》中说："仓颉之初作书，盖依类象形，故谓之文；其后形声相益，即谓之字。字者，言孳乳而浸多也。"可见，早在许慎时期就对文字的发展演变有了比较清楚的认识。

　　郑珍在《说文逸字》一书中自序曰："珍尝窃思古书传者，历世久远，势必讹阙。但万五百字同条共理，其从母之字，遗去似无大损，然于经字正俗、分隶本原，所关已巨；至于生子之文，或仅孳一二，或乳及数十，苟一或见遗，是有子无母，尤不可也。"又在《说文新附考》自序中说"徐氏病近俗乎？非也。不先汉，亦不隋后，字孳也，何俗乎尔？"郑珍的文字发展演变观贯穿于对《说文》逸字、新附字的研究实践之中，具体表现在对逸字的搜求、对新附字本字的追寻、对文字孳乳过程的梳理等方面。

一、汉字的孳乳

　　文字的分化，在郑珍、郑知同的论述中被称为"孳乳"。郑氏父子对"最初字"、"最初古文"的探求体现了其对母字的重视；对后世孳乳之字之间意义关系的梳理又体现了其对子文的理解。

　　　　借：假也。从人，昔声。
　　　　此大徐所增十九文之一。段氏谓许君《叙》云："六曰假借。"又部"叚"下云："借也。"当有"借"。珍按，《说文》"叚"训"借"，此"假"之最初字。古"借"字亦当止作"昔"。耒部"耤"云："古者使民如借，故谓之耤。"则"耤"旁"昔"即是"借"字，故"耤"从之。"叚"既加"人"作"假"，"昔"亦应加"人"。后人因许书写脱，遂谓古止作"耤"、"藉"，非。（82页）

郑珍认为"叚"为"假"之最初字，最初古"借"字亦止作"昔"，"耤"旁"昔"即是"借"字。后"叚"既加"人"作"假"，"昔"亦应加"人"。"借"、"耤"都是在最初母字"昔"的基础上分化出来的同源字，据此补"借"为《说文》逸字。

> 逼：近也。从辵，畐声。彼力切。
>
> 知同谨按，字又作"偪"，皆"畐"之俗。《说文》："畐，满也。"充满、逼迫止是一义。故木部"楅，以木有所逼束"，《韵会》引作"畐束"。《方言》"腹满曰偪"，《玉篇》引作"畐"。皆据古本。但考秦《诅楚文》已见"偪"字，知先秦有"偪"，许君未收。"逼"乃后出字耳。古亦可用"楅"，"楅"义与"畐"小异，亦通作"幅"。《广雅》"幅"训"满"，盖据《诗》"采菽邪幅"毛《传》"幅，偪也。所以自偪束也"为言，实字得虚义。《方言》"偪"一本作"幅"。《玉篇》有"餢，饱也"。又有"稫，稷满貌"。皆"畐"后出加偏旁字，各主一义。俗字之孳乳益多如此。（231 页）

郑知同认为"畐"为最初母字，《说文》训"满也"。先秦已有"偪"，"逼"为后出字。"楅"、"幅"、"偪"、"餢"、"稫"等字均为母字"畐"后出加偏旁孳乳之字，各主一义。

> 狘：兽走貌。从犬，戉声。许月切。
>
> 知同谨按，《礼记·礼运》："凤以为畜，故鸟不獝；麟以为畜，故兽不狘。"注："獝、狘，飞走之貌。"《正义》："獝，惊飞也；狘，惊走也。"二字并非古。獝，《说文》作"趉"，"狂走也"；狘，《说文》作"疧"，亦"狂走也"，读若欻。"狂"与"惊"义同，故"獝"于《礼记》为"惊"，于他书仍训"狂"。《甘泉赋》"抶獝狂"，《西京赋》"斩獝狂"，可见"趉"、"疧"义本为走，而《记》文分贴鸟、兽。故《正义》以"獝"训"惊飞"。《释文》本"獝"作"矞"，古字省也。"疧"之别体又作"怴"。……又作"馘"。……合诸字观之，

"㺓"训为"狂"，则改从心，戉声；用为兽之狂走，则改从犬、从马，戉声。"越"、"㺓"本皆狂走，自《礼记》分"獝"字指鸟，于是两字例得通"飞"、"走"为言。而主兽言者，字作"獝"、"狘"；主鸟言者，字作"翻"、"䎵"。亦即可统指鸟、兽。俗字之孳乳寖多如此。古术声之字有别从戉声者。《说文》训"小风"之"飍"，《玉篇》作"飈"，正此"㺓"、"狘"字之例。（357页）

郑知同认为《礼记正义》中的"獝"、"狘"均非古字。"越"、"㺓"为此二字在《说文》中的本字，本训"狂走"。后分化主兽言字作"獝"、"狘"；主鸟言字作"翻"、"䎵"。"獝"另有省体作"矞"，"㺓"另有别体作"忱"。郑知同梳理了新附字"狘"之本字的文字孳乳演变脉络和文字分化之过程。

二、汉字的繁化

从整个汉字形体发展史来看，简化是汉字发展的主要趋势。但是，在对个别字进行形体演变分析时，会发现有些汉字较之古字笔画更为繁复，本书称之为文字的繁化。汉字的繁化常常是由于语义的引申发展造成一字多义，为了区别词义，在初文的基础上添加不同的声符、形符而造成。

> 馥：香气芬馥也。从香，复声。房六切。
> 按，《毛诗》"苾芬孝祀"，李注《文选·苏子卿诗》引《韩诗》作"馥芬孝祀"。《诗》"苾苾芬芬"，《景福殿赋》、《广雅》并作"馥馥芬芬"；又"有飶其香"，晋《张平子碑》作"有馥其香"。盖皆出《韩诗》。可知《说文》"苾，馨香也"、"飶，食之馨香也"，皆即"馥"之古字。"苾"、"飶"字之别从复声，犹虑牺即伏羲、虑子贱之后为伏生也（见《汉书》孟康注、《匡谬正俗》）。（299~300页）

"芯"、"飽"二字本从"必"声，后别从"复"声作"馥"，笔画增多，从客观上造成了汉字的繁化。

> 櫍：柎也。从木，質声。之日切。
>
> 按，《说文》"弓"字注引《周礼》"以射甲革甚質"，《公羊定八年传》"弓绣質"，《文选》谢惠连《捣衣诗》注引郭璞《尔雅注》"砧，木質也"，又引《文字集略》"砧，柎之質也"，《尔雅疏》引孙炎"椹谓之棍"注"斲木質"，《秦策》"今臣之胸不足以当椹質"，《文子·上德篇》"質的张而矢射至"，皆止作"質"字。俗因斲质用木，加木作"櫍"；柱质用石，加石作"礩"。大徐皆附《说文》，赘矣。据《汉书·冯魴传》注引《说文》："鑕，椹也。"是许书原有从金之"鑕"，今逸其字。（279页）

郑珍认为，"櫍"古止作"質"。俗因斲质用木，加木作"櫍"；柱质用石，加石作"礩"；另有从金之"鑕"，皆为"質"字增加不同的形符，用以区别其不同的材质。

> 塗：泥也。从土，涂声。同都切。
>
> 按，古"塗"、"途"字并止作"涂"。汉《孙叔敖碑》"途"作"滏"，尚不从土。至《高映修周公礼殿记》始见"塗"字。《杨厥碑》又写"途"作"鎽"。知皆汉末隶体所加。
>
> 知同谨按，……因之，凡以物傅物，皆得曰"涂"。俗以泥涂字加土作"塗"，道涂字从辵作"途"。今经典唯《周礼》及《考工记》道涂字尚作"涂"，而泥涂遂无作"涂"者。许君水部"涂"下少泥涂、道涂两义。（422页）

郑珍认为古"塗"、"途"字并止作"涂"。郑知同认为古凡以物傅物，皆曰"涂"。俗以泥涂字加土作"塗"，道涂字从辵作"途"。可见，"涂"字分化为笔画更加繁复的"塗"、"途"二字是为了更好地区别意义，增加文字表意的准确性。

三、汉字的简化

简化是汉字演变的一个主要趋势。唐兰先生认为文字是"致用的工具"，所以"愈写愈简单"。构形简单的字便于书写、易于记忆，更利于流通和传承。纵观大篆到小篆到隶书，就是一个文字不断简化的过程，也是文字的使用逐渐由少数人走向大众的一个过程。郑珍对文字简化的认识主要体现在以下三个方面：

（一）隶变

> 尋：本书"蕁"、"鄩"等字并云"尋声"。按，"鄩"本从彡，隶省以"彡"连"ヨ"不断，即止是"ヨ"。作篆书者又从隶书之，因不见"彡"体，非别有无"彡"之"尋"。段氏俱改从鄩，是。（127页）

郑知同在《说文逸字》附录中，以"尋"为"鄩"之隶省，而将"尋"字归为非逸字，从一个侧面说明了隶变造成的汉字简化。

> 售：卖去手也。从口，雔省声。《诗》曰："贾用不售。"承臭切。
> 按，《诗·谷风》"售"字，《唐石经》磨改。钱氏大昕云："经盖本作'讐'。"段氏玉裁云："讐正字，售俗字。"……《索隐》云："《汉书》作'讐'。'讐'即'售'也。"是"讐"为古"售"字，"售"盖隶省。（224页）

郑珍根据多家古籍注语认为"讐"为古"售"字，"售"为"讐"之隶省。从"讐"到"售"的笔画隶省体现了汉字的简化。

（二）省书

寏：古文"寢"。

见《汗简·宀部》，《汉隶字原·四十七寢》引。按，今本有籀
文"寢"，省"侵"旁"人"，古更省"又"。木部"槔"重文"櫹"从此，
其注"或从寢省。寢，籀文寢"当作"或从寏。寏，古文寢"。后以本
书无"寏"改。（72 页）

"寢"字省"侵"旁"人"作"寢"，古更省"又"作"寏"。这一过程体现
了文字为了便于书写和记忆而不断简省的客观事实。

廖：人姓。从广未详，当是省"廫"字尔。力救切。

按，《说文》："廫，空虚也。"后省作"廖"，又改作"寥"（《文
选·天台山赋》注引《说文》"寥，空虚也"）。因有以"廖"为姓者，
《后汉·方术传》有"廖扶"。非"廖"之本义也。《玉篇》"廖"为
"廫"重文，合矣。……如其说，则古为"飂"氏，在汉时转用"廖"
之省体耳。（348~349 页）

郑珍认为新附字"廖"是"廫"之省体，在汉时代替"飂"字作为姓氏
使用。"廫"省作"廖"、"廖"代替"飂"都体现了汉字书写的不断简化。

（三）合书

卌：四十并也。古文，省。

《广韵·二十六缉》"卌"下引《说文》："数名。"知唐本有此字。
惟以"廿"、"卉"注推之，此注当如是。《玉篇》"卌"入"卉"部，今
依之。汉石经《论语》、《梁相孔耽碑》、《周阳侯钟》、《谷口甬》、
《武安侯钫》，四十并作"卌"。（38 页）

汉字在早期古文字阶段存在合书现象，本书认为这也是一种简化手段。郑珍《说文逸字》中认为"卅"为"四十"之合书，即为此类。

四、汉字的讹变

在古汉字漫长的演化过程中，讹变也是时有发生的事情。这些发生了讹误变化的异体字，有的在历史发展过程中慢慢消失了，有的却一直沿用至今，甚至取代了正字。

(一)传写而讹

> 腊：筋头也。从肉，昏声。
>
> 见《龙龛手鉴·肉部》引。今本"腊"为口部"吻"之重文。据《玉篇》，"吻"古文作"睯"，从口，非从肉，此必《说文》之旧。自传写讹"睯"为"腊"，浅人认肉部为重出，因删此文。（53页）

"吻"之古文作"睯"，因传写讹为"腊"字，而与肉部意为"筋头"之"腊"重出，被浅人所删。郑珍对于"腊"字从《说文》逸脱的原因的分析体现了其对文字讹变的理解和认识。

> 刹：柱也。从刀未详，杀省声。初辖切。
>
> 按，字出梵书。《众经音义》云："按'刹'书无此字，即'刹'字略也。'刹'音初一反。浮图名'刹'者，讹也。"是玄应认"刹"为"刹"之俗。或俗书"杀"讹为"柒"，又省作"未"，因讹为"杀"。《类编·刀部》亦有"刹"字。大徐附此等讹谬俗书，以古篆偏旁作之，亦太不伦矣。（266～267页）

郑珍认为大徐新附之"刹"字为"刹"字之讹变之体，"刹"字右侧偏旁"杀"俗书讹为"柒"，又省作"未"，因讹为"杀"，遂成"刹"字。

（二）形近而讹

氍：氍毹、毾㲪，皆毡毯之属，盖方言也。从毛，瞿声。其俱切。

毹：氍毹也。从毛。俞声。羊朱切。

按，《释名》："裘溲，犹娄数，毛相离之言也。"即"氍毹"古字。

知同谨按，字本作"氍㲣"，见《尔雅·释木》注及《北堂书钞》引《声类》。盖依"裘溲"之音别造字。作"毹"讹体，俞声与"溲"、"㲣"声不相似。由"㲣"别作"㲤"，又讹作"㲤"，从臾。《众经音义》卷十四引葛洪《字苑》有"㲤"。因又作"毹"，从俞声也。……（329 页）

郑知同认为"氍毹"本作"氍㲣"，作"毹"是讹体。由"㲣"别作"㲤"，又讹作"㲤"，因又作"毹"。此讹变过程是由形体相近导致的。

釽：裂也。从金爪。普击切。

知同谨按，字体多讹作"鈲"。……"釽"乃汉人别制。后因《方言》"裁木"之义，又别从片作"爮"；亦讹作"版"。《众经音义》屡云"劈，古文'鈲'、'版'"。二形《汗简》亦载。《义云切韵》"鈲"、"版"为"劈"之古文。认为古文非是，而足证"釽"即"劈"字。钮氏乃以"釽"为"鈲"之讹。不知字应从爪会意，不从𠂢声。大徐所书不误。（434 页）

钮树玉认为"釽"为"鈲"之讹，郑知同则认为此字应从爪会意，不从𠂢声，"釽"字多讹作"鈲"。无论二说孰是孰非，都是因形近而产生的讹变。

（三）规范而讹

　　栀：木实，可染。从木，卮声。章移切。

　　按，今《说文》"桅"字即"栀"篆之误。大徐不察，乃别附此文。《韵会》所引小徐本"栀"篆不误。段氏注《说文》已据改正。（276 页）

　　郑珍认为大徐新附之"桅"字即为《说文》"栀"字。此字之小篆形体本当隶为"栀"，流传本《说文》却误隶为"桅"。大徐不察而别附"桅"字。这一讹变是在汉字规范化的过程中产生的，讹变之"桅"字取代正字"栀"流通至今。

　　眹：目精也。从目，关声。按"勝"、"膡"字皆从眹声，疑古以"眹"为"眹"。直引切。

　　按，徐说非是。《说文》"瞵，目晴也。从目，舜声"。即"眹"古字。汉人隶变写"舜"为"舜"，至《景君铭》"鄰"之左作"夆"，《羊窦道碑》"麟"之右作"夅"，则且省"舛"之半。此"瞵"字省"舛"之左右各存一笔，遂成"关"形。《隶释》有"益州太守高眹是也"。《周礼》"瞽"、"矇"注云："无目眹"、"有目眹"，正为"瞵"字。六朝后字书读"瞵"、"眹"为两音，盖无识之者矣。徐氏据"眹"偏旁与"夅"之隶变"关"同，即仿"夅"作篆，自不足辨。（256~257 页）

　　郑珍认为"瞵"即"眹"之古字，汉人隶变写"舜"为"舜"，省"舛"之左右各存一笔，遂成"关"形。徐氏据"眹"之偏旁与"夅"之隶变"关"同，即仿"夅"作篆。"瞵"字之讹变也是受到汉字隶定规范的影响而造成的。

五、汉字的音变

汉字在漫长的历史演变过程中，不仅形体上发生了一些变化，读音也发生了一些变化。郑珍在对《说文》逸字、新附字的研究过程中也注意到了这一点。

> 祧：迁庙也。从示，兆声。他彫切。
>
> 按古无"祧庙"正字。《周礼》"守祧"注云："故《书》'祧'作'濯'。"郑司农读"濯"为"祧"。是古止借"濯"字。汉人加作"祧"，盖本读敕宵切，故《礼记·祭法》注云："祧之言超也。"为因声见义也。他彫切乃后世音变。（207 页）

郑珍在对新附字"祧"的考证过程中，发现古止借"濯"字，本读敕宵切，他彫切乃后世音变。

> 糖：饴也。从米，唐声。徒郎切。
>
> 按，古只有"錫"字，……"錫"即古"餳"字。《周礼·释文》"錫，李轨音唐"，《玉篇》"錫，徒当切"，是古音也。汉世读"錫"如洋。《释名》以"洋"训"錫"，足见又转入清韵，音徐盈切，见《释文》、《广韵》。因之别改"錫"从唐声，而"餳"与"錫"成两名。故《方言》有"錫谓之餳"之文。字本从食，从米又后出者。（303～304 页）

郑珍认为古只有"錫"字，"錫"即古"餳"字，从米之"糖"又后出。古读"錫"如唐，古音徒当切，汉世读"錫"如洋，转入清韵，音徐盈切。因之别改"錫"从唐声，而"餳"与"錫"成两名。此例中郑珍根据"錫"字的音变来分析新附字"糖"的产生，可见郑珍对文字音变现象的认识是十分清晰的。

本章通过考察郑珍对《说文》逸字、新附字的具体考证过程，对郑珍的文字学思想进行了一些提炼和归纳。总的来说，郑珍对"字"、"词"之别和文字正俗有自己独到的看法，对汉字的"六书"结构和汉字结构之变化有着比较清晰的认识，同时，对于汉字在历时过程中的孳乳、繁化、简化、讹变、音变都有自己的思考。可见，郑珍的文字学思想是相对成熟、全面的，是中国文字学思想史上不可或缺的一部分，应在文字学思想发展史上占据一席之地。

结　语

郑珍是晚清著名的文字学家和诗人，目前学界对郑珍的研究大多集中在其诗歌创作上，对郑珍文字学方面的研究还非常少且不够全面深入。郑珍奉《说文》为圭臬，其文字学研究主要是围绕许慎《说文解字》展开的。郑珍《说文逸字》考订增补历代移写逸脱之字，意在恢复许书原貌；《说文新附考》考证大徐新附字之历史源流，意在使《说文》正字梨然显出；《汗简笺正》对郭氏古文追穷根株，意在甄别古文，以免涵乱许学。

本书选取《说文逸字》、《说文新附考》对郑珍的文字学研究情况进行了考察，并与张鸣珂《说文佚字考》、钮树玉《说文新附考》进行对比研究，对郑珍文字学研究的方法和主要文字学思想进行了总结和提炼。

郑珍文字学研究的学术成就主要在于：

第一，征引了大量的古典文献材料，为后人进一步研究《说文解字》提供了非常丰富的文字考据资料。

第二，对前人的研究成果作了一定的整理和归纳，在吸收前人成果的同时对前人之失作出了有力地驳正。

第三，扩展了《说文》补逸的范围和方法，自行增补出了一批可信的《说文》逸字，对于《说文》版本的流传、校对和研究具有一定的意义。

第四，对《说文》新附字的性质作了比较科学的阐释，从个字出发对文字孳乳之历史脉络作了比较清晰的梳理。

第五，其实事求是、开放包容、审慎严谨的文字考证方法为后继研究者提供了成功典范和方法指南。

郑珍文字学研究的历史局限主要在于：

第一，墨守许学，一切考证皆以许书为正，有些说解内容稍显牵强，对于许书说解体例的总结归纳或有不确。

第二，泥于音韵，未通古音之变，对于有些字音的历时演变和地理差异理解欠缺，造成对相应文字的考求有失。

第三，有些字的考证证据不够充足有效，偶有臆测，对某些前人之说和古籍记载过于迷信，结论流于武断。

第四，由于传统小学的通弊和相关古文字材料的匮乏，对有些字的考证辨析内容和结论有失误之处。

第五，理论支撑比较薄弱，对于一些专业术语的界限定义不清，使用比较随意，偶有自相矛盾之处。

总的来说，郑珍据文字形、音、义特点，利用形体分析、历史比较、文字谐声等古音知识、训释注义、文例句式等进行文字学研究的实践非常值得后人观摩和学习。郑珍对字词之别、文字正俗有自己独到的见解，对汉字"六书"结构及其变化有比较清晰的认识，对汉字的孳乳、繁化、简化、讹变等演变过程有自己的一些思考。本书认为，郑珍的《说文逸字》、《说文新附考》代表了清代《说文》逸字、新附字研究的最高水平，是近代文字学史上不容忽视的两部伟著。郑珍内部求证与外部求证相结合的文字考证方法是近代文字学研究方法变革史上承上启下的重要一环。郑珍不立异、不苟同的文字学思想在近代文字学思想史上也应占据一席之地。对于郑书中的一些误漏之处，不能视而不见但也不应超越郑珍所处的时代局限而对其过多苛责。

本书通过对郑珍《说文逸字》进行归类分析和个例研究，对郑珍所补逸字的类型和补逸方法有更系统的认知；通过与张鸣珂《说文佚字考》进行对比研究，对于郑书的精审论证和独立创见有更清晰的认识。

本书通过对郑珍《说文新附字》进行归类分析和个例研究，对于新附字的性质和文字历时孳乳演变过程有更全面的了解；通过与钮树玉《说文新附考》进行对比研究，对于郑书的价值和局限之处有更客观的判断。

本书通过对郑珍文字学研究方法进行分析和归纳，有利于文字学研究方法变革史的完善和后继研究者们学习和利用其研究方法来进行《说文》和古文字方面的研究工作。

本书通过对郑珍文字学理论进行总结归纳，有利于补充和丰富近代文字学思想发展史，科学定义郑珍在近代文字学史上的位置，以及更加深刻地理解郑珍的文字学著作。

结合郑珍文字学研究成果和方法，本书对"免"字等字的释读分析研究取得了一定的突破。

受笔者时间、精力和文章篇幅所限，本书未能对郑珍的文字学专著作一个全面的研究，后期若有机会，将继续开展对郑珍《汗简笺正》的研究工作。

本书参考资料大多采用电子版、影印版、网络版，有些资料未能进行纸本复校，可能存在一些遗漏失误之处。

笔者学识水平有限，古文字方面的积累不够，大多比较采纳前人之说，对有些字的判断可能有失偏颇，望观者批评指正。

参 考 文 献

[1](汉)许慎. 说文解字[M]. 北京：中华书局，1963.

[2]赵尔巽，等. 清史稿[M]. 北京：中华书局，1977.

[3]张大为. 胡先骕文存[M]. 南昌：江西高校出版社，1995.

[4](清)郑珍；王锳，袁本良，点校. 郑珍集·小学[M]. 贵阳：贵州人
　　民出版社，2001.

[5](清)郑珍. 说文逸字[M]. 上海：上海古籍出版社，1996.

[6](清)郑珍. 说文新附考[M]. 北京：中华书局，1985.

[7](清)郑珍. 汗简笺正[M]. 上海：上海古籍出版社，1996.

[8]曾秀芳. 从冷落到关注：郑珍研究的回顾与思考[J]. 贵州社会科学，
　　2010（12）.

[9](清)郑知同. 敕授文林郎征君显考子尹府君行述[M]. 清宣统元年铅
　　印本，1909.

[10]（清）郑珍. 巢经巢文集校注[M]. 北京：中央民族大学出版
　　　社，2013.

[11]（清）郑珍. 巢经巢全集[M]. 贵阳：贵阳市档案馆，1930.

[12]吴道安，等. 郑子尹先生年谱[J]. 贵州义史丛刊，1987（03）：
　　　49-60.

[13]吴道安，等. 郑子尹先生年谱(续)[J]. 贵州文史丛刊，1987（04）：
　　　74-82.

[14]黄万机. 郑珍评传[M]. 成都：巴蜀书社，1989.

[15]曾秀芳. 郑珍研究[M]. 北京：中国社会科学出版社，2016.

[16]（清）郑珍. 巢经巢诗文集[M]. 上海：上海古籍出版社，2016.

［17］梁启超. 清代学术概论［M］. 北京：人民出版社，2008.

［18］李独清. 洁园集［M］. 贵阳：贵州省文史研究馆，2015.

［19］黄大荣. 清代贵州诗人郑珍［J］. 山花，1979（02）：61-64.

［20］罗宏梅. 郑珍《巢经巢诗钞》的艺术风格［J］. 贵州社会科学，2016（03）：84-89.

［21］曾秀芳. 郑珍诗文创作的学人视角［J］. 文艺评论，2014（12）：49-52.

［22］易闻晓. 郑珍"学人诗"的学韩路向［J］. 文学遗产，2012（01）：153-156.

［23］龙飞. 论郑珍诗歌所体现的"诗史"质素［J］. 芒种，2013（18）：93-94.

［24］黄江玲. 最新发现郑珍逸诗小考［J］. 贵州文史丛刊，2017（03）：104-108.

［25］陈蕾. 郑珍诗学研究［D］. 上海：华东师范大学，2011.

［26］王珺. 郑珍山水诗研究［D］. 兰州：西北师范大学，2011.

［27］［加拿大］Schmidt J. 诗人郑珍与中国现代性的崛起［M］. 郑州：河南大学出版社，2016.

［28］曾秀芳. 郑珍与郑玄的经学渊源［J］. 牡丹江大学学报，2012（09）：12-14.

［29］曾秀芳. 郑珍的治经路径与学术旨归［J］. 牡丹江大学学报，2013（07）：21-25.

［30］陈奇. 郑珍经学门径刍议［J］. 贵州文史丛刊，1987（01）：48-51.

［31］黄万机. 评郑珍的经学成就［J］. 贵州文史丛刊，1986（02）：88-94.

［32］黄万机. 郑珍世界观初探［J］. 贵州文史丛刊，1987（01）：41-47.

［33］黄万机. 郑珍的教育活动与教育思想［J］. 贵州教育学院学报（社会科学版），1987（04）：22-27.

［34］廖颖. 论郑珍《母教录》的素质教育思想［J］. 作家，2012（16）：162-163.

［35］杨丽平. 郑珍、莫友芝交往述论［J］. 洛阳师范学院学报，2015

（09）：61-64.

[36]陈训明.郑珍的书画艺术[J].贵州文史丛刊,1984（01）：152-157.

[37]曾秀芳.郑珍对《考工记》车舆形制的考订[J].贵州文史丛刊,2011
（02）：73-78.

[38]袁本良.郑珍《说文逸字》论略[J].贵州大学学报（社会科学版）,
2000（01）：51-54.

[39]王元巾,王晓波.《说文解字》研究综述[J].绥化学院学报,2017
（11）：91-95.

[40]（南唐）徐锴.说文解字系传[M].北京：中华书局,1987.

[41]（宋）郑樵.六书略[M].台北：艺文印书馆,1976.

[42]（宋）戴侗.六书故[M].北京：中华书局,2012.

[43]（元）周伯琦.六书证伪[M].明嘉靖元年重刻本,1523.

[44]（明）赵宦光.六书长笺[M].明崇祯四年刻本,1631.

[45]（清）段玉裁.说文解字注[M].北京：中华书局,2006.

[46]（清）桂馥.说文解字义证[M].上海：上海古籍出版社,1987.

[47]（清）朱骏声.说文通训定声[M].北京：中华书局,1984.

[48]（清）王筠.说文解字句读[M].北京：中国书店,1983.

[49]（清）王筠.说文释例[M].北京：中华书局,1987.

[50]胡奇光.中国小学史[M].上海：上海人民出版社,1987.

[51]章太炎.章太炎文集[M].上海：上海人民出版社,2014.

[52]张标.20世纪《说文》学流别考论[M].北京：中华书局,2003.

[53]马叙伦.说文解字六书疏证[M].上海：上海书店出版社,1985.

[54]蒋善国.《说文解字》讲稿[M].北京：语文出版社,1988.

[55]丁福保.说文解字诂林[M].昆明：云南人民出版社,2006.

[56]张标,陈春风.《说文》学的回顾与前瞻[J].徐州师范大学学报,
2003（02）：5-10.

[57]陆宗达.说文解字通论[M].北京：北京出版社,1981.

[58]张舜徽.说文解字约注[M].武汉：华中师范大学出版社,2009.

[59]李国英.小篆形声字研究[M].北京：北京师范大学出版社,1996.

［60］臧克和. 说文解字的文化说解［M］. 武汉：湖北人民出版社，1995.

［61］祝敏申. 说文解字与中国古文字学［M］. 上海：复旦大学出版社，1998.

［62］马景仑. 段注训诂研究［M］. 南京：江苏教育出版社，1997.

［63］（清）王熙. 说文五翼［M］. 清光绪八年刻本，1882.

［64］（清）张行孚. 说文发疑［M］. 清光绪十年刻本，1884.

［65］（清）张鸣珂. 说文佚字考［M］. 清光绪十三年豫章刻本，1887.

［66］（清）李桢. 说文逸字辩证［M］. 清宣统元年思贤书局刻本，1909.

［67］（清）王廷鼎. 说文佚字辑说［M］. 光绪十五年自刊本，1889.

［68］樊俊利. 郑珍《说文逸字》研究［D］. 石家庄：河北师范大学，2005.

［69］向光忠. 说文学研究［M］. 北京：线装书局，2010.

［70］（清）钱大昕. 说文答问疏证［M］. 清道光十七年史吉云张瀛暹刻本，1837.

［71］（清）钱大昭. 说文徐氏新补新附考证［M］. 合肥：安徽教育出版社，2002.

［72］（清）钮树玉. 说文新附考［M］. 清同治十三年崇文书局刻本，1874.

［73］（清）王筠. 说文新附考校正［M］. 清光绪十三年海宁许氏古均阁刻本，1887.

［74］（清）王玉树. 说文拈字［M］. 清同治七年学识斋刻本，1868.

［75］黄焯. 说文新附考原［M］. 高校内部交流本，1975.

［76］盖金香.《说文》新附字研究［D］. 济南：山东师范大学，2002.

［77］蒋德平. 从楚简新出字看《说文》新附字［J］. 武夷学院学报，2011（01）：49-53.

［78］杨艳辉.《说文》新附字新考例——以敦煌汉简为主要材料［J］. 乐山师范学院学报，2006（08）：57-60.

［79］郭慧.《说文解字》新附字初探［J］. 汉字文化，2003（02）：33-34.

［80］程邦雄. 孙诒让文字学之研究［D］. 上海：华东师范大学，2004.

［81］谭飞. 罗振玉文字学之研究［D］. 武汉：华中科技大学，2010.

［82］康盛楠. 杨树达文字学研究［D］. 武汉：华中科技大学，2013.

[83]吴慧.商承祚文字学之研究[D].武汉：华中科技大学，2013.

[84]陈奇.郑珍对《说文》逸字的补正[J].贵州大学学报（社会科学版），1985（04）：91-96.

[85]陈秋月.郑珍《说文逸字》研究[D].西安：陕西师范大学，2018.

[86]袁本良.郑珍《说文新附考》论略[J].古汉语研究，2002（04）：68-72.

[87]杨瑞芳.郑珍《说文新附考》研究[D].北京：首都师范大学，2003.

[88]彭银.郑珍和《汗简笺正》[J].贵图学刊，1997（03）：62.

[89]袁本良.郑珍《汗简笺正》论略[J].贵州文史丛刊，2001（03）：36-40.

[90]花友娟.郑珍《汗简笺正》研究[D].贵阳：贵州师范大学，2016.

[91]黄锡全.汗简注释[M].武汉：武汉大学出版社，1990.

[92]姚孝遂.许慎与《说文解字》[M].北京：中华书局，1983.

[93]裘锡圭.文字学概要[M].北京：商务印书馆，1988.

[94]杨五铭.两周金文数字合文初探[M].北京：中华书局，1981.

[95]汤余惠.略论战国文字形体研究中的几个问题[M].北京：中华书局，1986.

[96]郑春兰.《说文解字》或体研究[D].武汉：华中科技大学，2004.

[97]唐兰.天壤阁甲骨文存考释[M].上海：上海古籍出版社，2016.

[98]王慎行.商代建筑技术考[J].殷都学刊，1986（02）：8-13.

[99]郭沫若.两周金文辞大系图录考释[M].上海：上海书店出版社，1999.

[100]傅东华.字源[M].上海：上海书店出版社，1986.

[101]康殷.文字源流浅说[M].北京：荣宝斋，1979.

[102]高鸿缙.中国字例[M].台北：三民书局，2008.

[103]杨子仪."免"字源流综议[J].古汉语研究，1995（01）：70-73.

[104]李孝定.甲骨文字集释[M].台北：历史语言研究所，1982.

[105]程邦雄，邓珍.上博楚简《鬼神之明》里的"免"字[J].语文研究，2020（03）：23-29.

[106](清)孙诒让. 名原[M]. 济南：齐鲁书社，1986.

[107]高明. 古文字类编[M]. 上海：上海古籍出版社，2008.

[108]于省吾. 双剑誃殷契骈枝三编[M]. 北京：中华书局，2009.

[109]吴其昌. 殷虚书契解诂[M]. 武汉：武汉大学出版社，2008.

[110](清)张玉书. 康熙字典[M]. 上海：上海书店出版社，1985.

[111](清)沈涛. 说文古本考[M]. 光绪十年刻本复印本，1884.

[112](清)严可均. 说文校议[M]. 上海：上海古籍出版社，2002.

[113](清)俞樾. 古书疑义举例[M]. 上海：上海古籍出版社，2006.

[114]蒋冀骋. 说文段注改篆评议[M]. 长沙：湖南教育出版社，1993.

[115](唐)陆德明. 经典释文[M]. 上海：上海古籍出版社，2012.

[116]詹鄞鑫. 近取诸身 远取诸物——长度单位探源[J]. 华东师范大学学报（哲学社会科学版），1994（06）：40-46.

[117]刘心源. 古文审[M]. 北京：朝华出版社，2018.

[118][日]高田忠周. 古籀篇[M]. 台北：宏业书局，1975.

[119](清)吴大澂. 说文古籀补[M]. 北京：朝华出版社，2018.

[120]商承祚.《石刻篆文编》字说（二十七则)[J]. 中山大学学报（哲学社会科学版），1980（01）：90-97.

[121](清)刘心源. 奇觚室吉金文述[M]. 北京：朝华出版社，2018.

[122]程雯洁.《说文佚字考》研究[D]. 西安：陕西师范大学，2013.

[123]钱仲联. 论近代诗四十首[J]. 社会科学战线，1983（02）：303-312.

[124]史光辉，姚权贵.《说文逸字》在《说文》学研究方面的文献学价值[J]. 古籍整理研究学刊，2015（03）：4-8.

[125]刘佳. 李桢《〈说文逸字〉辨证》研究[D]. 西安：陕西师范大学，2016.

[126]罗振玉. 增订殷虚书契考释[M]. 北京：朝华出版社，2018.

[127]商承祚. 甲骨文字研究[M]. 天津：天津古籍出版社，2008.

[128]刘志成. 中国文字学书目考录[M]. 成都：巴蜀书社，1997：306.

[129](清)张自烈. 正字通[M]. 上海：上海古籍出版社，2002.

[130]商承祚. 十二家吉金图录[M]. 台北：大通书局，1976.

[131]金祥恒. 金祥恒先生全集[M]. 台北：艺文印书馆，1990.

[132]沈玉成，曹道衡. 南北朝文学史[M]. 北京：人民文学出版社，1991.

[133]王永平. 萧梁皇族之倡导玄学文化风尚及其原因与影响[J]. 人文杂志，2009（04）：154-163.

[134]（清）毛际盛. 说文新附通谊[M]. 清道光二十四年刻本，1844.

[135]饶宗颐. 殷代贞卜人物通考[M]. 北京：中华书局，2015.

[136]徐正. 汉代青铜器铭文文字编[M]. 长春：吉林大学出版社，2005.

[137]容庚. 金文编[M]. 北京：中华书局，1985.

[138]潘善助，杨嘉麟. 书法鉴赏（第二版）[M]. 上海：上海人民美术出版社，2014.

[139]姚权贵，史光辉.《说文》新附俗写源流考辨——基于郑珍的《说文新附考》[J]. 浙江师范大学学报（社会科学版），2016（02）：73-79.

[140]管锡华，译注. 尔雅[M]. 北京：中华书局，2014.

[141]（汉）扬雄. 方言[M]. 北京：中华书局，2016.

[142]王力. 同源字典[M]. 北京：中华书局，2014.

[143]唐兰. 古文字学导论[M]. 济南：齐鲁书社，1981.

[144]杨树达. 积微居金文说[M]. 北京：中华书局，1997.

[145]高明. 中国古文字学通论[M]. 北京：北京大学出版社，1996.

[146]（南朝梁）顾野王. 大广益会玉篇[M]. 北京：中华书局，1987.

[147]张秉权. 甲骨文与甲骨学[M]. 台北：国立编译馆，1970.

[148]（晋）陈寿. 三国志[M]. 北京：中华书局，2006.

[149]洪诚. 训诂学[M]. 南京：凤凰出版社，2019.

[150]郭沫若. 甲骨文合集[M]. 北京：中华书局，1982.

[151]唐兰. 中国文字学[M]. 上海：上海古籍出版社，2005.

[152]张桂光. 古文字论集[M]. 北京：中华书局，2004.

国家社科基金重大项目"草创时期甲骨文考释文献的整理与研究"（20&ZD307）阶段性研究成果